# Cómo ayudar a los niños con déficit de atención (ADD/ADHD)

# Dra. Laura J. Stevens

# Cómo ayudar a los niños con déficit de atención (ADD/ADHD)

12 alternativas para controlar
la atención y la hiperactividad
con métodos seguros

Título original: *12 Effective Ways to Help Your ADD/ADHD Child*
Edición original: Avery, 2000
Traducción: Martha Mauri

Copyright © by Laura J. Stevens

De esta edición:
D. R. © Aguilar, Altea, Taurus, Alfaguara, S.A. de C.V., 2001.
Av. Universidad 767, Col. del Valle
México, 03100, D.F. Teléfono 56 88 89 66

· Distribuidora y Editora Aguilar, Altea, Taurus, Alfaguara, S. A.
  Calle 80 Núm. 10-23, Santafé de Bogotá, Colombia.
· Santillana S. A.
  Torrelaguna 60-28043, Madrid, España.
· Santillana S. A.
  Av. San Felipe 731, Lima, Perú.
· Editorial Santillana S. A.
  Av. Rómulo Gallegos, Edif. Zulia 1er. piso
  Boleita Nte., 1071, Caracas, Venezuela.
· Editorial Santillana Inc.
  P.O. Box 19-5462 Hato Rey, 00919, San Juan, Puerto Rico.
· Santillana Publishing Company Inc.
  2043 N. W. 87 th Avenue, 33172. Miami, Fl., E. U. A.
· Ediciones Santillana S. A. (ROU)
  Cristóbal Echevarriarza 3535, A.P. 1606, Montevideo, Uruguay.
· Aguilar, Altea, Taurus, Alfaguara, S. A.
  Beazley 3860, 1437, Buenos Aires, Argentina.
· Aguilar Chilena de Ediciones Ltda.
  Dr. Aníbal Ariztía 1444, Providencia, Santiago de Chile.
· Santillana de Costa Rica, S. A.
  La Uruca, 100 mts. Este de Migración y Extranjería, San José, Costa Rica.

Primera edición: noviembre de 2001
Primera reimpresión: abril de 2002

ISBN: 968-19-0884-8

D. R. © Diseño de cubierta: Antonio Ruano Gómez
Diseño de interiores: Times Editores, S.A. de C.V.

Impreso en México

*Con todo mi cariño para George, mi mejor amigo*

# Índice

# Agradecimientos

Por haberme enseñado y orientado durante tantos años, les agradezco a: Dorothy Boyce, R.N., John O'Biran, M.D., Sidney M. Baker, M.D., y Leo Galland, M.D. Admiro su dedicación y esfuerzo por ayudar a niños y adultos que padecen problemas de comportamiento, de aprendizaje y de salud. También le doy las gracias a William G. Crook, M.D., por su amistad y entusiasmo en este libro. Me enseñó mucho de lo que sé acerca de la sensibilidad a los alimentos y otros factores que tienen una influencia en el comportamiento y la salud. Asimismo, debo agradecer a John R. Burgess, Ph. D., que me orientó durante y después de la licenciatura y quien siempre insistió en la excelencia de una investigación.

Estoy agradecida con Rudy Shur, Elaine Sparber, Dara Stewart, y John Duff de Avery y Penguin Putnam, y reconozco su esfuerzo por dar forma a este libro y hacerlo accesible a los lectores.

# Prólogo

Si a su hijo le diagnosticaron ADD o ADHD (siglas en inglés para designar el trastorno por déficit de atención, con o sin hiperactividad), descubrirá que el libro de Laura Stevens es de gran valor, ya que contiene información que no encontrará en otra parte. Es extenso aunque conciso, bien estructurado pero accesible a los lectores.

¿Quién es Laura J. Stevenson y por qué me entusiasma su libro? He aquí algunos motivos: conozco a Laura desde hace más de 15 años. Escribimos juntos un libro en 1987, *Solving the Puzzle of Your Hard-to-Raise Child*.

Laura escribió otros libros a principios de la década de los ochenta sobre cómo tratar a los niños que ahora se sabe padecían ADD o ADHD. En ese entonces, a estos niños les decían hiperactivos, alérgicos, holgazanes irritables. Laura ofreció respuestas a los padres de familia y los profesionales.

Asimismo, debido a su personalidad amable y bondadosa, Laura ha ayudado a miles de padres de familia cuyos hijos tenían conflictos a causa de los problemas de comportamiento y aprendizaje. Lo ha hecho en persona, y ayuda a muchos más a través de su página web en Internet.

Laura es mamá y una profesionista muy instruida. Ahora está realizando investigaciones (en colaboración con colegas de la Universidad de Purdue) sobre la importante participación de las grasas benéficas (los ácidos grasos omega 3) para ayudar a los niños con problemas de comportamiento, aprendizaje y salud.

Como Laura señala en la introducción de este libro, ayudar a un niño con ADD o ADHD es como armar un rompecabezas. Tiene que identificar las piezas biológicas y alimenticias, y luego unirlas hasta resolver el acertijo. Aun cuando esta tarea pueda parecer intimidante, es más importante para usted lograrlo ahora que hace algunos años. ¿Por qué? Porque estudios científicos revelan que las sensibilidades a ingredientes dietéticos comunes representan un papel importante en el origen del ADHD.

Tal vez su médico se enteró de la conferencia de noviembre de 1999, patrocinada por la Universidad de Georgetown y la International Health Foundation: «Causas de ADHD y posibles soluciones». Entre los participantes había pediatras y profesionistas dedicados a la salud de Yale, MIT, la Universidad de Texas y la Universidad de California, y otros estudiosos, además de padres de familia y maestros. En sus presentaciones, estos profesionistas hablaron sobre el papel de las dietas con deficiencia alimenticia, alergias y sensibilidades a alimentos o a toxinas ambientales, el exceso en el uso de antibióticos, así como el crecimiento excesivo de la levadura. Sus conclusiones: Todos estos factores representan una participación importante en la causa de problemas de comportamiento y aprendizaje de los niños.

El libro de Laura ofrece una guía que, paso a paso, le ayudará a armar el rompecabezas de su hijo. Asimismo, Laura le alienta a que trabaje con su médico, la maestra o maestro de su hijo y demás profesionales que quieran colaborar.

Más aún, Laura habla sobre el Ritalin y reconoce que medicamentos estimulantes pueden ayudar a controlar de manera temporal los síntomas del ADHD. Pero a usted como a muchos padres de familia, le preocupará saber si su hijo puede continuar medicado con Ritalin.

He aquí el porqué: El Ritalin no ofrece una mejoría a largo plazo en el aprovechamiento académico o un mejor comportamiento social.

Un último motivo por el cual me gusta este libro es porque muestra parte de mis inclinaciones. Una de las doce soluciones que Laura incluye en su libro está relacionada con la levadura. Quizá ya lo sepa, pero estoy seguro de que la levadura representa un papel importante en la causa del ADD o ADHD, además del síndrome de fatiga crónica y el autismo.

Un último comentario: lea este libro. En mi opinión, será el libro más vendido entre padres de familia en la primera década del siglo XXI.

William G. Crook, M.D.
Miembro emérito de la American Academy of Pediatrics
Autor de *The Yeast Connection Handbook*

# Prefacio

Si su hijo no pone atención y es impulsivo, es probable que su médico le haya dicho que tiene un trastorno por déficit de atención (sus siglas en inglés, ADD). Si también es inquieto, incapaz de estar en paz y demasiado activo, quizá su médico le diagnosticó un trastorno por déficit de atención con y sin hiperactividad (sus siglas en inglés, ADHD). Si usted se siente frustrado, confundido y muy cansado, no está solo. Se cree que más de 2 millones de niños en Estados Unidos tienen ADD o ADHD.

Ayudar a su hijo con sus problemas de comportamiento y de salud es como resolver un rompecabezas. Cada niño tiene diferentes piezas por unir. Por ejemplo, para un niño, una «pieza» del rompecabezas podría ser la sensibilidad a los alimentos y aditivos comunes. Para otro, la «pieza» podría ser una deficiencia marginal de hierro. Su médico y usted tendrán que identificar las «piezas» alimenticias y bioquímicas del rompecabezas que son importantes para su hijo y adaptarlas a fin de resolver el acertijo que dará a su niño o niña salud, felicidad y estabilidad emocional.

Hace veinticinco años, Linda luchó por ayudar a sus dos hijos hiperactivos. Estaba sorprendida de lo mucho que mejoraron cuando sólo hizo cambios sencillos en su dieta. Eran casi otros niños. Durante muchos años he seguido la historia de Linda. Los problemas de sus hijos eran graves y complicados, por lo que ayudan a ilustrar cómo identificar las diversas piezas del rompecabezas. Linda narra su historia:

Mi esposo y yo estábamos muy emocionados cuando nació nuestro primer hijo, Tommy. Pero Tommy lloró a gritos a causa de cólicos durante nueve largos meses. Cuando aprendió a sentarse, a gatear y a caminar, estaba en constante movimiento, ya fuera meciéndose hacia adelante y hacia atrás o brincando. Las tareas sencillas lo frustraban, y lloraba con facilidad y frecuencia. Aun cuando muchas veces sonreía y reía, sentíamos que como padres éramos un fracaso.

Cuando Tommy tenía tres años, mi esposo y yo consultamos a un psicólogo de la clínica infantil en la Universidad, quien nos recomendó que le diéramos lunetas M&M para premiar su buen comportamiento. La conducta de Tommy empeoró tan rápido que pensamos que la causa podrían ser las lunetas. Informes de que la dieta podría afectar el comportamiento apenas empezaban a aparecer en periódicos y revistas.

Cuando Tommy tenía cuatro años, consultamos a un neurólogo pediatra en un centro médico importante, quien concluyó que Tommy era hiperactivo (todavía no se creaba el término de «trastorno por déficit de atención con y sin hiperactividad»), y que quizá tendría serios problemas de aprendizaje en la escuela y siempre necesitaría clases de educación especial. La prueba del medicamento estimulante Ritalin no funcionó. De hecho, Tommy parecía un muerto viviente.

Cuando le preguntamos al neurólogo pediatra sobre la dieta y la hiperactividad, contestó: «¡Ah!, no tiene nada que ver. Es la novedad». Pero estábamos tan desesperados que decidimos probar la dieta Feingold (que hizo popular el alergólogo pediatra Benjamin Feingold en la década de los 70). Esta dieta excluía colores y sabores artificiales, así como alimentos naturales que contenían ingredientes de tipo aspirina llamados salicilatos. En pocos días, Tommy mejoró de manera sorprendente. Podía sentarse a comer y ver televisión, ya no hacía tantos berrinches, y era evidente que se sentía mejor respecto a sí mismo y a su entorno porque estaba rodeado de abrazos y besos.

Tommy empezó a asistir con regularidad a la escuela preescolar y académicamente iba bien. Pero aún había ocasiones en que estaba demasiado activo y ansioso. Empezamos a observar que ciertos alimentos naturales que no contenían salicilato también le afectaban. Comer budín de chocolate hecho en casa lo deprimía mucho y se ponía histérico. Cuando comía pan con harina de soya hecho en casa, Tommy se ponía tan hiperactivo que no podía sentarse durante horas. Estas reacciones obvias y graves que se activaban cuando comía alimentos normales, nos sorprendieron. Tommy también reaccionaba a muchas sustancias químicas del medio ambiente.

Cuando tenía doce años, empezó a experimentar una migraña grave y crónica. Después de que agotamos los tratamientos médicos tradicionales, consultamos a un médico dedicado a la nutrición con experiencia en el diagnóstico de causas bioquímicas a problemas físicos y conductuales. Pruebas especiales demostraron que Tommy tenía en la sangre concentraciones anormales de los ácidos grasos esenciales. Complementar la dieta de Tommy con aceites alimenticios especiales no sólo le aliviaban los dolores de cabeza, sino también aumentaron en gran medida su capacidad de manejar con tranquilidad el estrés de la vida diaria.

Como adolescente, Tommy era un encanto: tranquilo, razonable, feliz y trabajador. Se graduó entre los primeros lugares de su grupo en una preparatoria muy competitiva y obtuvo altos honores en una universidad de prestigio. Ahora, a los veinticinco años, está estudiando un posgrado. ¡Ya no tiene rastros de problemas de aprendizaje o de ADHD!

Jimmy, nuestro segundo hijo, nació casi tres años después de Tommy. Al igual que Tommy, Jimmy también padeció cólicos agudos.

Cuando tenía entre un año y dos años y medio, con frecuencia se veía cansado y tenía ojeras. No mostraba señales de empezar a hablar. Lo llevamos a la Universidad para que le hicieran pruebas de audición y lenguaje. Su audición era normal, pero tenía un retraso de año y medio en sus habilidades de lenguaje y motrices principales. Estábamos desolados. Lo inscribimos en un programa preescolar para niños con problemas de lenguaje. Jimmy también padecía de terror nocturno, que con el tiempo empezó a presentarse durante el día. El médico le recetó Ritalin, pero Jimmy no respondió. Fue entonces cuando nos dimos cuenta de que a Jimmy también lo «aceleraban» ciertos alimentos.

Para cuando entró a la escuela preescolar normal, su habla había mejorado, aunque todavía tenía retraso en su desarrollo. Pero trabajó mucho y aprendió a leer y a escribir sin problemas. Su habla progresó con rapidez. Análisis sanguíneos especiales indicaron que Jimmy tenía bajas concentraciones de muchos de los ácidos grasos importantes, y al tomar complementos mejoró en gran medida su salud, su comportamiento y su aprendizaje. Al igual que Tom, Jimmy fue un adolescente encantador: tranquilo, inteligente, analítico y trabajador. Él también fue un estudiante con honores y terminó entre los primeros de su clase. Fue un excelente universitario y lo seleccionaron para el Phi Beta Kappa. A los veintidós años, Jimmy es feliz y está sano.

Existen muchas historias como la de Linda. En lo personal, también descubrí que los cambios en la dieta mejoraron mucho mi salud emocional y física, y he escrito tres libros para ayudar a que los padres de familia cambien la dieta de su familia a fin de que ayuden a sus hijos. A lo largo de este camino, conocí a William G. Crook, M. D., de Jackson, Tennessee. El doctor Crook ha trabajado de manera incansable desde mediados de la década de los 50 para ayudar a niños hiperactivos, así como a niños con otros problemas de personalidad, de comportamiento y de aprendizaje. Descubrió que muchos de sus pacientes se sentían y actuaban mejor después de identificar y dejar de comer alimentos y aditivos comunes. El doctor Crook y yo tenemos tantos intereses en común que nos reunimos para escribir un libro a fin de ayudar a más familias.

Mi interés en la relación entre la alimentación y el comportamiento era tan grande que regresé a la escuela de posgraduados y hace poco obtuve en la Universidad de Purdue mi maestría en nutrición. Me encantaron las clases de bioquímica, donde aprendí todo acerca de los pasos metabólicos que requieren varios nutrientes como vitaminas, minerales, aminoácidos, azúcares y ácidos grasos esenciales. Para un proyecto de la clase de ciencias alimenticias, estudié las propiedades de los colorantes en alimentos naturales comparados con los de colores artificiales. Los estudios revelan que muchos niños con ADHD se «activan» con alimentos de colores artificiales. Escuché con mucha atención un seminario para posgrado respecto a estudios recientes que señalan una relación directa entre la sensibilidad a los alimentos y aditivos, y la hiperactividad.

Para un proyecto de investigación, mi profesor y yo estudiamos los factores nutrimentales, en especial los ácidos grasos esenciales, en niños con ADHD y en niños con un comportamiento normal. Nuestros resultados se publicaron en artículos científicos, y nuestro trabajo con niños con ADHD continúa hasta la fecha. A través de mi investigación y mi trabajo, he conocido a muchos padres de familia agotados y frustrados que se quejaban de los efectos secundarios de los medicamentos estimulantes y me preguntaban: «¿Existe una mejor forma de ayudar a mi hijo?»

También hice un sitio web en Internet, «The ADD/ADHD Online Newsletter» (*Boletín en línea del ADD/ADHD*). La finalidad de este sitio es difundir información sobre la dieta y el comportamiento, y la forma en que los padres de familia pueden ayudar a sus hijos, en muchas ocasiones con pocos medicamentos o sin ellos. Más de 150,000 personas han visitado este sitio web, y he intercambiado correos electrónicos con miles de padres desesperados y preocupados. Manejar, controlar y ayudar a un niño hiperactivo y distraído es una responsabilidad desafiante y frustrante. De hecho, ¡se necesita la paciencia de un santo!

Espero que este libro le ayude a encontrar nuevas formas de que el comportamiento de su hijo mejore sin medicamentos. Para facilitarle las cosas, le indicaré la parte más sustancial acerca de cómo identificar las «piezas» del rompecabezas del comportamiento de su hijo. No tiene que abordar todas las piezas al mismo tiempo, concéntrese en una a la vez.

Quisiera poder asegurarles que, con la ayuda de este libro, encontrarán las piezas que faltan en el rompecabezas del comportamiento de su hijo. No sé si pueda garantizarlo, aunque puedo decirles que médicos dedicados a la nutrición que aplican estos métodos para sus pacientes han descubierto que al menos 75 por ciento de estos niños mejoraron tanto que ya no necesitan medicamentos. En cuanto se identifiquen nuevos tratamientos y factores biológicos, se los informaré desde la página principal de mi sitio web en http://www.nlci.com/nutrition.

## Un comentario acerca del género

Su hijo puede ser niño o niña. Sin embargo, en este caso no hacemos distinción de géneros. Para evitar el uso de los incómodos pronombres él y ella, y a fin de ser simples y claros, usaremos hijo o él. En cuanto a los profesores, emplearemos el nombre de maestra.

# Introducción

Louise, la madre de Johnny, trataba desesperadamente de conservar la calma en tanto alistaba a su hijo de cinco años para llevarlo a la escuela. Pero Johnny, a quien hacía poco le habían diagnosticado ADHD, corría por toda la casa. No podía estar quieto para lavarle los dientes o peinarlo. Desayunaba de pie. Cuando su mamá le ponía los zapatos, se los quitaba y los aventaba al otro lado de la habitación. Finalmente, ella lo llevaba a la escuela, pero en demasiadas ocasiones recibía llamadas de su maestra al final del día.

Su maestra se quejaba de que Johnny casi todos los días andaba por todo el salón de clases. Platicaba sin parar. Rondaba por el salón en tanto los demás niños estaban sentados escuchando un cuento en silencio. No ponía atención ni se aprendía sus lecciones. Lloraba sin parar cuando las cosas no se hacían a su manera. Por último, la maestra indicó: «Ya no puedo con Johnny. Necesita más de mi tiempo que todos los niños juntos. No es justo para los demás. Por favor, pídale a su médico que le recete Ritalin». Louise estaba agobiada. Odiaba la idea de que le dieran medicamentos a su hijo para controlar su comportamiento, pero ¿qué hacía? ¿Había alguna alternativa que ayudara a su hijo?

La respuesta para ella y para muchos otros padres de familia es un contundente sí. Y buscar una alternativa, identificar y atender los factores biológicos que conducen a los síntomas del ADD y el ADHD puede ser de gran provecho. Esa es la intención de este libro: ayudar a identificar el rompecabezas del comportamiento de su hijo.

En la Primera parte de este libro, «Conocimientos básicos sobre el ADD y el ADHD», veremos qué son el ADD y el ADHD, cómo se diagnostican y cuáles podrían ser las causas latentes. Si piensa tener más hijos, le voy a dar algunas medidas precautorias para evitar que el nuevo bebé tenga ADD o ADHD.

En la Segunda parte, «Doce consejos para ayudar a su hijo», le ayudaré en la investigación de los factores que provocan los problemas de comportamiento y de salud de su hijo. Le presentaré doce consejos para ayudar a su hijo sin que tome medicamentos. Cada capítulo empieza con un cuestionario para determinar si es probable que el planteamiento que sigue ayudará a su hijo o no. El primer consejo es mejorar la calidad nutrimental en la dieta de su hijo. Si usa la gasolina equivocada en su coche, podría esperar que se jalonee, cascabelee, truene y finalmente se pare. Cuando alimenta a su hijo, quiere llenarle el «tanque» con el combustible adecuado.

El segundo consejo para ayudar a su hijo es elegir con cuidado los endulzantes en su dieta. A muchos niños con ADHD los altera el azúcar. También pueden llegar a tener problemas con los edulcorantes, como el aspartame. Veremos todas las opciones de endulzantes para que usted se informe y pueda elegir.

El tercer consejo para ayudar a su hijo es detectar las alergias ocultas en los alimentos. Algunos estudios revelan que casi 75 por ciento de los niños con ADHD son sensibles a uno o más colorantes de alimentos o alimentos comunes. Evitar los alimentos que afectan a su hijo muchas veces mejora de manera drástica su comportamiento y salud.

La cuarta forma en que puede ayudar a su hijo es incluir los ácidos grasos esenciales en su dieta. Los ácidos grasos esenciales deben incluirse en la dieta, ya que su cuerpo no los produce. Estos ácidos cumplen una función particularmente importante en el sistema nervioso central. La quinta forma es complementar su dieta con las vitaminas y los minerales adecuados y en las cantidades correctas. La sexta táctica útil es buscar la conexión con la levadura. Si su hijo tuvo muchas infecciones de oído y tomó muchos antibióticos, es probable que tenga un exceso de crecimiento de la levadura Candida albicans en el intestino. Deberá complementarla con las bacterias «benéficas» para ayudar a desplazar la levadura, junto con los medicamentos que aniquilan la levadura y una dieta baja en azúcar.

La séptima forma de ayudar a su hijo es identificar las alergias por sustancias inhaladas. Algunos alérgenos probables son el polvo, el moho, el polen y la caspa de animales. Tal vez ya esté enterado de que su hijo es sensible a una o más de estas partículas. Lo que quizá no sepa es que pueden provocar problemas de comportamiento.

La octava forma de ayudar a su hijo es identificar sustancias químicas de su medio ambiente que puedan «activarlo». Los responsables comunes son el humo de cigarro, productos derivados de petróleo, cloro y formaldehídos. La novena forma es investigar el envenenamiento por plomo y aluminio. Aun cuando ésta no sea la causa de los síntomas en la mayoría de los niños con ADHD, es vital para los pocos que tienen el problema.

Los consejos décimo y undécimo pueden parecerle poco convencionales, pero una y otra vez han comprobado su eficacia. El décimo incluye el uso de lentes especiales con tinte para corregir problemas de percepción. Los niños con dificultades para leer pueden tener problemas de percepción. El undécimo consejo consiste en enseñar a los niños que no gatearon o no lo hicieron lo suficiente, a que gateen de nuevo para hacer madurar un reflejo inmaduro. Les diré cómo decidir si su hijo puede beneficiarse o no de ejercicios especiales para gatear.

El duodécimo consejo para ayudar a su hijo es mediante el uso de la biorretroalimentación. Le diré qué es la biorretroalimentación, cómo funciona el tratamiento, y los puntos a favor y en contra del entrenamiento para la retroalimentación.

En la tercera parte, «Ayude a su hijo a adaptarse a su nueva dieta», le sugeriré formas de manejar los cambios dietéticos que necesitará. Le daré sugerencias para hacer las compras en el supermercado, cómo entender las etiquetas de los alimentos, y cómo sustituir los alimentos que provocan los síntomas en su hijo. Asimismo, le ayudaré a planear unas vacaciones felices. Por último, les daré 60 recetas que mi familia disfrutó. Subrayan la nutrición adecuada y ofrecen alternativas a los «convites» dulces y grasos.

En los apéndices, le daré información sobre estudios científicos muy importantes por compartir con su médico. También le presentaré el ejemplo de una dieta de eliminación que una familia utilizó para identificar los alimentos que causaron los problemas de su hijo. Por último, le daré una lista de libros y sitios de Internet donde puede encontrar más información.

Con este libro como guía, usted jugará a ser el detective. Recuerde, nadie conoce mejor a su hijo que usted. Las probabilidades son que no solucione los problemas de su hijo de la noche a la mañana, pero en pocas semanas deberá reconocer si descubrió o no piezas importantes del rompecabezas del comportamiento de su hijo.

# Primera Parte
## Conocimientos básicos sobre el
### ADD y el ADHD

# ¿Qué son el ADD y el ADHD?

Es probable que su médico o psicólogo le haya diagnosticado a su hijo el trastorno por déficit de atención (sus siglas en inglés, ADD), o el trastorno por déficit de atención con y sin hiperactividad (sus siglas en inglés, ADHD). Quizá la maestra de su hijo se quejó de que el niño no pone atención y no aprende las lecciones. Tal vez le recomendó que consulte al médico y le pida que le recete un medicamento estimulante para ayudarlo a enfocar su atención, o quizá sospecha que su hijo tiene ADD o ADHD porque presenta serios problemas en la casa y la escuela.

El ADD y el ADHD son los trastornos de conducta más comunes en los niños. Se cree que de 3 a 5 por ciento de la población estadounidense en edad escolar tiene ADHD, aunque algunos expertos consideran que el porcentaje es mucho más alto. Un estudio reciente indicó que de 18 a 20 por ciento de los niños de quinto año en dos ciudades de Virginia tomaban medicamentos estimulantes para el ADHD. Por lo general hay más niños afectados que niñas, donde la proporción estimada es de seis u ocho a uno. Entre 20 y 30 por ciento de los niños con ADHD tienen padres o hermanos con ADHD. (Se cree que la ocurrencia del ADD es más baja.)

En este capítulo expondremos qué son el ADD y el ADHD. Describiremos los síntomas de los dos trastornos, además de revisar algunos de los problemas relacionados que puedan tener los niños con ADD o ADHD. También describiremos cómo sería su primera consulta al médico y detallaremos los tratamientos adicionales que pueden recomendarse.

Los médicos dedicados a la nutrición han descubierto que las técnicas descritas en este libro son efectivas tanto para el ADHD como para el ADD, aun cuando el ADD es un trastorno psicológico diferente al ADHD. Sin embargo, la mayoría de las estadísticas y estudios citados en este libro se refieren a los niños con ADHD, a menos que se mencione lo contrario.

## Síntomas del ADD y el ADHD

Hay una variedad de síntomas que por lo general se relacionan con el ADD y el ADHD. A pesar de que son muchos, los síntomas se pueden organizar en tres categorías generales. Primera, los niños con ADD y ADHD no ponen atención. Cuando le da instrucciones a su hijo, bien podría estar hablándole a la pared. Las maestras se quejan de que su hijo no escucha, se distrae fácilmente, está «en otro mundo» y no termina los trabajos. Segunda, los niños con ADHD son impulsivos. Pueden contestar abruptamente en clase sin pensar y comprometerse en actividades peligrosas sin medir las consecuencias. Tercera, los niños con ADHD son hiperactivos. En clase, pueden estar inquietos y agitados. En casa, puede ser que constantemente estén impacientes y no se estén en paz. Hablan de manera incesante y presentan niveles inadecuados de actividad motriz. Como consecuencia de estos síntomas, los niños con ADD o ADHD con frecuencia tienen serios problemas en casa, en la escuela y con los compañeros.

¿Su hijo tiene ADD o ADHD? Como primer paso, lea las siguientes afirmaciones e indique si aplican a su hijo «nada», «poco», «bastante» o «mucho». Los enunciados se adaptaron de los criterios para el diagnóstico de ADD que estableció la American Psychiatric Association.[1] Los problemas deben haberse presentado durante al menos seis meses y aparecen antes de los siete años de edad.

## PROBLEMAS DE FALTA DE ATENCIÓN

1. Mi hijo se distrae con facilidad.
2. No escucha.
3. Comete errores por descuido.
4. No cumple con las tareas de la escuela y sus obligaciones.
5. Se le dificulta poner atención en la escuela y en situaciones de juegos.
6. Pierde las cosas en la escuela y en la casa.
7. Evita las tareas que requieren poner atención.
8. Se le dificulta organizar las tareas y actividades.
9. Con frecuencia es olvidadizo.

## PROBLEMAS DE HIPERACTIVIDAD E IMPULSIVIDAD

1. Mi hijo interrumpe o estorba.
2. Habla sin parar.
3. Se compromete en actividades peligrosas.
4. Está inquieto y agitado.
5. Contesta abruptamente.
6. Tiene problemas para jugar en silencio.
7. No puede permanecer sentado.
8. No pone atención en la escuela y los juegos.
9. Con frecuencia «sigue en lo suyo» y actúa como si lo «impulsara un motor».
10. Corre, sube y baja demasiado.

Con respecto a los problemas de falta de atención, ¿cuántos de los nueve enunciados calificó como «bastante» o «mucho»? Si fueron seis o más, es probable que su hijo tenga un problema de falta de atención. Acerca de los problemas de hiperactividad e impulsividad, ¿cuántos de los diez enunciados calificó como «bastante» o «mucho»? Si indicó seis o más, tal vez su hijo tiene un problema de hiperactividad. Quizá tenga ADD. Otros niños tienen problemas de falta de atención e hiperactividad. Puede ser que tengan el ADHD. Lo importante es recordar que todos los niños presentan los síntomas de estos problemas en diversas etapas. ¿Qué niño no se distrae de vez en cuando al darle instrucciones? ¿Qué niño no se compromete en ocasiones en actividades peligrosas? ¿Qué niño no se inquieta e impacienta cuando está aburrido? Sin embargo, los niños con ADD o ADHD sobresalen debido a la frecuencia y gravedad de sus síntomas.

## Otros problemas de niños con ADD o ADHD

Por desgracia, para sus agotados padres y frustradas maestras, es muy probable que los niños con ADHD tengan otros trastornos de comportamiento. Por ejemplo, entre 20 y 56 por ciento de los niños con ADHD también tienen un trastorno de conducta (sus siglas en inglés, CD).[2] Un niño con trastornos de conducta puede decir mentiras, engañar a los demás, iniciar peleas, mostrar crueldad física hacia la gente y los animales, destruir la propiedad de otras personas y pelear. Más de la mitad de los niños con ADHD también presentan el trastorno de desafío u oposición (sus siglas en inglés, ODD). Un niño con ODD con frecuencia discute con adultos, actúa por venganza, culpa a los demás de sus errores, viola las reglas y muestra coraje y resentimiento. El trastorno por ansiedad (sus siglas en inglés, AD), afecta a casi 25 por ciento de los niños con ADD o ADHD. Los niños con trastorno por ansiedad presentan más ansiedad y preocupación que los niños con un comportamiento normal. Otros problemas psicológicos incluyen depresión, síndrome de Tourette y trastorno obsesivo-compulsivo (sus siglas en inglés, OCD).

En la escuela, los niños con ADD o ADHD tienen un bajo rendimiento, discapacidades de enfermedades más específicas, muestran deficiencias en sus habilidades académicas y de aprovechamiento, experimentan más problemas de lenguaje y habla, y presentan un retraso en la coordinación motriz. Estos niños pueden ser desorganizados en el salón de clases, e incluso los pueden suspender o expulsar por sus acciones. Cerca de una tercera parte de estos niños repiten año. De 30 a 40 por ciento requieren de cierto tipo de educación especial. De 10 a 35 por ciento no llegan a graduarse en la educación media.[3]

En su casa, como quizá usted lo sepa por su propia experiencia, los padres de familia tienen serios problemas para lidiar con sus hijos con ADD o ADHD. La hiperactividad y el hecho de que hablen en exceso pone a prueba la paciencia de todos, y lograr que hagan la tarea en la tarde es una tarea gigantesca. Es probable que estos niños se resistan a todo esfuerzo por tranquilizarse en la noche e irse a dormir, aun si no toman medicamentos estimulantes. Sus hermanos pueden cansarse de imitar este comportamiento y resentir la atención y los tratos especiales que reciben los niños con ADD o ADHD. Salir a comer y otras actividades familiares pueden terminar en un desastre, donde todos se enojan entre sí. Si un niño con ADD o ADHD tiene un trastorno de conducta o un trastorno de desafío y oposición los problemas de la familia se multiplican. No es ninguna sorpresa que los padres de los niños con ADD o ADHD estén divorciados. Por lo tanto, el objetivo de las madres y los padres es establecer una estructura y mantener una disciplina consistente entre las dos casas. Ser el padre o la madre de un niño con ADD o ADHD es un reto para el cual ninguno tiene la preparación adecuada. Sin embargo, las clases de orientación y para padres de familia pueden ayudar a que los padres desolados enfrenten con mayor efectividad el comportamiento de sus hijos.

Los niños con ADHD tienen más problemas de salud que incluyen infecciones de vías respiratorias superiores, alergias, asma, infecciones de oído, y dolores de cabeza y de estómago. Presentan mayores casos de enuresis.[4] Estos problemas de salud no son nuevos. Se descubrió que entre 25 y 50 por ciento de los niños con ADHD, en los dos primeros años de vida fueron «enfermizos». También es muy probable que los niños con ADHD sufran accidentes y lesiones.

Muchas veces los síntomas del ADD y el ADHD también persisten en la edad adulta. Antes se creía que los niños superaban su hiperactividad y otros problemas de salud al crecer. Ahora se reconoce que los problemas de 50 a 80 por ciento de los niños con ADHD continúan en la adolescencia y la edad adulta.[5] Los problemas de aprendizaje y comportamiento anteriores y actuales tienen efectos desfavorables a largo plazo en el aprovechamiento académico y vocacional, la interacción social y la salud emocional. Los adultos pueden mostrar una autoestima baja, un bajo nivel de frustración, habilidades auditivas deficientes, autodisciplina baja, descuido, problemas maritales, más accidentes de tráfico, y la lista continúa.

## Consulte a su médico

Un niño con ADD o ADHD con frecuencia tiene muchos problemas, por lo que necesitará toda la ayuda que pueda recibir. Por lo tanto, si cree que su hijo tiene ADD o ADHD, llévelo al médico. Existen diferentes profesionales calificados para diagnosticar el ADD o el ADHD. Usted puede elegir a un psicólogo de clínica infantil o a un psiquiatra. Su pediatra también puede hacer el diagnóstico luego de reunir la información que usted y los profesionales le proporcionen. Por desgracia, algunos médicos, debido a la falta de tiempo, sólo escuchan al padre de familia de diez a quince minutos y luego le recetan medicamentos. No es la mejor forma de ayudar a un niño.

Si sospecha que su hijo tiene ADD o ADHD, el primer paso es llevarlo al médico a un examen físico completo. Consiga la ayuda del médico para identificar las piezas del rompecabezas de su hijo. Si el médico tiene dudas sobre parte del contenido de este libro, tal vez le crea más cuando le muestre las referencias médicas que se mencionan en el Apéndice A, «Estudios científicos para usted y su médico».

Cuando lleve a su hijo al médico, éste hará una historia clínica completa y llevará a cabo un examen. Algunas áreas que el médico (en especial si está interesado en la nutrición y los efectos de los alimentos en el comportamiento y la salud) puede explorar con usted y su hijo son las siguientes.

## Historia clínica

Una historia clínica adecuada proporciona a un médico más información que un examen físico, estudios de laboratorio, pruebas contra alergias o rayos x. Al médico también le interesa la historia del embarazo de la madre, la historia sobre el nacimiento del niño, así como acontecimientos importantes durante su desarrollo, alergias, enfermedades, uso de antibióticos, lesiones y la dieta diaria. Su médico también querrá saber sobre los medicamentos, dietas especiales, clases particulares, modificación del comportamiento u otras medidas de tratamiento que haya probado para ayudar a su hijo.

Asimismo, el médico puede llevar una historia clínica familiar. Le preguntará si tiene familiares directos (padres, hermanos, abuelos, tías o tíos con vida o fallecidos) que padezcan alergias, incluso fiebre del heno, asma, eczema, urticaria, o una condición crónica de nariz tapada, con escurrimiento. Le preguntará si estos familiares han presentado sensibilidad a los alimentos y si sufrieron trastornos nerviosos o mentales, hiperactividad, falta de atención, impulsividad, trastorno de conducta, trastorno por negativismo desafiante, depresión o trastornos de aprendizaje. ¿Han padecido artritis, dolores de cabeza, problemas digestivos o enfermedades autoinmunes?

Como parte de los antecedentes del embarazo y el nacimiento, el médico le preguntará si la madre biológica tuvo complicaciones durante el embarazo. ¿La madre atravesó por tensión física o emocional? ¿Consumió alcohol, fumó cigarros o tomó drogas? ¿Qué clase de dieta tenía la madre durante el embarazo? ¿Había signos de angustia fetal próximos a la fecha de alumbramiento? ¿El alumbramiento fue vaginal, normal o por cesárea? ¿Hubo complicaciones? ¿El color del bebé al nacer era normal? ¿Tuvo problemas para respirar?

Su médico también le hará preguntas sobre los problemas de salud y comportamiento de su hijo durante la infancia. Le preguntará cómo era su hijo de bebé. Si tomó pecho, si tuvo problemas para subir de peso, si tenía cólicos o expectoraba. De ser así, quizá haya sido sensible a alimentos que su mamá ingería y que llegaron a su torrente sanguíneo y a la leche. Si su hijo tomó biberón, su médico le preguntará si tuvo dificultades con la fórmula, para subir de peso, cólicos, expectoración o vómito. De ser así, quizá sea sensible a la leche de vaca o de soya, dependiendo de la fórmula que haya tomado. El médico le preguntará si tuvo problemas digestivos como inflamación, diarrea o dolor de estómago. ¿Tenía problemas respiratorios frecuentes como resfriados, hacía ruidos al respirar, tenía repetidas infecciones de oído, o la nariz tapada o con escurrimiento? ¿Tomó repetidas dosis de antibióticos para infecciones de oído? ¿Fue un bebé difícil? ¿Era irritable, demasiado activo o dormía mal?

De igual modo, le preguntará sobre los problemas de comportamiento y de salud actuales de su hijo. Querrá saber si tiene fiebre del heno, asma, urticaria, eczema, o una condición crónica de nariz tapada, con comezón o escurrimiento. ¿Tiene problemas digestivos como diarrea, constipación o dolores de estómago? ¿Le duele la cabeza con frecuencia? ¿Se queja de dolores musculares? ¿A menudo se siente cansado a pesar de haber dormido bien? ¿Tiene ojeras o los ojos hinchados? ¿Su color es pálido y descolorido? ¿Su comportamiento empeoró en algunas estaciones del año? Si tiene más de tres años, ¿todavía presenta enuresis con frecuencia? A pesar de su edad, ¿tiene la personalidad del Doctor Jekyll y Mister Hyde, es decir contento y bien portado en unos momentos, e irritable y descontrolado en otros?

Su médico también le preguntará cómo es su hijo en la escuela. Querrá saber sobre su desempeño escolar. Si tiene buenos y malos días en la escuela. De ser así, ¿qué diferencia habría en su dieta en los días malos? Asimismo, buscará obtener información de su maestra, incluyendo los resultados de cualquier prueba de aprovechamiento estándar, un cuestionario de clasificación de comportamiento por parte de los profesores, pruebas de su aprovechamiento académico y comentarios sobre el comportamiento del niño en el salón de clases, en el recreo y con sus compañeros.

Su médico querrá revisar el informe psicológico de su hijo. Si un psicólogo entrevistó a su hijo o a usted y le aplicó pruebas de comportamiento y aprendizaje, al médico le interesarán los resultados. Por ejemplo, tal vez le dio a su hijo pruebas de computación que miden la atención e impulsividad.

Los aspectos dietéticos de su hijo también son de interés para el médico. ¿Su hijo es quisquilloso para comer? ¿Su comportamiento empeora cuando no come a tiempo? ¿Hay algún alimento que usted sepa que «lo acelera» o le hace daño? ¿Le gustan ciertos alimentos, en especial los dulces? ¿Es un adicto al azúcar? ¿Su comportamiento o salud empeora en los días de fiesta cuando consume más alimentos dulces y colores y sabores artificiales? ¿Siente demasiada sed u orina con frecuencia?

Todas estas preguntas ayudarán a que su médico reúna un perfil para determinar las piezas importantes del rompecabezas del comportamiento de su hijo.

## Examen físico

La segunda parte del examen de su hijo será una revisión física. Primero, el médico hará una evaluación del aspecto general del niño. ¿Se ve contento o triste, tranquilo o inquieto, torpe o bien coordinado? ¿Qué tan bien escribe su nombre y lee un libro adecuado para su edad? ¿Tiene problemas de dicción?

Es probable que su médico busque los signos característicos de una alergia. Algunos de estos signos son:

*Color pálido* (anemia por deficiencia de hierro).
*Lóbulos de las orejas o mejillas rojas.*
*Indicadores de alergia* (ojeras o bolsas debajo de los ojos).
*Nariz congestionada, con o sin un doblez a través de ella.*
*Boca abierta por alergia* (la tendencia a tener la boca abierta porque la nariz está tapada).
*Labios partidos o manchas de erupción en el rostro o en otras partes del cuerpo.*
*«Lengua geográfica» o «erupción errante»* (manchas que hacen parecer a la lengua como un mapa y que tienden a esparcirse).[6]

Después, el médico revisará a su hijo de pies a cabeza. ¿Su piel y su cabello están resecos y sin brillo? ¿Tiene caspa? ¿Tiene las uñas partidas o rotas? ¿Tiene pequeñas protuberancias duras en la parte posterior de los brazos o los muslos? A excepción de niños con problemas de asma, eczema o líquido en los oídos, es muy probable que el resto del examen físico sea normal.

También son importantes pruebas meticulosas del oído y la vista. Pida a su médico que revise la audición de su hijo, y consulte a un oftalmólogo u optometrista para que evalúe su visión. Los niños con pérdida de audición o mala vista tienen problemas de atención y de aprendizaje. Una niña de tres años vivía con temor hasta que su nuevo médico le hizo una prueba para ver si tenía problemas auditivos y descubrió una pérdida auditiva importante, que se trató con facilidad. La niña ahora es una pequeña inteligente y feliz.

En los niños con problemas de comportamiento, quizá se soliciten pruebas de laboratorio para detectar falta de hierro y disfunción tiroidea. Aunque la mayoría de los niños con ADD o ADHD no tienen estos problemas, la identificación de dichas anormalidades puede ser crucial para los que lo tienen. De nuevo, diferentes niños tienen distintas piezas del rompecabezas.

*Deficiencia nutrimental de hierro.* La falta de hierro es la deficiencia nutrimental más común en Estados Unidos y en el mundo. En los niños, la causa más común es una dieta con bajo consumo de hierro. La falta de hierro puede conducir a problemas de comportamiento, disminución en el rendimiento intelectual y baja resistencia a infecciones.[7] Los niños con falta de hierro también tienen un alto riesgo de envenenamiento por plomo.

Para determinar si su hijo tiene una deficiencia marginal de hierro, empiece por responder las preguntas que siguen:

1. ¿Su hijo está pálido?
2. ¿Está cansado?
3. ¿No pone atención?

4. ¿Está irritable?

5. ¿Tiene un bajo rendimiento en la escuela?

6. ¿Toma mucha leche? (La leche contiene poco hierro, y el calcio que hay en ella inhibe la absorción del hierro en otros alimentos.)

7. ¿Come poca carne roja?

8. ¿Es quisquilloso para comer?

Si contestó positivamente a alguna de las preguntas, pida a su médico que le haga una prueba para la deficiencia nutrimental de hierro. La mejor prueba para valorar el estatus del hierro mide el nivel de seroferritina, un indicador de la acumulación de hierro en la sangre. Si el nivel de seroferritina es bajo, el abastecimiento de hierro en el hígado se agota, indicando que el almacenamiento total de hierro en el cuerpo también es bajo. Aun si su hijo no tiene anemia por deficiencia de hierro, las bajas reservas de hierro pueden afectar su comportamiento y rendimiento escolar.

Si la prueba demuestra que su hijo tiene deficiencia de hierro, es probable que el médico le recete un complemento de hierro y seguramente le recomendará que le dé a su hijo más alimentos ricos en hierro. Estos son algunos alimentos con alto contenido de hierro que les gustan a los niños:

*Hígado de res,* 85 gramos, 5.3 miligramos de hierro.

*Guisado de res,* 85 gramos, 2.0 miligramos de hierro.

*Pavo, carne oscura,* 85 gramos, 2.0 miligramos de hierro.

*Atún,* 85 gramos, 1.9 miligramos de hierro.

*Chícharos,* 1/2 taza, 1.8 miligramos de hierro.

*Hamburguesa, sin grasa,* 85 gramos, 1.8 miligramos de hierro.

*Pierna de pollo,* 1 promedio, 1.0 miligramo de hierro.

*Huevo,* 1 grande, 0.07 miligramos de hierro.

*Plátano,* 1 mediano, 0.9 miligramos de hierro.

*Papa al horno,* 1 mediana, 0.7 miligramos de hierro.
*Crema de cacahuate,* 2 cucharadas, 0.6 miligramos de hierro.
*Pan de trigo entero,* 1 rebanada, 0.5 miligramos de hierro.

Consumir los complementos y alimentos ricos en hierro con alimentos que contienen vitamina C mejora la absorción de hierro. Los porcentajes dietéticos recomendados (sus siglas en inglés, RDA) para niños de uno a diez años son 10 miligramos de hierro. Para niños mayores, los RDA de hierro son de 12 miligramos para niños y 15 miligramos para niñas.

No le dé a su hijo complementos de hierro a menos que los análisis sanguíneos indiquen que tiene una deficiencia de hierro. Demasiado hierro en el sistema puede interferir con la absorción de otros minerales importantes. Mantenga los complementos de hierro fuera del alcance de los niños a fin de evitar un envenenamiento por hierro que ponga en riesgo su vida.

*Problemas tiroideos.* La hormona tiroidea es necesaria para el desarrollo normal del cerebro. Nuevas investigaciones revelan que algunos niños con ADHD que presentan síntomas de una enfermedad tiroidea o tienen antecedentes familiares de enfermedades tiroideas (en especial una resistencia generalizada a la hormona tiroidea) deben hacerse un examen para detectar anormalidades tiroideas mediante análisis sanguíneos que no muestren índices de tiroxinas y tirotropina.[8]

En un estudio reciente, los médicos le dieron la hormona tiroidea a ocho niños con ADHD y resistencia generalizada a la hormona tiroidea (sus siglas en inglés, GRTH), y a nueve niños con ADHD y sin problemas tiroideos.[9] Entre los niños sin problemas tiroideos, siete no presentaron cambios, uno mejoró y otro empeoró. Entre los niños con ADHD y GRTH, cinco de los ocho niños progresaron. La doctora Mary Ann Block, en su libro *No More Ritalin (No más Ritalin)*, comentó:

41

El exceso de atención al aspecto psicológico nos impide ver el verdadero problema, que en muchas ocasiones es más fisiológico que psicológico. Muy a menudo he visto niños a quienes les hicieron una extensa evaluación psicológica sin un trabajo médico adecuado. Según mi opinión, condiciones como bajo nivel de azúcar en la sangre, alergias, e incluso disfunción tiroidea, pueden contribuir a los síntomas de ADHD y a cambios de comportamiento, por lo que el niño debe recibir una evaluación y un tratamiento médicos antes de llegar a la conclusión de que el problema sólo es psicológico. Pero parece que rara vez sucede. El año pasado diagnostiqué a cuatro niños con hipertiroidismo en cuatro meses. A todos estos niños les habían diagnosticado ADHD. Cuando se atacó el problema tiroideo se solucionaron los síntomas (que se habían denominado como ADHD).[10]

Es probable que la disfunción tiroidea no sea el motivo del comportamiento de su hijo, pero puede ser. Recuerde que si su médico y usted no buscan... no encontrarán.

## Tratamiento tradicional

Los doctores están capacitados para diagnosticar e identificar enfermedades. En cuanto las identifican, prescriben medicamentos, cirugía o asesoría. Si su médico diagnostica que su hijo tiene ADD o ADHD, quizá le recomiende o recete medicamentos para aliviar los síntomas.

Los estimulantes son los medicamentos que más se prescriben para el ADD y el ADHD. Los más conocidos son Ritalin (metilfenidato), Cylert (pemolina), Adderall y Dexedrine (dextroanfetamina). Otro grupo de medicamentos utilizados para dar tratamiento a niños con ADHD que no responden a los estimulantes o que tienen otros problemas psiquiátricos son los antidepresivos como la amitriptilina y la imipramina. Existe un tercer tipo de medicamento que se prescribe a niños con ADD o ADHD. En este grupo están los medicamentos contra la hipertensión (bajar la presión arterial) como Clonidine (catapres), que mejora el comportamiento en algunos niños con ADHD.[11] El Clonidine es un medicamento muy fuerte. Lo que los padres por lo general no saben es que el Clonidine, solo o combinado con Ritalin, se ha asociado con tres muertes de niños.[12] En la actualidad, existe controversia respecto a si los niños que toman tanto Clonidine y un medicamento estimulante necesitan un electrocardiograma básico y otros subsecuentes para vigilar los efectos de los medicamentos. Quizá también sea necesario vigilar el pulso y la presión arterial del niño. Sin embargo, otros investigadores y médicos no están convencidos de la relación entre el Clonidine y las tres muertes, y no realizan electrocardiogramas.[13] Hay algo que sí está claro: el Clonidine y cualquier otro medicamento que tomen los niños con ADD o ADHD jamás deben suspenderlo abruptamente sin la ayuda de un médico. Como puede ver, estos medicamentos son muy fuertes y no deben emplearse sin la cuidadosa consideración de los beneficios contra las posibles complicaciones.

¿Cuáles son los puntos a favor y en contra de dar a su hijo un medicamento estimulante? Mencionemos primero los puntos a favor:

√ Son fáciles de usar y entran en acción rápidamente, así que pronto sabrá si ayudan o no.

√ Mejoran tanto el comportamiento como el rendimiento escolar.

√ Son relativamente baratos.

√ Se han usado durante años, por lo que los médicos tienen mucha experiencia en su prescripción.

√ El medicamento puede dar alivio a un niño que está a punto de ser expulsado de la escuela o cuya estructura familiar se esté desintegrando.

¿Cuáles son los puntos en contra de dar un medicamento estimulante y los motivos para buscar otras soluciones?

√    De 20 a 30 por ciento de los niños con ADHD no responden a los medicamentos estimulantes.

√    Según el *Physicians' Desk Reference*, una guía médica para la prescripción de medicamentos, «el Ritalin nunca deben administrarse a niños menores de seis años, ya que aún no se establece la seguridad y eficiacia a esta edad».[14] Lo mismo sucede con el Cylert.

√    En algunos niños, el Cylert provoca problemas hepáticos, por lo que se requiere una prueba básica sobre el funcionamiento del hígado, con pruebas de seguimiento después de iniciar el medicamento.

√    Los medicamentos estimulantes pueden reducir el apetito de los niños, disminuyendo así el consumo de alimentos que contienen nutrientes esenciales.

√    Algunos niños pueden ser difíciles de manejar en especial a media tarde o al anochecer, cuando pasa el efecto del medicamento («comportamiento de rebote»). Puede ser una prueba para las familias que ya están agotadas y estresadas al final del día. Los niños que toman medicamentos estimulantes tienen problemas para dormir.

√    Algunos niños que toman medicamentos estimulantes se quejan de dolores de estómago y de cabeza frecuentes.

√    De 1 a 2 por ciento de los niños que toman medicamentos estimulantes presentan tics.

44

√    A muchos padres de familia les molesta la simple idea de dar medicamentos a sus hijos. Hace poco, una mamá preocupada escribió: «Estoy muy reacia a 'drogar' a un niño de seis años. Espero encontrar mejores formas de ayudar a mi hijo».

√    A muchos niños no les gusta tomar medicamentos. Les da pena ir a la enfermería de la escuela para que les den su dosis del mediodía. Tal vez consideren el medicamento como «una tonta pastilla». A veces a los niños no les gusta cómo se sienten después de tomarlo. En muchas ocasiones, los adolescentes se niegan a tomar medicamentos.

√    Lo sorprendente es que los estudios a largo plazo de niños que toman estimulantes no parecen estar mejor que aquellos niños que no los toman. No muestran mejoría a largo plazo en el desempeño académico, una disminución en su comportamiento antisocial o una baja en los índices de progreso. Las habilidades de lectura, atléticas y sociales, y el rendimiento en las pruebas de aprendizaje no mejoran a largo plazo.[15]

Más aún, el medicamento no responde a las preguntas importantes: ¿Por qué mi hijo es hiperactivo? ¿Por qué no puede poner atención? ¿Por qué es tan impulsivo? ¿Cuál es la causa de estos comportamientos? A ciertas personas les gusta comparar el Ritalin con la insulina. Estas sustancias son muy diferentes. La insulina es una hormona cuya presencia es natural, y de cierto modo, los diabéticos tienen «deficiencia de insulina». Nadie padece deficiencia de Ritalin. El Ritalin no es una sustancia natural. Tomar Ritalin para el ADD o el ADHD es como ingerir una aspirina para dolores de cabeza intensos y frecuentes: la aspirina ayuda a aliviar dolor de cabeza, mas no ataca la causa básica e implícita del dolor. El Ritalin no «resuelve» los problemas de un niño con ADD o ADHD.

45

El uso creciente del Ritalin preocupa a muchos médicos, psicólogos, educadores y padres de familia. Desde 1990, el uso del Ritalin aumentó dos veces y media. Más de 1.3 millones de niños toman Ritalin con regularidad. Y sin embargo, el medicamento nunca debe tomarse solo; es esencial contar con un planteamiento multidisciplinario. Los padres de niños con ADD o ADHD deben recibir capacitación en las técnicas de modificación del comportamiento que les permita ser más eficaces para criar a estos niños difíciles de educar. Los maestros, asesores y directores de escuela deben involucrarse de manera activa en encontrar formas de mejorar el aprendizaje y el comportamiento de estos niños. Si su médico le recomienda que su hijo tome Ritalin u otro medicamento, platique con él sus inquietudes. Si decide que tome el medicamento, recuerde que no está descartando los factores implícitos que se mencionan en este libro. Si su hijo actualmente toma medicamentos estimulantes, no los suspenda sin consultarlo con el médico. Busque las piezas para completar el rompecabezas del comportamiento de un niño feliz, sano y bien adaptado.

# Causas del ADD y el ADHD

Aun cuando se desconoce qué sucede exactamente en el cerebro de los niños con ADD o ADHD, múltiples factores biológicos parecen afectar el desarrollo del trastorno. Los investigadores usan nuevos e interesantes métodos para aprender más acerca del cerebro, entre ellos las resonancias magnéticas, que no duelen ni agreden, a fin de estudiar la estructura cerebral y la tomografía por emisiones de positrones para estudiar el metabolismo cerebral, así como la biología molecular para identificar los genes asociados con el ADHD. Estas son algunas causas potenciales del ADD y el ADHD identificadas hasta la fecha.

## Fisiología cerebral

Mediante el uso de la nueva tecnología, los científicos han observado algunas diferencias menores entre el cerebro de los niños con ADHD y el de los demás niños. La resonancia magnética ayuda a que los investigadores examinen el cerebro. En algunos estudios, los investigadores determinaron que el lado derecho del cerebro por lo general es más pequeño en niños con ADHD que en los que no lo padecen. Tal vez sea importante porque ciertos neurotransmisores que afectan el funcionamiento mental y emocional se encuentran en dicha parte del cerebro.

[47]

Con la tomografía por emisión de positrones, los científicos pueden observar la función cerebral. Con esta técnica, los investigadores miden el nivel de actividad cerebral en tanto los sujetos de estudio intentan memorizar una lista de palabras. Lo llevan a cabo midiendo las concentraciones de glucosa a través de la tomografía. La glucosa es la principal fuente de energía para el cerebro, de modo que podían determinar el nivel de actividad cerebral midiendo cuánta glucosa se utilizó. Los investigadores descubrieron que en el cerebro de quienes padecen ADHD, el área que controla la atención usó menos glucosa que el cerebro de quienes no lo padecen. Ahora los científicos buscan determinar por qué sucede esto.

## Trauma cerebral

Desde hace años, los médicos saben que los niños con daño cerebral debido a lesiones o una infección cerebral grave pueden presentar hiperactividad o una falta de atención. Las madres de niños con ADHD tuvieron una mayor incidencia de complicaciones durante el embarazo, la labor de parto o el alumbramiento. Más aún, los niños de madres que fumaron, tomaron bebidas alcohólicas o usaron drogas durante el embarazo presentaron una mayor incidencia de ADHD. Debido a estos motivos, las lesiones menores en cabeza, embarazos riesgosos, complicaciones en el parto y daños cerebrales no detectados se están investigando como probables causas del ADD o ADHD. Sin embargo, a pesar de que un porcentaje importante de niños con historias como las anteriores tienen problemas de falta de atención e hiperactividad, la mayoría de los niños con ADHD no tienen lesiones cerebrales, antecedentes de infección cerebral, o madres que realizaron algunas de las actividades anteriores. Por lo tanto, no parecen ser causas tan comunes de ADD o ADHD.

## Genética

Parece existir un fuerte componente genético con el ADHD. Si una madre o un padre tienen ADHD, el hijo tiene 57 por ciento de probabilidades de tener el trastorno.[1] Si un hermano tiene ADHD, el niño tiene un riesgo de 32 por ciento de presentar el ADHD. En gemelos con ADHD es mayor la probabilidad de que gemelos idénticos tengan ADHD que los gemelos fraternos. Sin embargo, no cada gemelo idéntico con ADHD tiene un gemelo con ADHD, por lo tanto los genes no lo son todo.

Hasta ahora, se sospecha que tres genes participan en el ADHD en algunos niños. Uno de ellos es el gen receptor de la tiroides en el cromosoma 3. No obstante, parece ser una causa extraña del ADHD, que sólo afecta a unos cuantos niños; pero es un factor crítico en los niños que sí tienen este problema genético. El segundo gen contiene los códigos para un portador del importante neurotransmisor dopamina. Lo interesante es que este es el sitio del cerebro donde se cree que actúa el Ritalin. El tercer gen contiene el gen para un receptor de la dopamina. No cabe duda que se descubrirán más genes que representen un papel en el ADD y el ADHD.

Un número de trastornos genéticos con frecuencia provocan síntomas de ADHD. Por ejemplo, el síndrome x frágil es la causa genética más común de retraso mental. Casi todos los niños varones con síndrome x frágil presentan hiperactividad y falta de atención graves. Cerca de 35 por ciento de las niñas con este trastorno muestran síntomas de ADHD. Otra anormalidad genética es la del cromosoma sexual. Por ejemplo, las mujeres con el síndrome Turner a menudo tienen ADHD. Los varones con el síndrome XYY muchas veces tienen problemas de aprendizaje y se muestran agresivos. El síndrome de Tourette es un trastorno genético que se caracteriza por tics motrices y vocales. El ADHD es común entre los niños con el síndrome de Tourette.

## Factores ambientales

Los factores ambientales también participan en el origen del ADD y el ADHD, y como quizá usted ya lo advirtió, es una de las causas más importantes. Se sabe que las toxinas como el plomo y el aluminio alteran ciertos procesos cerebrales, así como el desarrollo cerebral. La exposición a dichas toxinas podría conducir a síntomas del ADD o el ADHD. En la novena forma se dirá más al respecto. Del mismo modo, las alergias a los alimentos y por inhalación pueden formar parte del desarrollo del ADD y el ADHD. Busque en las formas tercera y séptima, información acerca de las alergias y el ADD o ADHD. La mayor parte de este libro se enfoca en los factores ambientales y su papel en estos trastornos.

La identificación de diagnósticos como ADD o ADHD ayuda a la comunicación entre médicos y pacientes. Asimismo, son importantes para la escuela, donde este diagnóstico abre la puerta a programas de educación especial. Lo más importante es observar con detenimiento al niño. Dos niños pueden presentar el mismo síntoma (hiperactividad) por motivos completamente diferentes. Tal vez uno de los niños es sensible a los colores artificiales, en tanto el otro tiene envenenamiento por plomo. Del mismo modo, dos niños pueden tener anormalidades biológicas idénticas y mostrar síntomas diferentes. Un niño sensible a la leche puede padecer cansancio e irritabilidad en tanto el otro, que también es sensible a la leche, presenta enuresis.

En la segunda parte, trataremos de determinar la causa del ADD y el ADHD y ofreceremos opciones para eliminar las causas.

# Un gramo de prevención

Ante todo, debo aclarar que los padres de familia no provocan el ADD o el ADHD en sus hijos. Mi intención al escribir este capítulo no es culpar a los padres de un niño con ADD o con ADHD. Sin embargo, ciertos factores durante el embarazo pueden contribuir al desarrollo de ADD o ADHD en un niño. Y, como dicen, «un gramo de prevención equivale a un kilo de curación». Los padres de un niño con ADD o ADHD que piensen tener otro hijo harían bien en seguir este consejo. Es mucho más sencillo ser precavido antes y después del nacimiento que controlar los problemas de comportamiento y de salud de un niño después de que los desarrolló. Como se mencionó con anterioridad, el ADD y el ADHD vienen de familia. En parte se debe a la relación entre la alergia y el ADD y el ADHD (véanse los consejos tercero y séptimo) y el hecho de que las tendencias alérgicas son hereditarias. O tal vez se hereden necesidades especiales a ciertos nutrientes. Asimismo, puede haber factores ambientales involucrados, como demasiado plomo en casa, exposiciones a sustancias químicas o una dieta deficiente. Desde luego que hay muchos niños con ADHD cuyos familiares no tienen el trastorno. No se pueden cambiar los genes, pero podemos tomar algunas medidas para mejorar las posibilidades de tener un niño sin problemas de atención.

## Nutrición

Una nutrición excelente antes y durante el embarazo y la lactancia es esencial. Lo ideal es que el padre y la madre hayan tenido una nutrición adecuada años antes de la concepción. Pero nunca es demasiado tarde para empezar. Lo que coma durante el embarazo afectará el desarrollo emocional, mental y físico de su hijo. Usted debe tener una condición óptima. Si lleva una dieta bien balanceada y variada, evita tomar mucha azúcar, cafeína, sal y aditivos, y toma complementos de vitaminas y minerales bajo prescripción médica, se sentirá mejor y beneficiará a su nonato. Las mujeres embarazadas deben tomar al menos tres porciones de leche, yogur y queso (si la embarazada es adolescente, debe tomar cuatro); tres porciones de carne magra, aves, pescado, frijoles secos, huevo y nueces; de tres a cinco porciones de verduras, de dos a tres porciones de frutas; de seis a once porciones de pan de grano entero, cereal, arroz y pasta, y muchos ácidos grasos omega 3 (las grasas «benéficas»).

Siga los lineamientos de la pirámide alimenticia descrita en la primera forma. Si no puede o no le gusta tomar leche, consulte a su médico respecto a los complementos de calcio. Si piensa embarazarse, asegúrese de obtener el suficiente ácido fólico, una de las vitaminas B, en su dieta o como complemento. La cantidad suficiente de ácido fólico ayuda a prevenir los abrumadores defectos de nacimiento como la espina bífida.

Obtenga suficientes grasas nutritivas, ácidos grasos omega 3, en su dieta antes del embarazo (para acumular provisiones en su tejido graso), durante el embarazo y la lactancia. Los ácidos grasos omega 3 son críticos en la formación y el desarrollo del cerebro y la retina del ojo.

Los alimentos ricos en ácidos grasos omega 3 incluyen linaza y aceite de semilla de linaza, aceites de soya y de canola exprimidas en

52

frío, nueces y aceite de nuez exprimida en frío, tofu, frijoles (de soya, pinto y alubia), aceite de hígado de bacalao y pescado de agua fría (atún fresco, salmón, sardinas, caballa y arenque).

## Humo de cigarro

Evite todo contacto con el humo de cigarro. Las madres que fuman tienen mayor probabilidad de tener hijos con ADHD que las que no fuman. Las madres que fuman tienen mayor probabilidad de tener bebés de bajo peso al nacer. No permita que nadie fume en su casa o en su auto.

## Alcohol

No tome bebidas alcohólicas si está embarazada o piensa embarazarse. Tomar bebidas alcohólicas puede provocar que su bebé tenga bajo peso y daños neurológicos al nacer. Se desconoce cuál es el nivel de alcohol que aún no es dañino (si acaso) por lo que se recomienda que lo evite en absoluto. Eso significa nada de cerveza, vino o bebidas con alto contenido alcohólico. Los niños nacidos con síndrome de alcohol fetal pueden presentar anormalidades físicas, un crecimiento deficiente y retraso mental. También pueden estar irritables e hiperactivos y experimentar problemas de aprendizaje. En 1981, los centros para el control y la prevención de enfermedades recomendaron la abstinencia total de alcohol durante el embarazo. Un estudio más reciente reveló que entre 1991 y 1995, el consumo casual de bebidas alcohólicas aumentó 30 por ciento. También aumentó el consumo frecuente de bebidas alcohólicas. El futuro de su hijo está en riesgo: no tome bebidas alcohólicas.

## Drogas, cafeína y aspartame

Todas las drogas, legales e ilegales, prescritas y de anaquel, deben evitarse a menos que su médico las recete. La cafeína se considera una droga, así que evite bebidas como café, té, cacao, y bebidas refrescantes que contengan cafeína. El chocolate también contiene cafeína. Para su mayor seguridad, evite alimentos endulzados con aspartame durante el embarazo y la lactancia.

## Estrés

Si es posible, evite el estrés. El estrés antes, durante o después del alumbramiento puede aumentar la probabilidad de futuras alergias. ¡Evitar el estrés puede ser un reto para usted si ya tiene un hijo con ADHD!

## Leche materna

¡Lo mejor es la leche materna! La American Academy of Pediatrics recomienda que las madres amamanten a sus bebés durante al menos seis meses, y de preferencia durante el primer año de vida. Dele a su hijo leche materna el tiempo que sea benéfico para su bebé.

Healthy People 2000, un programa de fondos federales, ha establecido un objetivo de que 75 por ciento de mujeres amamanten a sus bebés al salir del hospital, y que 50 por ciento sigan amamantando a sus bebés después de seis meses. Tienen mucho camino por recorrer. En la actualidad, sólo 50 por ciento de las madres en Estados Unidos amamantan a sus bebés en el hospital, mientras un 20 por ciento continúan con la lactancia a los seis meses.[1]

54

¿Por qué es mejor el pecho? La leche materna está diseñada específicamente para los bebés humanos, del mismo modo que la leche de vaca está diseñada para los becerros. La leche materna es muy diferente a la leche de vaca y, por más que lo intentan, los científicos no pueden producir una fórmula infantil idéntica a la leche materna. La leche materna es mejor para su bebé por varias razones:

√    La leche materna siempre está fresca, esterilizada, tiene la temperatura adecuada, es económica y no requiere preparación.

√    La leche materna es fácil de digerir. Los bebés de pecho no se constipan o padecen sed porque la leche materna les proporciona el agua necesaria.

√    La leche materna contiene los anticuerpos que se transmiten de la madre al bebé para protegerlo contra alergias y enfermedades. Los bebés de pecho presentan menos infecciones gastrointestinales, respiratorias y de oído.

√    El primer líquido que aparece después del alumbramiento es el calostro. Contiene anticuerpos, glóbulos blancos y factores de crecimiento que absorbe el torrente sanguíneo del bebé debido a que sus intestinos están porosos e inmaduros, esto protege al niño de enfermedades gastrointestinales.

√    El factor bífido en la leche materna estimula el crecimiento de las bacterias intestinales saludables, Lactobacillus bifidus. Estas bacterias limitan el crecimiento de las bacterias tóxicas. El factor bífido no está presente en las fórmulas.

√    Varias proteínas importantes están presentes en la leche materna. La lactalbúmina, la proteína principal en la leche materna, facilita la digestión. Las proteínas lactoferrinas enlazan el hierro, que después se absorbe fácilmente. Lo anterior disminuye el crecimiento de las bacterias que dependen del hierro, las cuales pueden causar diarrea. La taurina, un aminoácido, ayuda de manera indirecta en la digestión de grasas y es importante para el desarrollo del cerebro.

√    La leche materna contiene la larga cadena de los importantes ácidos grasos omega 3 y omega 6. (En la Cuarta forma hay más información acerca de los ácidos grasos esenciales). El GLA, un ácido graso omega 6, es un precursor de ciertas sustancias químicas de tipo hormona que ayuda a retardar las alergias. Los ácidos grasos omega 3 son cruciales en la creación de los tejidos y nervios cerebrales, y la retina ocular. En la actualidad, las fórmulas lácteas no contienen el GLA y la cadena larga de ácidos grasos.

√    La leche materna tiene una elevada concentración de carbohidratos complejos (oligosacáridos y glicoconjugados), que inhiben infecciones.

√    Al igual que el hierro, el zinc en la leche materna se absorbe mucho mejor que el zinc en las fórmulas. El zinc representa una función importante en el desarrollo del sistema inmunológico.

√    Los bebés prematuros que toman leche materna tienen un coeficiente intelectual (sus siglas en inglés, IQ) más alto (8 puntos) que los bebés prematuros que se alimentan de fórmula.[2] El efecto no se debió a la leche materna en sí porque los bebés que recibieron leche materna se alimentaron mediante un biberón.

√   Los bebés de pecho tienen un mejor desarrollo en los maxilares y menos problemas de dicción debido a la succión del pecho.

√   La leche materna estimula la creación de un vínculo especial entre madre e hijo.

Asimismo, la madre se beneficia con la lactancia. La succión de pecho del bebé después del alumbramiento provoca que el útero se contraiga y que haya menos hemorragias. La succión también ayuda a que el útero regrese a su forma y tamaño previos a la lactancia. Con la lactancia quema muchas calorías, por lo cual su peso regresa a la normalidad con mayor rapidez. Parece que la lactancia también reduce en 20 por ciento el riesgo de desarrollar cáncer de mama.

Las mujeres que trabajan fuera de casa pueden alimentar a su hijo succionándose la leche y refrigerándola hasta que sea hora de darle el biberón al bebé. Lo anterior requiere de mucha dedicación por parte de la madre. Aun cuando el objetivo es que se amamante al bebé hasta que tenga seis meses, cualquier forma de darle leche materna le beneficia. Si tiene problemas para darle pecho a su hijo o tiene alguna pregunta, consulte en Internet La Leche League, una organización internacional que apoya a las madres que eligen dar pecho y proporciona mucha información útil sobre la lactancia.

Mientras le dé pecho a su hijo, siga cuidando su dieta, continúe alimentándose por dos. Lo que usted coma afectará a su bebé. Si su bebé con frecuencia tiene cólicos o reflujo, debe llevar un diario de su dieta donde anote lo que come y bebe. Observe si existe alguna relación entre un cambio en su dieta y las reacciones de su bebé. Un sospechoso importante es la leche de vaca, aunque el huevo, el chocolate, las frutas cítricas y el trigo usualmente también generan problemas. Si la madre es sensible a un alimento, es probable que el bebé también reaccione. Sin embargo, puede ocurrir que el bebé presente una reacción a un alimento al cual la madre no sea sensible. Piénselo dos veces antes de cambiarle la leche materna a un bebé con cólicos y enfermizo. Los mismos bebés que están inquietos e irritables con la leche materna muchas veces empeoran cuando toman leche de fórmula. Hable con su médico acerca de lo que es mejor para usted y su bebé.

## Alimentos sólidos

No se apresure por empezar a darle a su bebé alimentos sólidos. Una introducción prematura a los alimentos sólidos puede provocar alergias, ya que las proteínas son ajenas al sistema inmunológico del bebé. Muchos médicos consideran que los bebés (en especial los que tienen padres o hermanos alérgicos) deben alimentarse exclusivamente con leche materna durante seis meses. Quizá lo anterior la incomode y la critiquen familiares y amigas que empezaron con los alimentos sólidos antes: su bebé no los necesita en los primeros meses. Cuanto más se espere, mayores serán las probabilidades de que su hijo no se vuelva sensible a los alimentos nuevos. Alimentarlo con sólidos en estos primeros meses impiden que su bebé duerma toda la noche.

Si tiene la inquietud de acelerar este programa, lea la recomendación del Allergy Information Association de Canadá:

> El bebé no los necesita. Usted es quien necesita la variedad. Los alimentos rápidos benefician a las compañías de alimentos infantiles, no a su bebé. Los alimentos rápidos son síntomas de nuestro mundo acelerado y agitado. Ante todo, recuerde que la forma en que alimente al bebé durante el primer año le afectará de por vida. Él será lo que come.[3]

¿Debe preparar la comida de su bebé o comprarla? Como sea, existen puntos a favor y en contra. Tendrá que decidir qué es lo mejor para usted, para su estilo de vida, y para su bebé. Por fortuna, las compañías de alimentos infantiles se han esforzado por mejorar sus productos al eliminar la sal, los conservadores y los colorantes y sabores artificiales, así como al reducir o eliminar el azúcar. No obstante, algunos productos sí contienen endulzantes, así que siempre lea con cuidado las etiquetas. Los jugos pueden contener azúcar o endulzantes de maíz.

De acuerdo con la Academia de Pediatría (Academy of Pediatrics), los niños menores de un año no deben beber leche de vaca. Entre uno y dos años de edad, los niños deben alimentarse con leche entera, de hecho necesitan la grasa adicional para un desarrollo normal. Después de los dos años, los niños pueden beber 1 ó 2 por ciento de leche.

Una vez que su hijo esté lo bastante grande para consumir lo que come el resto de la familia, asegúrese de que su dieta sea nutritiva y no contenga botanas azucaradas sin valor nutrimental. En general, los niños que empiezan la vida con base en los mejores alimentos, y los continúan comiendo en sus primeros años de vida, no sentirán ansiedad por los dulces y los alimentos chatarra. Crecerán exigiendo alimentos adecuados y nutritivos.

No existe garantía alguna de que estos pasos evitarán que su nuevo hijo presente problemas físicos y de comportamiento. No puede cambiar sus propios genes, pero puede cambiar los entornos interno y externo de su hijo. Las probabilidades de su hijo son altas y vale la pena el esfuerzo adicional.

# Segunda Parte
## Doce consejos para ayudar a su hijo

# Primer consejo:
# Mejore la dieta de su hijo

Una dieta nutricionalmente óptima puede no parecer importante, pero en realidad es determinante. El cuerpo se asemeja a la fábrica y el almacén de sustancias químicas más sorprendente jamás diseñada. Produce, procesa y almacena más de 100,000 sustancias químicas diferentes. Para producirlas, el cuerpo sólo importa de 40 a 50 productos de materia prima, sustancias que no puede hacer por sí mismo o en suficientes cantidades: 10 aminoácidos esenciales, dos ácidos grasos esenciales, de 20 a 30 minerales, 12 o más vitaminas, agua, glucosa y fibra. Si el cuerpo no produce la suficiente materia prima y la absorbe de manera adecuada, no puede funcionar de forma óptima. Como resultado, algunas de las líneas de ensamble pueden trabajar en forma errática o descomponerse. ¡Entra basura, sale basura!

Si el desayuno de su hijo es una dona o un cereal azucarado, su almuerzo papas fritas, un emparedado de jamón y un pastelillo; su cena, comida rápida; y entre comidas consume dulces, frituras, refrescos o aguas de frutas, su dieta no es tan inusual en el mundo turbulento de la actualidad. Lo sé porque capturé en la computadora los informes de una dieta de tres días de 100 niños como parte de un estudio de investigación en la Universidad de Purdue. Si su hijo lleva esta dieta «promedio», quizá descubra que experimenta una mejoría importante en su comportamiento y su salud al mejorar la selección de sus alimentos.

Para ayudar a determinar la clasificación de la dieta de su hijo, responda sí o no a las siguientes preguntas:

1. ¿Su hijo come de seis a once porciones al día de pan, cereal, arroz y pasta?
2. ¿Come panes y cereales de trigo entero y arroz integral?
3. ¿Come cereales sin o con poca azúcar?
4. ¿Come al menos cinco porciones al día de frutas y verduras?
5. ¿Bebe jugo de frutas 100 por ciento natural sin endulzar (que no sea una combinación de jugo de frutas)?
6. ¿Come de dos a tres porciones al día de carne sin grasa, aves, pescado, huevo, frijoles y nueces?
7. ¿No consume refrescos, dulces, o alimentos altos en azúcares adicionales?
8. ¿Consume al día nueces, semillas y aceite vegetal natural prensado en frío (en especial aceite de soya o de canola)?
9. ¿Consume sólo pequeñas cantidades de grasas saturadas, hidrogenadas y parcialmente hidrogenadas?
10. ¿Consume de dos a tres porciones al día de leche y productos lácteos bajos en grasa (o toma complementos de calcio)?

Si contestó que sí a la mayoría de las preguntas anteriores, ¡felicidades! No es fácil alimentar a una familia con una dieta nutricionalmente óptima en el mundo turbulento de la actualidad. Sin embargo, si contestó que no a muchas de las preguntas, este capítulo le mostrará algunas formas en que puede mejorar la dieta de su hijo al mismo tiempo que su salud.

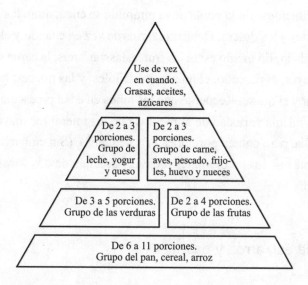

## Pirámide alimenticia

Para mejorar la dieta y la salud de su hijo, no tiene que llevar a cabo cambios que quiten tiempo o sean costosos. De hecho, lo único que debe hacer es seguir la pirámide alimenticia que ha visto en televisión o en algunas etiquetas alimenticias (véase arriba). Es probable que lleve tiempo intentando mejorar la dieta de su familia: éste es el momento ideal.

Ofrezca a su hijo variedad: diferentes frutas, verduras, granos, carnes, pescado, etcétera. Por ejemplo, una variedad de frutas podría incluir frutas cítricas, manzanas, peras, piña, melones, duraznos, nectarinas y kiwis. Con la variedad se asegurará de que su hijo reciba todos los nutrientes que necesita para una buena salud. Asimismo, reduce la probabilidad de que desarrolle alergia a un alimento que coma en repetidas ocasiones.

Use la pirámide alimenticia como mapa para lo que su hijo debe comer a diario. En la base de la pirámide están el pan, el cereal, el arroz y la pasta. Se necesita la mayor cantidad de porciones al día de

65

estos alimentos. En la punta de la pirámide se encuentran las grasas, los aceites y los dulces. Debe utilizarlos de vez en cuando y elegirlos con cuidado. En medio están las frutas, las verduras; la carne sin grasa, las aves, el pescado, el huevo, los frijoles, y las nueces; la leche, el yogur y el queso. Recuerde que los niños en edad preescolar necesitan la misma variedad de alimentos que los miembros mayores en la familia, pero comen porciones más pequeñas. (Sin embargo, tome en cuenta que los preescolares todavía necesitan de dos vasos de leche al día.)

## Pan, cereal, arroz y pasta

Su hijo debe comer de seis a once porciones de pan, cereal, arroz y pasta al día. Seleccione harina de grano entero (trigo, cebada, avena, arroz, centeno, mijo y maíz), panes y galletas; cereales sin azúcar; y arroz integral. Estos alimentos proveen las vitaminas B, vitamina E, hierro, magnesio, minerales vestigiales, carbohidratos complejos, proteínas incompletas y fibra. Una porción es una rebanada de pan, 28 gramos de cereal listo para comerse, o media taza de cereal, arroz o pasta cocida.

Muchos cereales que se presentan y anuncian durante los programas infantiles en la televisión contienen 40 por ciento o más azúcar, además de colores artificiales y conservadores. Una caja de 375 gramos de un cereal puede contener 50 o más cucharaditas de azúcar. (Consulte en la siguiente tabla el contenido de azúcar de muchos cereales populares.) De acuerdo con la experiencia de muchos médicos dedicados a la nutrición, el azúcar es la causa principal de los trastornos de comportamiento en los niños, incluyendo hiperactividad, pereza inadecuada y breves intervalos de atención.[1] De modo que aun cuando sea importante que su hijo consuma alimentos de grano, incluso cereales, asegúrese de elegir con cuidado su cereal, evite los que tienen mucha azúcar e ingredientes artificiales. Pero recuerde que muchos niños con ADD o ADHD están mejor con menos carbohidratos y más alimentos con proteínas.

## Frutas y verduras

Después del pan, el cereal, el arroz y la pasta, su hijo debe consumir frutas y verduras en enormes cantidades. Procure que sean por lo menos de dos a cuatro porciones de frutas y de tres a cinco porciones de verduras al día. Esta meta la puede alcanzar con jugo de naranja en el desayuno, sopa de verduras en el almuerzo; leguminosas como zanahorias, tomates cherry y frutas para comer entre comidas; y una ensalada de vegetales de hoja verde oscura, col y zanahorias, con aderezo preparado con grasas «benéficas» para la cena. Manzanas, plátanos, peras, uvas, secciones de naranja, fresas y puré de manzana sin azúcar son postres y botanas sencillas, sabrosas y con endulzante natural. ¿Cuánto es una porción? Media manzana, plátano o naranja, media taza de fruta cocida o en lata; y tres cuartos de vaso de jugo de fruta sin endulzar 100 por ciento natural constituyen una porción. Lo siento, ¡los pasteles de frutas no cuentan debido a su alto contenido de azúcar y grasa! Una porción de verduras es una taza de verduras de hojas crudas; media taza de verduras cocidas, picadas o crudas; o tres cuartos de vaso de jugo de verduras. Quedan fuera las papas fritas o a la francesa porque tienen un alto contenido de grasa.

Las frutas ofrecen grandes cantidades de vitaminas A y C, minerales, carbohidratos complejos y fibra. Dele a su hijo frutas enteras. Tienen más fibra que los jugos de fruta. Sólo cuente el 100 por ciento del jugo de fruta como fruta. Las combinaciones de frutas y la mayoría de las bebidas de fruta contienen una pequeña cantidad de jugo de fruta y mucha azúcar adicional. Limite los jugos de fruta 100 por ciento naturales a un vaso y medio al día de modo que su hijo tenga espacio para otros alimentos nutritivos. Ciertos jugos son más nutritivos que otros. Los jugos de tomate, toronja, y naranja son especialmente nutritivos. A algunos niños con ADD y ADHD no les gusta tomar jugo de fruta natural, en especial con el estómago vacío. Otros toleran mejor frutas o jugos enteros si lo consumen con un bocado que incluya un proteínas. Algunos niños necesitan evitar todos los jugos de frutas. Una fruta entera se tolera mejor que el jugo de la misma porque la fibra ayuda a disminuir la absorción del azúcar. El jugo de manzana casi no tiene fibra, el puré de manzana tiene un gramo y medio de fibra en media taza, y una manzana mediana tiene tres gramos.

Las verduras proporcionan vitaminas, hierro, calcio, minerales vestigiales, carbohidratos complejos y fibra. Algunas frutas y verduras, en especial las de color anaranjado o verde oscuro, son más nutritivas que otras. Querrá incluir estas «estrellas» con frecuencia en la dieta de su hijo. Entre las mejores frutas y verduras están: zarzamoras, melón, toronja, kiwis, mangos, naranjas, papayas, duraznos, fresas, tomates, brócoli, zanahorias, col rizada, pimientos rojos, espinaca y camotes.

Si su hijo es como muchos de sus compañeros, es probable que vea las verduras y diga: «¡Guácala! ¡Para nada! Son verduras». Muchos niños no se comen las verduras (¡y sus padres tampoco!) y una cuarta parte de todas las «verduras» que comen los niños son papas a la francesa. Estas son algunas sugerencias sobre cómo hacer que su hijo consuma más verduras.

√   *Sea un buen modelo a seguir.* Si usted se come sus verduras con gusto, su hijo también estará más inclinado a comerlas.

√ *Use el hambre como un arma.* Prepare como botana para los amigos y familiares un platón de verduras crudas en la tarde o al anochecer. Pruebe con un dip sabroso para las verduras y así ayudar a venderles las verduras a niños remilgosos. (En las páginas 257 y 258 encontrará una buena receta.) Puede preparar excelentes dips a base de brócoli, zanahorias, coliflor, tomates cherry, frijol, pimientos rojos, chícharos, nabos y calabacitas.

√ *Pida a su hijo que le ayude a preparar las verduras.* Si le ayuda a lavarlas y cortarlas, es probable que se interese más en comerlas.

√ *Haga una deliciosa sopa de verduras.* En todo libro de cocina encontrará recetas para sopas de verduras.

√ *Haga que la ensalada sea más verde* incluyendo en ella espinaca, lechuga romana y otros vegetales verde oscuro. Otras verduras que puede añadir son col, zanahorias, pimientos verdes y nabos. También puede agregar a ensaladas verdes frutas como manzana, naranjas y peras. Elija con cuidado el aderezo para ensalada a fin de evitar colores artificiales, azúcar, miel de maíz y aceites parcialmente hidrogenados.

√ Anime a su hijo a beber un vaso de jugo de tomate V8.

√ Procure la política de «una mordida». Si su hijo le da una mordida, es probable que le dé otra y una más.

Como su objetivo es hacer que su hijo consuma más frutas y verduras, no empiece a pelear. Procurare que la hora de los alimentos sea un momento relajado y feliz: es importante para la salud de su hijo.

## Carne, aves, pescado, frijoles, huevo y nueces

La dieta sana de un niño también debe incluir dos o tres porciones diarias de carne sin grasa, aves y pescado, así como frijoles, huevo y nueces. Una porción es de 55 a 80 gramos de carne sin grasa, aves o pescado cocido, media taza de frijoles secos cocidos, un huevo o dos cucharadas de crema de cacahuate natural (sin azúcar o grasa parcialmente hidrogenada). El suministro de carne sin grasa, aves y pescado complementan las proteínas, vitaminas y minerales. Los peces de agua fría como el salmón, la caballa y el arenque son fuentes ricas en ácidos grasos esenciales omega 3, que son cruciales para la función nerviosa y cerebral. Los frijoles son buena fuente de vitaminas, minerales, fibra y los ácidos grasos esenciales. Las nueces y semillas son alimentos deliciosos, listos para consumirse, ricos en ácidos grasos esenciales, hierro, calcio, potasio, las vitaminas B, vitamina E, carbohidratos complejos, proteína incompleta y fibra. Cuidado: no dé nueces o semillas enteras a niños menores de cuatro años. Los niños pequeños se pueden ahogar con estos alimentos. El huevo es una magnífica fuente de muchos nutrientes esenciales, incluyendo proteínas completas, minerales y vitaminas A, B12 y D. Para los niños es mejor el huevo cocido o tibio que estrellado o revuelto.

Para algunos niños, cuanto más proteínas contenga su dieta, se sentirán y actuarán mejor. Como lo dijo una mamá: «Mi hijo necesita muchas proteínas para mantenese fresco. Nuestro objetivo son tres comidas más reducidas y de dos a tres porciones altas en proteínas. Por ejemplo, algunas son una taza de yogur natural o queso cottage con fruta fresca, medio emparedado de crema de cacahuate en pan de trigo entero con una untada de mermelada de frutas, un puño de nueces y un trozo de fruta, o una pierna de pollo fría».

## Leche, yogur y queso

Para los niños que no son intolerantes a la lactosa, ni sensibles a la leche, se deben incluir de dos a tres porciones de leche baja en grasa, yogur y queso en la dieta diaria. La leche, el yogur y el queso ofrecen proteínas completas, vitaminas (en especial las vitaminas A, B12 y D, y riboflavina), y minerales (en especial calcio). ¿Qué cuenta como una porción? Una taza de leche, una taza de yogur y 40 gramos de queso natural. No compre queso procesado que contenga aceite vegetal parcialmente hidrogenado o tinturas para alimentos. Elija leche descremada y yogur sin grasa cuando le sea posible, ya que tienen menos grasa que su contraparte normal. Si a su hijo no le gusta la leche y otros productos lácteos, o es sensible a la leche, tendrá que tomar complementos de calcio.

## Grasas, aceites y dulces

Las grasas, los aceites y los dulces representan la pequeña punta de la pirámide alimenticia porque deben ingerirse lo menos posible. Los dulces incluyen refrescos, caramelos, mermelada, jalea, miel y azúcar refinada. Disminuya el azúcar en la dieta de su hijo. Limite el azúcar agregado como azúcar blanca, azúcar morena, fructosa, miel de maple, miel de abeja, melazas y miel de maíz a no más de seis a diez cucharaditas al día. Los dulces proporcionan calorías y muy poco valor nutritivo. Sin azúcar adicional es el objetivo para muchos niños con ADD o ADHD. Las recetas que empiezan en la página 243 de este libro le darán ideas acerca de cómo sustituir los alimentos con azúcar. Lea la etiqueta en cada alimento que compre. Si el azúcar o la miel de maíz es uno de los primeros cinco ingredientes, no compre el artículo. También puede encontrar el azúcar en la lista de la nueva etiqueta nutrimental, donde se reporta en gramos. Cuatro gramos de azúcar es igual a una cucharadita. (Para tener una información más completa sobre los endulzantes en la dieta de su hijo, vea «Elija con cuidado los endulzantes».)

¿Qué hay de las grasas y los aceites que se representan en la punta de la pirámide alimenticia? En la actualidad, con frecuencia pensamos que todas las grasas son nocivas. Sin embargo, hay grasas «benéficas» que su hijo debe consumir a fin de tener una buena salud y un funcionamiento cerebral normal. Entre las fuentes de grasas benéficas están las nueces, el frijol (negro, bayo, pinto, de soya) y el pescado fresco de agua fría (atún, salmón y caballa), los cuales contienen los ácidos grasos esenciales omega 3. Los aceites de semilla de soya puro y de canola exprimidas en frío son benéficos porque contienen los dos ácidos grasos, omega 3 y omega 6. Después de abrir una botella de aceite de canola o de soya, exprima el contenido de una cápsula de vitamina E en el aceite y distribuya despacio volteando varias veces la botella hacia arriba y hacia abajo sin agitarla. Refrigere el aceite y procure que su hijo consuma una o dos cucharadas al día. Es más fácil que lo ingiera si lo combina con aderezos para ensaladas y lo incluye en productos horneados. Por desgracia, los ácidos grasos son moléculas delicadas que el oxígeno destruye rápidamente, así que use el aceite lo más rápido posible. Freír los alimentos también acaba con las moléculas benéficas de los ácidos grasos. (El aceite de oliva no tiene aceites grasos esenciales, aunque se recomienda para cocinar en estufa porque el oxígeno en el aire no destruye los nutrientes.)

Procure que su hijo disminuya el consumo de todas las mantecas sólidas comerciales hechas de grasas hidrogenadas. Asimismo, limite su consumo de alimentos que contengan aceite vegetal parcialmente hidrogenado, como la mayoría de las margarinas, galletas y productos horneados, y algunas marcas de mayonesa. Pequeñas cantidades de mantequilla son una alternativa al uso de margarinas. La mantequilla batida es mucho mejor porque no contiene tanta grasa saturada por cucharadita como la mantequilla normal. Los aderezos para ensaladas comerciales son un problema. Muchos contienen aceite parcialmente hidrogenado, endulzante de maíz y azúcar. Con frecuencia tienen colores artificiales. ¡Vaya mal de ojo! Y los aderezos para ensaladas sin grasa no contienen las grasas «benéficas». Los aderezos para ensalada hechos en casa son la opción más nutritiva y no son nada difíciles de preparar. (Consulte las recetas para los aderezos estilo italiano y francés.)

## La dieta de los niños estadounidenses

Tal vez esté pensando: «No hay forma de que mi hijo cubra los lineamientos de la pirámide alimenticia. ¡Ni siquiera se le acerca!» No está solo. En un estudio reciente, se analizó el consumo alimenticio de más de 3,300 niños y adolescentes de Estados Unidos entre dos y 19 años. Estos son los principales puntos de inquietud:

√     Sólo el uno por ciento de los niños cubren las recomendaciones de la pirámide alimenticia.

√     Un total de 16 por ciento no cumplen con una sola recomendación.

√     Sólo se cumple 30 por ciento de las recomendaciones referentes a los grupos de frutas, granos, carne y productos lácteos.

√     La cantidad total de grasa que consumieron los niños promedió 35 por ciento del total de sus calorías.

√   El azúcar adicional (en alimentos como pan, pastel, refrescos, mermelada y helado) promedió 15 por ciento del total de calorías.

√   Cerca de 50 por ciento de los niños tomaban leche entera en vez de leche baja en grasa.

El estudio concluyó: «Los niños y adolescentes de Estados Unidos siguieron patrones alimenticios que no cumplen con las recomendaciones nacionales. Es necesaria una educación e intervención alimenticia entre los niños de Estados Unidos».[3]

Es probable que al principio su hijo y el resto de la familia se rebelen cuando intente cambiar su dieta, ¡pero resista! Es difícil cambiar los hábitos alimenticios de la noche a la mañana. Lo sé porque tuve que «hacer una limpieza» en la dieta de mi familia. También he ayudado a que otras familias hagan cambios en su dieta.

Pero cambiar la dieta de su familia no tiene que ser un proceso complejo. Puede simplificar el proceso realizando un cambio a la vez. No tiene que hacer todos los cambios al mismo tiempo. De hecho, su primer paso ni siquiera debe incluir a su familia, sólo a usted. Cuando vaya al supermercado o prepare una comida, lea las etiquetas. Aprenda qué contienen los alimentos en los anaqueles del supermercado y en su alacena. Luego, empiece por evitar alimentos con colores o sabores artificiales, o con grasa parcialmente hidrogenada. Sustituya poco a poco el uso de alimentos con azúcar altos en grasa por frutas frescas de la estación. Sustituya las botanas con frutas y verduras, rosetas de maíz hechas en casa, cereal sin endulzar y, de vez en cuando, galletas saladas sin grasa. Si su hijo toma refrescos, sustitúyalos por refrescos sin color como Squirt, Sprite, y, si tolera el aspartame, 7Up de dieta. Después de un tiempo, sustituya el 7Up de dieta por jugo de fruta 100 por ciento natural. Agregue ácidos grasos esenciales omega 3 a la dieta de su familia usando aceite de canola puro o de soya prensado en frío. A continuación se presenta un plan alimenticio básico que le ayudará a elegir alimentos saludables para su familia:

√     *Desayuno:* Carne sin grasa, huevo o yogur bajo en grasa; fruta sin endulzar o jugo 100 por ciento de fruta; pan de grano entero o cereal y leche baja en grasa.

√     *Almuerzo:* Carne sin grasa, pescado, crema de nuez, queso o huevo; pan de grano entero, galletas o pastelillos de arroz; verduras crudas como zanahorias o tomates cherry, o sopas de verduras; fruta fresca y leche o yogur.

√     *Botana:* Mantequilla de nuez o queso sobre galletas de grano entero y verduras o frutas.

√     *Cena:* Carne sin grasa, aves o pescado (en especial de agua fría); arroz integral, papa o pan de grano entero; verduras como camote o brócoli, o sopa de verduras y fruta fresca.

√     *Botana:* Mantequilla de nuez sobre pan o galletas de grano entero; y yogurt natural con fruta fresca.

## Empiece el día con un buen desayuno

¿Recuerda cuando su mamá le decía: «Tienes que desayunar. Es la comida más importante del día»? ¡Pues tenía razón! En Estados Unidos, el consumo del desayuno ha bajado de manera constante durante los últimos 25 años. De los niños entre ocho y nueve años, 79 por ciento desayunan con regularidad, en tanto que de los niños entre doce y trece años, 58 por ciento desayunan con regularidad.[4]

Es una pena, ya que los resultados de un estudio reciente revelaron que los niños que desayunan con regularidad presentaron calificaciones de lectura y matemáticas significativamente superiores, índices mucho más bajos de depresión y ansiedad, menores niveles de hiperactividad, mejor asistencia a la escuela, menos retardos, mejoría en los lapsos de atención, menos problemas de comportamiento y menos visitas a la enfermería.[5] Otros estudios demostraron que, por el contrario, niños que no desayunaban, tenían mayores problemas de falta de atención y calificaciones más bajas en pruebas de tareas cognoscitivas que involucraban la memoria. Es decir, los niños con hambre tienen más problemas para poner atención y aprender.

El desayuno debe contribuir con una tercera parte de las calorías y los nutrientes del día. Un buen desayuno mejora la calidad de la dieta diaria y aumenta el consumo general de fibra, vitaminas y minerales de una persona. Los niños que no desayunan no pueden recuperar la falta de nutrientes en comidas posteriores. Si su hijo no desayuna o come alimentos con azúcar, mucha grasa o bajos en nutrientes durante el desayuno, debe cambiar la rutina de su desayuno. (La tabla en las páginas siguientes presenta el contenido de azúcar, aceites parcialmente hidrogenados y colores artificiales de algunos alimentos y bebidas populares en el desayuno.) Sé que en las mañanas usted ya tiene suficiente presión tratando de que su hijo esté listo para llevarlo a la guardería o la escuela, pero si le dedica un poco de tiempo al desayuno ayudará a toda la familia. Asegúrese de ayudar y apoyar a su familia.

Tal vez sienta la tentación de servirle a su hijo cereal para empezar el día, pero ¡tenga cuidado, consumista! Muchos cereales, en especial los dirigidos a los niños, contienen mucha azúcar y colores artificiales y conservadores. (Estudios recientes bien diseñados revelaron que a muchos niños hiperactivos los colores artificiales «los activan».) Las nuevas etiquetas nutrimentales proporcionan información muy valiosa en cada caja: una lista de ingredientes y la cantidad de

76

azúcares (natural y adicional) que contiene cada porción. La información sobre el azúcar aparece como «gramos por porción». Cuatro gramos es igual a una cucharadita. Elija cereales hechos de grano entero

| INGREDIENTES EN ALIMENTOS Y BEBIDAS SELECCIONADAS QUE PUEDEN AFECTAR A SU HIJO CON ADD O ADHD | | | | |
|---|---|---|---|---|
| ARTÍCULO | CANTIDAD DE AZÚCAR POR PORCIÓN | COLORES ARTIFICIALES | ACEITES PARCIAL-MENTE HIDROGE-NADOS | CHOCOLATE |
| CHOCOLATE QUICK DE NESTLÉ | 4 Y 1/2 CUCHARADITAS | NINGUNO | NINGUNO | SÍ |
| LECHE DE CHOCOLATE DE HERSHEY´S | 5 Y 1/2 CUCHARADITAS | COLORANTE DE CARAMELO ROJO# 40 AZUL# 1 AMARILLO # 5 | NINGUNO | SÍ |
| WAFFLES ESTILO CASERO EGGO | 3/4 CUCHARADITA | AMARILLO # 5 AMARILLO # 6 | SÍ | NINGUNO |
| CUADRITOS DE RICE KRISPIES | 2 CUCHARADITAS | NINGUNO | NINGUNO | NINGUNO |
| BOLLOS DE MAÍZ JIFFY | 2 CUCHARADITAS | NINGUNO | SÍ | NINGUNO |
| PASTEL TIPO STRUDEL GLASEADO DE CANELA PILLSBURRY | 2 Y 1/2 CUCHARADITAS | AMARILLO # 5 ROJO # 40 | SÍ | NINGUNO |
| BARRAS DE AVENA CON MIEL NATURE VALLEY | 3 CUCHARADITAS | NINGUNO | NINGUNO | NINGUNO |

| | | | | |
|---|---|---|---|---|
| HOT CAKES ORIGINALES HUNGRY JACK | 3 1/4 CUCHARADITAS | NINGUNO | SÍ | NINGUNO |
| BARRAS DE CEREAL CON FRESA NUTRI GRAIN | 4 CUCHARADITAS | ROJO # 40 COLORANTES DE CARAMELO | SÍ | NINGUNO |
| NUTRI GRAIN DE FRESA BAJA EN GRASA | 4 Y 1/2 CUCHARADITAS | ROJO # 40 | SÍ | NINGUNO |

y que no contengan colores artificiales o conservadores y menos de un gramo de azúcar. La segunda tabla proporciona el azúcar y el contenido de ingredientes artificiales de algunos cereales populares.

Procure evitar en el desayuno carnes comunes como tocino y salchicha. El tocino es un alimento saturado con grasa y poca proteína. También contiene nitrito de sodio, que altera a algunos niños. La mayoría de las salchichas comerciales son altas en grasas y contienen glutamato de monosodio, que puede afectar a ciertos niños. Es fácil preparar su propia salchicha de carne molida sin grasa. Vea mi receta en páginas posteriores. También evite bebidas instantáneas en el desayuno. Tienen un alto contenido de azúcar. Le repito, en casa puede preparar fácilmente una bebida nutritiva para el desayuno. Vea mi receta en las páginas posteriores.

El desayuno no debe ser complicado ni quitar tiempo. El objetivo en el desayuno es incluir proteínas y carbohidratos complejos. Esta combinación ayudará a que su hijo se sienta mejor y ponga atención toda la mañana. Estos son algunos desayunos sencillos.

√    Uno o dos huevos, de preferencia tibios o hervidos; pan de grano entero con un poco de mantequilla batida y una untada de mermelada de frutas; vaso de leche bajo en grasa.

## INGREDIENTES EN CEREALES SELECCIONADOS QUE PUEDEN AFECTAR A SU HIJO CON ADD O ADHD

| CEREAL | CANTIDAD DE AZÚCAR POR PORCIÓN | COLORES ARTIFICIALES | CONSERVADORES |
|---|---|---|---|
| AVENA QUAKER | 1/4 CUCHARADITAS | NINGUNO | NINGUNO |
| CHEERIOS | 1/4 CUCHARADITAS | NINGUNO | NINGUNO |
| POST TOASTIES | 1/2 CUCHARADITAS | NINGUNO | BHT* |
| CORN FLAKES | 1/2 CUCHARADITAS | NINGUNO | BHT* |
| RICE KRISPIES | 3/4 CUCHARADITA | NINGUNO | BHT* |
| WHEATIES | 1 CUCHARADITA | NINGUNO | BHT |
| CAP'N CRUNCH | 3 CUCHARADITAS | AMARILLO # 5 AMARILLO # 6 | BHT |
| ZUCARITAS | 3 1/4 CUCHARADITAS | NINGUNO | BHT |
| LUCKY CHARMS | 3 1/4 CUCHARADITAS | AZUL # 1 ROJO # 40 AMARILLO # 5 AMARILLO # 6 | NINGUNO |
| TRIX | 3 CUCHARADITAS | AZUL # 1 ROJO # 40 AMARILLO # 6 | NINGUNO |
| BASIC 4 | 3 1/2 CUCHARADITAS | NINGUNO | BHT |
| COCOA KRISPIES | 3 1/2 CUCHARADITAS | NINGUNO | BHT |
| FRUTI LOOPS | 3 1/2 CUCHARADITAS | AZUL # 1 AZUL # 2 ROJO # 40 AMARILLO # 6 | BHT |

| AVENA CON MIEL DE ABEJA NATURAL VALLEY | 4 1/4 CUCHARADITAS | NINGUNO | NINGUNO |
|---|---|---|---|
| RAISIN BRAN | 4 1/2 CUCHARADITAS | NINGUNO | NINGUNO |

*Presente sólo en paquete

√   Bistec asado sin grasa pequeño; rebanadas de naranja; leche baja en grasa.

√   Yogur natural endulzado con fruta fresca; hot cakes de trigo entero con un poco de mantequilla batida y una untada de conserva de frutas.

√   Cereal de grano entero con leche baja en grasa; chuleta de cerdo sin hueso, pierna de pollo o rosbif.

√   Pan de grano entero o pastel de arroz con crema de nuez natural y una untada de conserva de frutas; leche baja en grasa.

√   Emparedado de queso a la parrilla hecho de pan de grano entero y queso legítimo, que no sea procesado; un pedazo de fruta; un vaso con jugo de naranja.

√   Queso cottage con fruta fresca; pan de trigo entero tostado con mantequilla batida; jugo de toronja sin endulzar.

√   Avena cocida con fruta fresca; leche baja en grasa; empanada de salchicha hecha en casa.

√   Nueces sin procesar; un pedazo de fruta; leche baja en grasa.

## Comer bien fuera de casa

Ahora que tiene los conocimientos de los alimentos que debe comprar y cocinar para su hijo en casa, tendrá que conocer las opciones que puede elegir cuando el menú no esté totalmente bajo su control. La siguiente sección será de ayuda para usted y su hijo a fin de que elijan de manera correcta al comer fuera de casa.

### RESTAURANTES

Quizá esté pensando: «Salimos mucho a comer. ¿Cómo podemos lograrlo y al mismo tiempo mantener una dieta nutricionalmente lógica?» La clave es tomar las decisiones apropiadas. Nosotros de vez en cuando comemos en una cadena de restaurantes cercana; sin embargo, nos esforzamos por tomar buenas decisiones respecto a los alimentos. Por ejemplo, observe las siguientes comidas:

COMIDA 1
Hamburguesa
Papas a la francesa
Coca (360 ml)
Pay de manzana

COMIDA 2
Sopa de verduras
Emparedado de pechuga de pollo a la parrilla en pan tostado 100 por ciento de trigo entero
Leche baja en grasa
Taza de frutas

¿Qué diferencias nutricionales hay entre estas dos comidas? La comida 1 tiene 400 calorías más que la 2. La comida 1 también tiene tres veces el total de grasa y grasa saturada, la mitad de fibra, una tercera parte del magnesio, mucho menos de vitamina A, una cuarta parte de calcio y la mitad de vitamina C. Los niveles de zinc y hierro son casi los mismos en ambas comidas. Así que tómese unos minutos para leer los menús de su restaurante favorito y elija con cuidado los alimentos. Todos los miembros de la familia deben hacer un esfuerzo por elegir con inteligencia los alimentos.

La selección de alimentos nutritivos es más difícil en restaurantes de comida rápida. Estas son algunas sugerencias. Elija pollo a la parrilla en vez de hamburguesas, papa al horno en lugar de papas a la francesa, y leche o jugo 100 por ciento de frutas en vez de refresco. En la barra de ensaladas, elija fruta fresca sin endulzar o fruta en lata en su propio jugo, verduras frescas y ensalada con aderezo de aceite y vinagre en lugar de aderezo para ensalada dulce con colorantes artificiales. De igual modo, puede elegir queso cottage o puré de manzana sin endulzar. Evite las «ensaladas» de gelatina.

## COMIDA EN LA ESCUELA

En algunas escuelas, es «padre» llevar almuerzo y en otras no. El manejo de la comida que ofrecen las escuelas con frecuencia es una tarea deprimente. Si su hijo realmente quiere comer en la escuela, tal vez usted pueda llegar a un acuerdo respecto a la frecuencia. La mayoría de los distritos escolares entregan los menús con anticipación de modo que usted podrá elegir qué días son más nutritivos que otros. Por ejemplo, estas tres comida que ofreció este mes mi distrito escolar son inaceptables:

√    Empanadas de salchicha.

√    Palitos de pan tostado con miel de maple.

√    Puré de manzana con canela.

√    Ponche de frutas, leche.

√    Hamburguesa con queso.

√    Palitos de papa.

√    Coctel de frutas.

√    Rollo de fresa.

√    Leche.

√    Mini pizza de peperoni.

√    Piña en almíbar en lata.

√    Jugo de manzana, leche.

√    Twinkie.

Esas comidas tienen altos contenidos de azúcar y grasa. También pueden contener colorantes artificiales. Las siguientes tres comidas que se ofrecieron este mes son más nutritivas. Tienen menos grasa y azúcar y quizá no contengan colorantes artificiales:

√    Pavo asado.

√    Puré de papa/salsa.

√    Duraznos.

√    Leche.

√    Taco.

√    Brócoli con queso.

√    Piña en cuadritos.

√    Leche.

√    Ensalada con taco (carne de taco, lechuga, queso, tortilla dorada para taco).

√    Duraznos en almibar en lata.

√    Leche.

Si su hijo lleva el almuerzo de casa, estas son algunas sugerencias:

√ A los niños más pequeños les gusta llevar una lonchera llena de una variedad de alimentos. La mayoría de los niños grandes prefieren una bolsa de papel de estraza con un emparedado, verduras y un pedazo de fruta.

√ Busque la ayuda de su hijo en la preparación de la lonchera o la bolsa para el almuerzo. Si su hijo le ayuda a elegir y preparar alimentos, es muy probable que se los coma.

√ Si tolera la leche, que tome leche baja en grasa en vez de leche con chocolate.

√ Para ahorrar tiempo en la mañana, prepare la mayor parte del almuerzo la noche anterior. Los alimentos para untar también los puede preparar una noche antes. De igual modo, puede dejar hechos y envueltos muy bien en papel encerado los emparedados de carne o queso (legítimo, no «comida con queso» o «producto de queso»). Envuelva por separado las hojas de lechuga para que no se marchiten. Su hijo puede poner la lechuga en el emparedado antes de comérselo.

√ Si su hijo es sensible al trigo, trate de hacer el emparedado en hojas de col, espinaca o lechuga romana. Inserte un palillo para unir el «emparedado». O rellene pimientos verdes o cáscaras de papa con crema de untar para el emparedado.

√ Envíe un par de cucharadas de queso (de queso legítimo, no «comida con queso» o «producto de queso»). Incluya un cuchillo de plástico y galletas de grano entero o apio.

√    Elija crema de cacahuate natural preparada solamente de cacahuates y sal (sin azúcar o aceites vegetales hidrogenados). Unte sobre pan o galletas de trigo entero o pastelillos de arroz. Cubra con una untada de conserva de frutas (sin azúcar adicional). En las tiendas naturistas puede encontrar mantequillas de nuez y de semillas.

√    .Rebane una manzana a la mitad y retire el centro. Unte con crema de cacahuate y cubra con unas cuantas pasas o rebanadas de plátano. Una las mitades y envuelva en papel encerado.

√    Unte salsa para pizza sobre bollos de trigo entero tostados. Cubra con queso. Coloque en el asador hasta que se derrita el queso. Refrigere. Envuelva en papel encerado.

√    Los platillos calientes como macarrón con queso hecho en casa, guisado, chile con carne o sopa hecha en casa pueden guardarse en termos de boca amplia. Incluya galletas de grano entero y los utensilios necesarios.

√    Elija frijoles refritos y pita de trigo entero o tortillas doradas para taco. Empaque el relleno aparte de la pita o las tortillas.

√    Empaque alimentos fríos como puré de manzana sin azúcar, ensalada de frutas sin azúcar, queso cottage y ensaladas de gelatina hechas en casa en termos de boca amplia.

√    En vez de guardar un emparedado, incluya un pedazo de carne (como pollo al horno), una rebanada de pastel de carne, un par de albóndigas hechas en casa o huevo relleno sazonado. Agregue una rebanada de pan de grano entero con mantequilla batida y una untada de conserva de frutas (sin azúcar adicional).

√     Añada una fruta entera: plátano, manzana, pera, durazno, ciruela o uvas.

√     Puede incluir nueces sin procesar. Una bolsa pequeña de rosetas de maíz hechas en casa o de microondas (sólo de maíz y sal) también es una buena botana.

√     Si lo tolera, puede poner unas cuantas piezas de frutas secas sin azúcar.

√     Incluya zanahorias, tomates cherry u otras verduras cortadas en pedazos y crema de cacahuate natural o una salsa de verduras.

√     Es probable que su hijo disfrute un bote pequeño de jugo de fruta 100 por ciento sin azúcar.

En sus 25 años de practicar la pediatría, William Sears, M.D., autor de *The ADD Book*, observó que los niños más sanos comían dietas más saludables:

> Las madres que constantemente impiden que sus hijos se contaminen con alimentos insalubres tienen niños más sanos. No consultan tanto al médico y padecen menos gripe, y cuando asisten a revisiones periódicas parecen más tranquilos y mejor portados. Estos «niños puros» se identifican con menos etiquetas, como «ADD» o «discapacidad de aprendizaje». E incluso cuando estos niños sí son garantía de estas etiquetas, parecen controlar mejor sus diferencias de comportamiento y aprendizaje, que también dan la impresión de ser menos graves.[6]

Si su hijo es «adicto a la comida chatarra», mejore su dieta. Si va a disfrutar de una buena salud física y mental, debe ingerir alimentos sanos y nutritivos de una variedad de fuentes. Es probable que no le sea sencillo mejorar la dieta de su familia. Sin embargo, una dieta nutricionalmente completa beneficiará a todos los miembros de su familia de por vida. En *Help for the Hyperactive Child*, de William Crook, M.D., una madre comentó: «Aun cuando se sienta abrumada, no se desanime. Mantenga las cosas sencillas. No permita que los comentarios de un amigo, vecino o familiar le molesten. No puede aprender todo a la vez. Empiece con las carnes, las verduras, las frutas y los granos enteros básicos. Estos productos son fáciles de preparar en cuanto pone en orden su cocina. Al hacerlo así, le será más fácil que comprar todo tipo de productos confusos. Si aprende a alimentar a su familia poco a poco con comida sencilla, las cosas serán menos confusas. No se martirice emocionalmente si no hace las cosas a la perfección.»[7]

Saul Pilar, M.D., tenía estas palabras de sabiduría para los padres de familia:

> Usted quiere la mejor escuela, los mejores maestros, los mejores libros, la mejor ropa, la mejor actividad deportiva para su hijo. ¿Y qué hay de la nutrición de su hijo? ¿Le va a dar una mejor oportunidad o le va a presentar otra desventaja: una nutrición inferior a la óptima? Si quiere que su hijo tenga calificaciones de 10, por favor no le dé una dieta de 6.[8]

Los mismos principios se aplican en los adultos que tienen ADD o ADHD. Algunos adultos pueden mejorar en gran medida su falta de atención y comportamiento mejorando su dieta. Esto es lo que David, de 40 años y a quien su psicólogo le había diagnosticado que tenía ADD, dijo:

> Desde que empecé a eliminar la comida chatarra de mi dieta, de nuevo me sentí normal. De hecho, me siento una persona diferente. Mi atención en el trabajo y en la casa mejoraron enormemente. La cafeína en la Coca y el café han sido un verdadero problema para mí. Igual que los edulcorantes, el azúcar, los colorantes artificiales y los conservadores en la Coca, la goma de mascar y el caramelo. Era un verdadero adicto a estos «alimentos». Me es muy difícil dejarlos, pero los resultados bien valen la pena.

Recuerde, no tiene que cambiar todas las comidas de su familia a la vez. Concéntrese en una por una. Trabaje en una comida el tiempo que sea necesario... un día, una semana o un mes. Sabrá que tuvo éxito cuando su hijo le pida una manzana en vez del clásico pastelillo de manzana.

# Segundo consejo:
# Elija con cuidado los endulzantes

¿Qué hay del azúcar? Los estudios que se han llevado a cabo acerca del azúcar revelan resultados mixtos. En algunos, un número de niños en el estudio reaccionaron al azúcar, y en otros ninguno presentó reacciones.[1] Algunos de los estudios eran imperfectos porque usaban aspartame, chocolate, leche, cítricos o trigo para disimular el azúcar. Estos alimentos y aditivos para alimentos activan por sí mismos a los niños. Sin embargo, a muchos padres de familia no les preocupa lo que digan los estudios. Sin lugar a duda, saben que el azúcar cambia a sus hijos de Doctor Jekyll a Mister Hyde. Ellos lo saben mejor. Confíe en sus instintos.

A fin de determinar cómo afecta el azúcar a su hijo, responda sí o no a las siguientes preguntas:

1. ¿Su hijo consume uno o más vasos de refresco al día?
2. ¿Bebe ponche de frutas en vez de jugo 100 por ciento de frutas sin endulzar?
3. ¿Come muchas galletas, dulces y postres con azúcar?
4. ¿Empieza el día con cereal muy azucarado?
5. ¿Muere por comer azúcar? ¿Es un adicto al azúcar?
6. ¿Alguna vez ha robado un dulce o dinero para comprar un dulce?
7. ¿Los problemas de comportamiento de su hijo empeoraron durante las festividades?

8. ¿Su hijo padece a menudo de infecciones de oído y toma muchas dosis de antibióticos?

Si respondió que no a las preguntas anteriores, ¡felicidades! Puede pasar al siguiente capítulo. Sin embargo, si contestó que sí a una o más de ellas, este capítulo le presentará algunas formas en que puede disminuir el azúcar en la dieta de su hijo.

## El azúcar y otros endulzantes naturales

En el último capítulo, usted ya se enteró de la cantidad de azúcar que tienen algunos cereales populares para niños. Quizá también le sorprenda la cantidad de azúcar que se le agrega a otros alimentos favoritos de los niños. La tabla de la siguiente página presenta ejemplos.

El azúcar está lleno de «calorías puras». No tiene fibra, carbohidratos complejos, vitaminas o minerales. Algunos estudios revelan que el adulto estadounidense promedio consume más de 55 kilos de azúcar refinada al año. Muchos niños estadounidenses ingieren esa cantidad o más. Dicho consumo, 55 kilos, es realmente sorprendente. ¡Imagínese el carrito del supermercado lleno de costales de azúcar de diez kilos! Como lo mencionó un investigador, «Las dietas altas en sacarosa, donde ésta varía de 25 a 60 por ciento del consumo calórico, puede desplazar minerales, vitaminas y aminoácidos esenciales necesarios para el funcionamiento cerebral. Lo anterior explicaría por qué la mayoría de los estudios controlados, de dosis baja, de corta duración y a doble ciego, no encontraron una relación entre la sacarosa y el comportamiento, a pesar de la divulgada creencia pública de lo contrario».[2]

Luego está el azúcar oculto en alimentos que varían desde la catsup y el aderezo para ensaladas hasta los chícharos enlatados. Debe leer con cuidado las etiquetas. Los siguientes son los nombres del azúcar: azúcar morena, azúcar de caña, azúcar de repostería, azúcar sin refinar, azúcar turbinada, melaza, endulzante natural, sacarosa. Los endulzantes naturales como el jarabe de maíz, dextrosa, fructosa y glucosa también son azúcares y ¡están repletas de calorías vacías! La miel de abeja y la miel de maple también deben evitarse ya que son azúcares líquidos con pocos nutrientes esenciales.

### CONTENIDO DE AZÚCAR EN ALIMENTOS FAVORITOS

| ALIMENTO | TAMAÑO DE PORCIÓN | AZÚCAR ADICIONAL |
|---|---|---|
| Bebida de frutas | 360 ml | 12 cucharaditas |
| Malteada de chocolate | 300 ml | 9 cucharaditas |
| Refresco de cola | 360 ml | 9 cucharaditas |
| Yogur de fruta | 1 taza | 7 cucharaditas |
| Pastel helado | 1/16 de pastel | 6 cucharaditas |
| Pay de frutas | 1/6 de pay | 6 cucharaditas |
| Fruta en almíbar enlatada | 1/2 taza | 4 cucharaditas |
| Gelatina | 1/2 taza | 4 cucharaditas |
| Barra de chocolate | 30 gr | 3 cucharaditas |
| Leche de chocolate | 1 taza | 3 cucharaditas |
| Fruta enlatada en su jugo | 1/2 taza | 0 |
| Yogur natural | 1 taza | 0 |

El azúcar parece ser una adicción para ciertos niños. Un niño hiperactivo se chuparía los dedos al pasar por el bote de azúcar, sumerjería los dedos húmedos en el azúcar y luego se los chuparía. ¡Encontrará la forma de obtener su parte! Otro niño perceptivo gritaría: «¡Necesito azúcar ya!» Si su hijo es adicto al azúcar, es probable que usted deba disminuir su consumo poco a poco durante un periodo de varias semanas en vez de retirarla abruptamente de su dieta. Otra madre explicó:

> Nuestro hijo de tres años se despertaba a media noche pidiendo a gritos un 7Up. Para calmarlo, le dábamos unos cuantos mililitros. Apenada, finalmente le hablé del problema a nuestro médico orientado a la nutrición. Su recomendación fue darle a Tommy 60 ml de 7Up normal mezcladas con 60 ml de 7Up sin azúcar [edulcorado con sacarina]. Luego le cambiamos poco a poco a 7Up sin azúcar y por último a jugos 100 por ciento de fruta. Para entonces, Tommy había dejado de despertarse a media noche y dormía con tranquilidad. Sus días eran mucho más tranquilos. No puedo creer lo tontos que fuimos por haberle dado desde un principio los refrescos.

Tal vez necesite reducir de manera gradual el azúcar en su casa. No tiene que discutir al respecto. Simplemente hágalo. Por ejemplo, en lugar de galletas cubiertas, compre obleas. Deje de comprar dulces. Sustituya los refrescos de fruta por jugos de fruta 100 por ciento natural. Sustituya los postres azucarados por botanas y alimentos saludables.

Vea qué funciona mejor para su hijo. Pruebe con una dieta sin azúcar por un par de semanas. Lea con atención las etiquetas. Tome en cuenta que tal vez los síntomas de su hijo empeoren durante los primeros días. Luego dele azúcar a su hijo unos cuantos días y observe su comportamiento. ¿Está más hiperactivo? ¿Está deprimido? ¿Se queja de algún síntoma físico como dolores musculares, dolor de cabeza o le escurre la nariz? Si está mejor con la dieta sin azúcar y empeora cuando incluye de nuevo azúcar en su dieta, entonces ya identificó una de las piezas del rompecabezas de la hiperactividad en su hijo. Aun si el niño no parece reaccionar al azúcar, conserve una dieta baja en azúcar para que tenga espacio para alimentos nutritivos.

## Otros endulzantes

Si la reacción al azúcar es un no rotundo, ¿qué puede usar en su lugar? La primera opción es fruta entera llena de endulzante natural para satisfacer el deseo de un niño por los dulces. También puede usar jugo concentrado 100 por ciento de manzana, uva, piña o naranja para dar sabor a los alimentos. Las siguientes son otras alternativas. Tendrá que decidir qué funciona mejor para su hijo.

### SACARINA

La sacarina es 300 veces más dulce que el azúcar de mesa. Sintetizado del alquitrán, se descubrió por accidente en 1879. Al terminar el siglo, se usó en lugar del azúcar en algunas verduras enlatadas y bebidas. Con el paso de los años, aumentó el uso de la sacarina. Sin embargo, en 1977, experimentos revelaron que grandes concentraciones de sacarina producían tumores en la vejiga de roedores. De ahí que la Administración de Alimentos y Drogas (Food and Drug Administration, FDA) prohibiera la sacarina. La protesta pública fue tal que el Congreso aprobó una legislación específica para demorar la prohibición. Esta demora se amplió en varias ocasiones. Hasta hace poco, cada producto con sacarina requiere la siguiente advertencia: «El uso de este producto puede ser un riesgo para la salud. Este producto contiene sacarina, determinada como causante de cáncer en animales de laboratorio». Estudios recientes en los cuales se administraron dosis importantes de sacarina en ratones, hamsters y monos demostraron que no hay efectos que provoquen cáncer. Asimismo, los estudios no revelaron un elevado riesgo de cáncer de vejiga entre la población humana. No existen estudios que sugieran si la sacarina produce o no cambios de comportamiento en niños. Aún así, las mujeres embarazadas y los niños pequeños deben evitarla.

93

Si decide usar sacarina, hágalo con moderación, más o menos un sobre al día. Sweet'n Low está entre los edulcorantes con sacarina que puede encontrar en la tienda. Puede endulzar bebidas calientes y hornear con sacarina, ya que no le afecta el calor. A su hijo puede o no agradarle el resabio de la sacarina.

## CICLAMATO

El ciclamato se descubrió en 1937 por accidente al igual que la sacarina. El ciclamato es treinta veces más dulce que el azúcar. Tiene un sabor agradable y actúa como un mejorador de sabor. Se usa como un endulzante de mesa y en bebidas de dieta y en otros alimentos bajos en calorías. Permanece estable a temperaturas altas y bajas y tiene una vida de anaquel larga. Se puede usar para cocinar u hornear.

El ciclamato se usó ampliamente en Estados Unidos en las décadas de los 50 y 60. Sin embargo, en 1969, experimentos sugirieron que podría causar cáncer de vejiga en ratones y ratas. De ahí que la FDA prohibiera el edulcorante en 1970, y a la fecha la prohibición sigue vigente en Estados Unidos. Sin embargo, el ciclamato se usa en gran medida en otros cuarenta países, incluyendo Canadá. No hay estudios sobre el efecto del ciclamato en el comportamiento de niños con ADD. Si encuentra el edulcorante, úselo con moderación y precaución.

## ASPARTAME

Al igual que la sacarina y el ciclamato, el aspartame se descubrió por accidente. Se compone de la unión de dos aminoácidos (fenilalanina y aspartasa), y es 200 veces más dulce que el azúcar. Se encuentra mucho en alimentos procesados como helado, refrescos de dieta, postres de gelatina, budines y cereales para desayuno, así como endulzante de mesa que se vende bajo los nombres de marca Equal y NutraSweet. A diferencia de la sacarina, el aspartame no tiene resabio y actúa como mejorador de sabor. Asimismo, a diferencia de la sacarina, el aspartame no se puede usar para hornear debido a que el calor prolongado lo desintegra, lo cual provoca que se pierda su sabor dulce. Sin embargo, puede evitar esta situación en muchas recetas agregando el aspartame después de la etapa de cocción. Por ejemplo, si prepara jarabe de mora azul (consulte la sección de recetas), cueza las moras azules en agua hasta que suavicen, luego retire la mezcla del calor y agregue el aspartame.

A pesar de que el aspartame es uno de los aditivos para alimentos más estudiados de uso aprobado en Estados Unidos, siguen existiendo controversias importantes respecto a su seguridad. Algunos científicos se preocupan de que el uso de aspartame en grandes cantidades podrían aumentar la cantidad de fenilalanina y aspartasa en la sangre a concentraciones potencialmente dañinas. Los elevados niveles de fenilalanina en la sangre son peligrosos en personas con el trastorno genético llamado fenilcetonuria, que afecta de manera severa el sistema nervioso central. Por lo tanto, todos los productos que contengan aspartame deben llevar la advertencia «Fenilcetonúricos: contiene fenilalanina». Otro aspecto importante es que el aspartame eleva las concentraciones de metanol en la sangre. Sin embargo, el metanol es un constituyente natural de la dieta y se encuentra en la fruta enlatada y en jugos de verduras en niveles comparables con los que hay en un litro de refresco endulzado con aspartame.

Los usuarios de aspartame han reportado un número de síntomas preocupantes entre otros: dolores de cabeza, insomnio, mareo, cansancio, ansiedad, irritabilidad y depresión. Existe la preocupación de que el aspartame pueda ser tóxico para el sistema nervioso central, en especial para niños. Algunos padres de familia han informado que

sus hijos presentaron una mayor hiperactividad posterior a la ingestión de aspartame. El reconocido investigador C.K. Conners, Ph.D.,
estudió con detenimiento a un niño, e incluyó entre sus métodos un
reto de doble ciego. Informa lo que la madre de este niño de cuatro
años experimentó cuando el niño bebió Kool-Aid de dieta rojo:

> Me dijo que en el verano, Jamie bebió Kool-Aid de dieta durante tres sema-
> nas, unos tres vasos al día. Durante este periodo, ella observó que Jamie se
> volvió muy errático, con niveles cada vez mayores de frustración, coraje y
> emocionabilidad. Estallaba en lágrimas con facilidad, estaba muy irritable
> y tenía arranques violentos no provocados. Con el tiempo tuvo un episodio
> en que estaba tan hiperactivo que tuvo que mandarlo a su habitación, donde
> siguió aventándose contra la pared, pegándole al piso, repitiendo este com-
> portamiento hasta que lo contuvo. Estaba totalmente fuera de control en una
> forma que nunca antes había visto.[3]

El médico de Jamie recomendó que el niño ya no tomara Kool-
Aid de dieta, y el comportamiento del niño regresó a la normalidad.
Cuando a los diez días Jamie tomó otra vez Kool-Aid rojo de dieta,
se puso aún más violento y se quejó de un fuerte dolor de cabeza. Lo
interesante es que Jamie no tenía problemas con el Kool-Aid rojo con
azúcar. Sólo el Kool-Aid rojo de dieta con aspartame cambiaba de
modo dramático su comportamiento.

Otros estudios han observado los efectos del azúcar y el aspartame
en el comportamiento y el rendimiento cognoscitivo de los niños. Un
estudio tenía como objetivo preescolares de tres a cinco años y escolares de seis a diez años. En éste se compararon los efectos de una dieta
alta en sacarosa, una dieta alta en aspartame y una dieta alta en sacarina. Los investigadores concluyeron: «Aun cuando el consumo exceda los niveles dietéticos típicos, ni la sacarosa ni el aspartame en la
dieta afectan el comportamiento o funcionamiento cognoscitivo de
los niños».[4]

¿Entonces dónde queda usted, el padre de familia confundido? Pruebe durante un par de semanas una dieta sin aspartame. ¿Su hijo se

siente mejor? Cuando incluye de nuevo el aspartame, ¿su hijo empeora? Si su respuesta a ambas preguntas es afirmativa, evite el aspartame. Sin embargo, si las respuestas son negativas, puede usar aspartame, pero hágalo en cantidades muy bajas, si acaso uno o dos sobres al día.

## Acelsulfame k

El acesulfame k es otro edulcorante hecho por el hombre. Es 200 veces más dulce que el azúcar. A diferencia del aspartame, el acesulfame no se descompone con el calor, por lo que puede usarse en productos horneados. El cuerpo no lo metaboliza y se elimina sin cambios en la orina.

Se aprobó el uso del acesulfame k en goma de mascar, bebidas en polvo, y gelatinas, y como endulzante de mesa. En la actualidad se vende bajo el nombre de marca de Sweet One. Sin embargo, surgió la preocupación respecto a la seguridad del acesulfame, y algunos científicos han solicitado mayores pruebas sobre su toxicidad y propiedades que provocan cáncer. Por lo pronto, es mejor que limite el uso de acesulfame a cantidades más reducidas.

## Sucralosa

La sucralosa es un edulcorante nuevo cuyo uso se aprobó en Estados Unidos en 1998. Se descubrió en 1976 y se ha sometido a más de cien estudios científicos. La sucralosa es el único edulcorante hecho de azúcar. Se sustituyen tres átomos de cloro por tres grupos de hidrógeno-oxígeno. (El cloro en esta forma no es dañino; después de todo, la sal o cloruro de sodio contiene un átomo de cloro). Es casi

600 veces más dulce que el azúcar y no tiene calorías. No deja un sabor desagradable. Resiste muy bien el calor alto y el pH bajo (acidez), y con el tiempo no se descompone. Se puede usar en bebidas, helados, goma de mascar, productos horneados, postres, productos lácteos, jarabes, condimentos y frutas procesadas, y sirve bien como endulzante de mesa.

El cuerpo no metaboliza la sucralosa. En cambio, recorre y se elimina del cuerpo sin cambios. Extensos estudios han reportado que la sucralosa no provoca cáncer ni problemas neurológicos. También se ha informado que es seguro para embarazadas, madres que amamantan y niños.

La sucralosa todavía no tiene una amplia distribución en Estados Unidos. Sólo el tiempo dirá si la sucralosa tiene efectos secundarios que aún no descubren todos los estudios científicos. Hasta que no se tenga más información, use la sucralosa con precaución y en pequeñas cantidades.

## SORBITOL

El sorbitol es un alcohol sacaroso. Dicho alcohol se presenta mucho en la naturaleza, pero el sorbitol por lo general se produce comercialmente a partir de la glucosa. El sorbitol es 60 por ciento tan dulce como el azúcar, con una tercera parte de calorías. Tiene un sabor dulce, fresco y agradable, y no deja resabio. El sorbitol es muy estable y resiste temperaturas altas. Las bacterias de la boca no lo metabolizan, por lo que no promueve caries.

El sorbitol se encuentra en muchos productos alimenticios, entre otros la goma de mascar, el dulce, los postres congelados, las galletas, los pasteles, los glaseados y los rellenos. Asimismo, se encuentra en pastas de dientes y enjuagues bucales. No se vende como endulzante de mesa. Los productos en que es probable que los consumidores ingieran una elevada concentración de sorbitol deben llevar la advertencia: «El consumo excesivo puede causar un efecto laxante». En los niños, el sorbitol puede provocar gases y diarrea.

El sorbitol se absorbe más lento que el azúcar, que puede ser una ventaja para niños hiperactivos que reaccionan al azúcar. Algunos dulces de menta blanca se endulzan con sorbitol. De tolerarse, puede utilizar uno o dos de éstos en ocasiones especiales. Tendrá que ver qué le funciona mejor a su hijo.

## ESTEVIA

La estevia es un endulzante natural que proviene de una hierba que durante siglos ha crecido en América Latina. Es de 30 a 300 veces más dulce que el azúcar y se emplea en todo el mundo como un endulzante sin calorías. En Estados Unidos, la FDA aprobó su uso como complemento dietético.

La estevia se puede utilizar en bebidas calientes y frías, así como en productos horneados. Es caro, pero una pizca endulzará un vaso de su bebida favorita. Una cucharadita tiene el poder endulzante de dos a cuatro tazas de azúcar.

Un punto en contra de la estevia es que muchas veces deja un sabor desagradable. Por lo mismo, algunas personas sólo usan la estevia en alimentos con sabor fuerte. Otra desventaja es que la estevia puede provocar esterilidad en las mujeres. Sin embargo, como en Estados Unidos se vende como complemento alimenticio, no tiene que someterse a rigurosas pruebas de seguridad que requiere la FDA para comprobar lo anterior.

Quizá le sea difícil evitar el azúcar en la dieta de un niño pequeño, en especial cuando existe tanta confusión en torno al uso de sustitutos de azúcar. Quizá una solución al problema sea utilizar varios tipos diferentes en pequeñas cantidades, cada uno en distinto día. Este enfoque disminuye la exposición de su hijo a un edulcorante.

# Tercer consejo:
# Cómo detectar alergias ocultas
# en alimentos

Es probable que en algún momento usted le haya comentado a su doctor: «¿Sabe?, cada vez que mi hijo come chocolate o colorante rojo su comportamiento empeora, se vuelve irritable e hiperactivo y no puede poner atención». Y tal vez su médico le respondió: «No. No hay relación. La idea de que alimentos o aditivos específicos pueden alterar el comportamiento fue sólo una moda de los años 70 que ya se desechó. La dieta no tiene nada que ver con el trastorno por déficit de atención con y sin hiperactividad (ADHD)». A decir verdad, los primeros estudios no mostraron una conexión excepto en un pequeño grupo de niños. Sin embargo, estudios mejor diseñados publicados en revistas médicas de prestigio a fines de los 80 y principios de los 90 informaron que la sensibilidad a los alimentos es una causa importante de síntomas de ADHD en muchos niños (más de 70 por ciento). Asimismo, estudios excelentes revelaron que la sensibilidad a los alimentos es causa común de dolores de cabeza (incluyendo migrañas), mareos, infecciones de oídos y enuresis en niños. (Para mayor información sobre estos fascinantes estudios, véase el Apéndice A, «Estudios científicos para usted y su médico».)

Algunas alergias, entre ellas el asma, la fiebre del heno, el eczema y la urticaria, son obvias. Las alergias respiratorias son fáciles de reconocer cuando su hijo estornuda, tose o resuella, cuando juega con el gato, barre hojas, va de día de campo en temporada de ambrosía, o cuando se aventura en un ático polvoriento y mohoso. Si su hijo se hincha, tiene comezón y presenta urticaria después de comer langosta, fresas o cacahuates, tiene una evidente alergia alimenticia.

En contraste, las alergias «ocultas» en los alimentos no se descubren a menos que se busquen de manera específica. Por lo general se deben a alimentos que no se consumen a diario, como chocolate, leche, huevos, trigo, centeno, maíz, cítricos, leguminosas y azúcar. Otros alimentos que se consumen con mayor frecuencia también pueden causar reacciones. Por desgracia, cada niño presenta distintas sensibilidades, así que no hay una dieta que funcione para todos. Las alergias a los alimentos se desarrollan lentamente, por lo que la relación entre el alimento y el comportamiento no es clara. A diferencia de las alergias evidentes, que se controlan con inmunoglobulina E (IgE), las reacciones ocultas inducidas por alimentos no lo son. Por lo tanto, las pruebas de marca de alergia por lo regular resultan negativas. Otras pruebas de laboratorio aún están en estudio pero son prometedoras.

Para ayudar a determinar si su hijo tiene una alergia oculta en los alimentos, responda sí o no a las siguientes preguntas.

1. ¿Su hijo se ve pálido?
2. ¿Tiene ojeras o bolsas debajo de los ojos?
3. ¿Tiene la nariz congestionada constantemente?
4. ¿Aspira por la nariz, resopla, se aclara la garganta o sorbe la nariz?
5. ¿Padece recurrentes infecciones de oído o en los conductos de los oídos?
6. ¿Tiene frecuentes dolores de estómago para los que su doctor ha descartado las causas obvias?
7. ¿Padece a menudo dolor de piernas u otros músculos o articulaciones?
8. ¿Padece resfriados persistentes, bronquitis, asma o sinusitis?

9. ¿Sufre dolores de cabeza recurrentes?

10. ¿Presenta enuresis?

11. ¿Sus mejillas u orejas se ponen rosadas después de ingerir ciertos alimentos?

12. ¿Muestra irritabilidad y nerviosismo?

13. ¿Parece estar «en las nubes»?

14. ¿Tiene problemas para poner atención?

15. ¿Actúa mejor si no hace una comida?

16. ¿Se siente y actúa peor después de comer? ¿Se le congestiona repentinamente la nariz?

17. ¿Tiene periodos de fatiga, somnolencia, debilidad, intranquilidad o depresión?

18. ¿Es melindroso?

19. ¿Suplica por ciertos alimentos?

20. ¿Sufre con frecuencia de úlceras en la boca o aftas? ¿Su boca parece un mapa (lengua geográfica)? ¿Tiene mal aliento?

21. ¿Tiene familiares (padres, abuelos o hermanos) con alergias?

22. ¿Padece alergias obvias?

Si contestó no a todas las preguntas anteriores, considere que es afortunado. No es fácil vivir sin alergias en el atomizado, procesado y estructurado mundo actual. Sin embargo, si contestó de manera afirmativa a cualquiera de las preguntas, este capítulo le mostrará cómo rastrear las alergias ocultas en los alimentos en su hijo.

## La dieta de eliminación de alimentos comunes

La mejor forma de rastrear las alergias ocultas en los alimentos tanto en niños como en adultos es la dieta de eliminación de alimentos comunes. En esta dieta se evitan los alimentos que se ingieren con más frecuencia. Si su hijo es alérgico a los alimentos que está evitando, sus síntomas mejorarán o desaparecerán. Los síntomas regresarán cuando consuma de nuevo dichos alimentos.

La dieta de eliminación de alimentos comunes está diseñada para el niño «promedio» que vive en Estados Unidos, Canadá, las Islas Británicas, Australia o Nueva Zelanda. Estos niños consumen diario leche de vaca, chocolate, azúcar de caña o de remolacha y colorantes, tinturas o aditivos para alimentos. En los últimos diez años, diversos estudios científicos identificaron estos alimentos en particular como las causas más comunes de ADHD. Si su hijo come o le pide con regularidad estos alimentos o los que los contienen, empiece a sospechar.

Además, debe sospechar de algunos alimentos por algunas razones más. Por ejemplo, debe sospechar de la leche si su hijo consumió alguna fórmula cuando era bebé y tuvo problemas de cólicos, reflujo, erupciones en la piel, eczema o frecuentes infecciones de oído. La leche también puede ser un problema para su hijo si cualquiera de sus parientes de sangre evita la leche porque le produce malestar. ¿Su hijo le pide o rechaza la leche, el queso, el yogur, el helado o los alimentos con crema? ¿Bebe más de 500 ml de leche al día?

Además de pedir azúcar, ¿su hijo le pide refrescos con azúcar? ¿Alguna vez ha robado dulces o dinero para comprar dulces? ¿Alguna vez comió azúcar solo? ¿Se despierta a media noche para comer algo dulce?

¿Su hijo se comporta peor en vacaciones, cuando tiene mayor disponibilidad de dulces y alimentos con colorantes y saborizantes? ¿Se comporta peor en cualquier época del año en que consume estas «botanas»? De ser así, los colorantes, tinturas y aditivos para alimentos pueden ser un problema.

Con la dieta de eliminación de alimentos comunes, usted podrá determinar cuál de estos y otros alimentos constituyen un problema para su hijo. La dieta se forma de dos partes. Primero suspenderá ciertos alimentos comunes de su hijo para ver si sus síntomas mejoran o desaparecen. Luego, después de cinco a diez días, cuando su hijo muestre una mejoría convincente, dele de nuevo los alimentos eliminados, uno a la vez, para ver cuáles provocan los síntomas. Consulte el Apéndice B, «Diario y dieta de eliminación de alimentos comunes de Jimmy», para que vea cómo se registraron los síntomas de un niño. También le dará algunas ideas sobre menús.

Lleve un registro de los síntomas de su hijo en un cuaderno (en el Apéndice B encontrará una forma de muestra). Empiece el diario tres días antes de iniciar la dieta. Lleve el diario durante la etapa de eliminación de la dieta y cuando vuelva a consumir los alimentos suspendidos. Tal vez le sea útil calificar los síntomas de su hijo. Por ejemplo, use 0 para la ausencia de síntomas, 1 para síntomas leves, 2 para síntomas moderados y 3 para síntomas graves.

Durante los primeros dos o cuatro días de la dieta, su hijo puede sentirse irritable, hambriento y más hiperactivo. Tal vez tenga dolores de cabeza y calambres en las piernas. Quizá esté ojeroso. Es probable que odie la dieta, ¡pero resista! La recompensa lo vale. Si los alimentos que está evitando son la causa de sus síntomas, lo usual es que se sienta mejor para el cuarto, quinto o sexto día de la dieta. Casi siempre mejora al décimo día.

Una vez segura que su hijo se siente y comporta mejor, y que su progreso duró al menos dos días, empiece a incluir de nuevo los alimentos a su dieta, uno a la vez. Si es alérgico a uno o más de los alimentos eliminados, por lo general tendrá dolor de cabeza, nariz congestionada, problemas de comportamiento u otros síntomas cuando ingiera de nuevo el alimento. Estos síntomas aparecerán en pocos minutos o en algunas horas. Sin embargo, es probable que a veces no observe los síntomas sino hasta el día siguiente.

## Alimentos por excluir en la dieta de eliminación de alimentos comunes

Para preparar la dieta de eliminación de alimentos comunes tendrá que leer con detenimiento las etiquetas. He aquí unas indicaciones.

*Chocolate, cacao y refrescos de cola.* El chocolate, el cacao, los refrescos de cola y el café pertenecen a la misma familia de alimentos, de modo que la sensibilidad a uno de ellos puede significar sensibilidad en otros miembros de la familia. Dichos alimentos pueden ser adictivos, de manera que lo mejor sería que su hijo disminuyera poco a poco su consumo durante una o dos semanas y luego los elimine por completo de su dieta. Si comen fuera de casa, asegúrese de preguntar por los ingredientes ocultos. Una vez comí chile con carne que contenía un ingrediente «secreto». ¡Resultó que era cacao!

*Azúcar de caña y de remolacha.* Las etiquetas de las bolsas o cajas de azúcar pueden no establecer si el azúcar es de caña o de remolacha. La que use dependerá del lugar donde vive y del precio de cada uno. En ocasiones, un niño puede ser sensible a un azúcar y no al otro. No se debe exceder el consumo de ninguno. Si su hijo es adicto al azúcar, revise los endulzantes que se mencionan en la segunda forma. Reduzca en forma gradual su consumo de azúcar antes de iniciar la dieta de eliminación.

Los siguientes ingredientes pueden implicar un contenido de azúcar de caña o de remolacha:

√  Sacarosa.
√  Azúcar morena.
√  Endulzante natural.

√    Melaza.

√    Azúcar glass.

√    Azúcar mascabado.

√    Azúcar turbinado.

√    Caña.

*Colorantes artificiales.* Los colorantes artificiales se encuentran en muchos alimentos preparados como harinas para pastel, mantequilla, queso, helado, galletas, sopas, hot dogs, repostería y jaleas. Lea con detenimiento las etiquetas de alimentos, cosméticos y medicinas de anaquel. Pregunte al dependiente de la farmacia o a su médico si alguna medicina prescrita contiene tinturas y si existe o no un sustituto sin colorante. Busque lo siguiente en las etiquetas de los productos: Colores certificados, amarillo #5, amarillo #6, rojo #3, rojo #40, azul #1, azul #2, verde #3, cualquier color que tenga número, colorantes artificiales agregados, colores FD & C (una etiqueta con sólo «D & C» significa que ese color no se puede usar en alimentos, sólo en medicinas y cosméticos: definitivamente evite cualquier producto etiquetado así) y tartracina.

Si la etiqueta dice «color natural agregado», el alimento puede ser el adecuado. Algunos colores naturales son achiote, carmín (extracto de cochinilla) y betacaroteno. Sin embargo, algunas personas sensibles experimentan obvias reacciones alérgicas graves después de consumir achiote o carmín, como estornudos, asma y shock.

*Leche.* La leche de vaca es el alérgeno alimenticio más común en Estados Unidos. En la dieta de eliminación de alimentos comunes, evite la leche de vaca y la de cabra en todas sus formas. La leche con frecuencia está presente en pan, sopas, margarinas, edulcorantes en polvo, frascos de crema sin lácteos, cereales, carnes frías, verduras con salsas de mantequilla o leche, mezclas para postres, por nombrar sólo

107

algunos. Cuando lea las etiquetas, tenga cuidado con los siguientes términos que significan leche:

√   Sólidos de leche deshidratada sin grasa.
√   Leche evaporada.
√   Leche condensada.
√   Lactosa.
√   Suero.
√   Crema.
√   Queso.
√   Mantequilla.
√   Margarina.
√   Caseína.
√   Caseinato de calcio.
√   Caseinato de sodio.
√   Lactalbúmina.
√   Requesón.
√   Yogur.
√   Lactato.

Su hijo puede sobrevivir muy bien sin leche durante la dieta de eliminación de alimentos comunes. Aun cuando la leche provee proteínas, fósforo y vitaminas A, D y B12, estos nutrientes se encuentran en otros alimentos. Si descubre que su hijo es sensible a la leche, deseará complementar su dieta con calcio, que es esencial para la formación de huesos y dientes fuertes.

*Maíz.* El maíz compite con la leche por la primera posición en la lista de alimentos que causan alergia. El maíz se usa en muchas formas y por lo general en sal de mesa, azúcar glass, goma de mascar, polvos para hornear, margarina, catsup, pepinillos, carnes frías, verduras mixtas, sopas y vitaminas. El maíz puede encontrarse también en artículos no alimenticios como pasta de dientes, aspirina, muchas medicinas, jarabes para la tos, estampillas, etiquetas engomadas, sobres y conos de papel, ¡por nombrar sólo algunos! Parte de la vitamina C que se emplea en complementos se deriva del maíz. Los siguientes ingredientes sugieren la presencia del maíz:

√ Jarabe.

√ Dextrosa.

√ Fécula de maíz.

√ Dextrina.

√ Almidón.

√ Glucosa.

√ Maíz machacado.

√ Fructosa.

√ Granos de elote.

√ Manteca.

√ Azúcar.

√ Aceite vegetal.

√ Endulzantes de maíz.

√ Maíz.

√ Endulzantes.

√ Malta.

Para una dieta de eliminación de maíz, deseará encontrar polvos para hornear sin maíz. Asimismo, deberá usar aceite vegetal puro sin maíz, como aceite de canola y una margarina sin leche y sin maíz.

*Trigo y centeno.* Algunos niños son sensibles a todos los granos (trigo, centeno, avena, cebada, arroz), aunque a veces no tolera un grano, pero otros sí. En esta dieta, debe evitar el trigo, la cebada y el centeno, que están muy relacionados. Su hijo puede comer avena, arroz y sustitutos de granos (véase la Tercera parte). Recuerde, la mayoría del pan comercial de centeno, papa y avena contiene trigo. Cuando lea las etiquetas, cuídese de los siguientes ingredientes:

√ Harina.

√ Harina de durum (o trigo durum).

√ Harina de trigo.

√ Sémola.

√ Harina integral.

√ Harina de gluten.

√ Germen de trigo.

√ Harina enriquecida.

√ Harina de Graham.

√ Glutamato monosódico.

√ Salvado.

√ Espelta.

*Huevo.* Evite, en la dieta de eliminación de alimentos comunes, tanto claras como yemas de huevo. El huevo se encuentra comúnmente en alimentos horneados, fideos, cerveza de raíz, algunos panes, mayonesa, salsa tártara, helado y ciertos productos sustitutos de huevo. También está presente en vacunas vivas para la polio, paperas y sarampión. Ciertos términos que indican la presencia de huevo en un producto son:

√ Vitelina.

√ Albúmina.

√ Huevo en polvo.

√ Globulina.

√ Clara de huevo.

110

√  Huevo deshidratado.
√  Ovomucina.
√  Yema de huevo.
√  Huevo entero.

*Frutas cítricas.* Las frutas que se evitan en esta dieta son naranjas, toronjas, uglis, limones, limas, kumquats y mandarinas. No necesita evitar el ácido cítrico. Pruebe con las frutas cítricas que su hijo consume a menudo. Evite las otras durante la dieta de eliminación.

Si su hijo es sensible a todas las frutas cítricas, querrá asegurarse de que esté obteniendo suficiente vitamina C en su dieta. Otras buenas fuentes de vitamina C son melón, tomate, guayaba, mango, papaya, brócoli, colecitas de Bruselas y pimientos verdes. Es probable que su hijo deba tomar tabletas de vitamina C como se indica en la quinta forma.

*Leguminosas.* Chícharos, ejotes, algarrobo, cacahuate y soya están relacionados. La soya es en especial difícil de evitar ya que se encuentra en todo: mantecas, alimentos horneados, vitaminas, panes, mayonesas, aderezos y fórmulas infantiles. La lecitina y los extensores de alimentos son derivados de la soya. Pruebe las leguminosas que su hijo come con frecuencia. Evite las demás durante la dieta de eliminación.

Su hijo es único y si diario come plátano, manzana, papa, arroz, carne de res, pollo u otros alimentos, usted deberá modificar estas instrucciones a fin de eliminar los que quizá provoquen los síntomas.

Una vez que su hijo termine con la etapa de eliminación de esta dieta, incluya los siguientes alimentos en su dieta, uno al día. Empiece con los que menos sospecha. Asegúrese de que todos los alimentos estén en su forma pura. Estas son algunas sugerencias.

*Huevo:* Cocido o revuelto en aceite puro de cártamo, de girasol o de canola.

*Cítricos:* Gajos frescos de naranja.

*Leche:* Use leche pura.

*Trigo:* Use crema de trigo y trigo rallado.

*Colorantes de alimentos:* Compre un juego de colorantes McCormick o French's. Ponga media cucharadita de cada color en un vaso. Añada una cucharadita de esa mezcla a un vaso de agua.

*Chocolate:* Use chocolate para repostería o polvo de cacao Hershey's. Puede endulzarlo con sacarina.

*Maíz:* Use maíz fresco en mazorca.

*Azúcar:* Use azúcar de caña.

*Cacahuates:* Use cacahuates frescos asados enteros o crema de cacahuate no procesada. No pruebe con los cacahuates si su hijo ha tenido una reacción desfavorable a ellos.

Seguir la dieta de eliminación de alimentos comunes no es nada fácil. Requiere mucha planeación y determinación. Estas son algunas sugerencias:

1. Planee con anticipación. Lea las etiquetas. Escriba los menús. Consulte los menús del Apéndice B para ayudarle a seguir la dieta de eliminación de alimentos comunes. No inicie la dieta una semana antes de Navidad o en otra fecha festiva. No la inicie cuando esté de viaje o de visita con amistades.

2. Cuando empiece a reintroducir los alimentos dé a su hijo una pequeña porción del alimento eliminado en el desayuno. Si no presenta una reacción, deje que su hijo coma más de ese alimento como tentempié en la mañana, en la comida, en la tarde, en la cena y antes de dormir.

3. Continúe con la dieta de eliminación de alimentos comunes mientras prueba los alimentos en forma individual.

4. Si su hijo muestra una reacción obvia después de comer un alimento, no le dé más ese alimento. Espere a que la reacción ceda (de 24 a 48 horas) antes de incluir otro alimento.

5. Si un alimento lo altera, puede disminuir la reacción dándole dos tabletas de Alka-Seltzer sin aspirina en un vaso de agua. Se cree que el efecto alcalizante cambia ligeramente el nivel de acidez en el cuerpo, mejorando así los síntomas, a veces en forma drástica. Si esto calma a su hijo, puede usarlo de vez en cuando en tanto su hijo no siga la dieta y se sienta mal, y a usted la esté volviendo loca.

6. Si se da cuenta de que un alimento desencadena los síntomas de su hijo, elimínelo de su dieta durante tres o cuatro semanas, luego pruébelo de nuevo con precaución. Si aún reacciona al alimento, evítelo de nuevo por varios meses. Muchas personas sensibles a los alimentos descubren que pueden comer una pequeña cantidad del alimento de cada cuatro a siete días.

Si usted se confunde y siente que no puede convencer a su familia y a su hijo de seguir esta dieta, intente limitar la dieta de eliminación a leche, colorantes artificiales, chocolate y azúcar. Luego puede hacer la prueba con otros alimentos. Lo ideal es seguir la dieta de eliminación de alimentos comunes. La alergóloga pediatra y experta en ADD y ADHD, doctora Doris Rapp, afirmó una vez que si tiene cinco clavos en el fondo de la bota, sacar sólo dos no aliviará mucho el dolor. Lo mismo sucede con la dieta de eliminación. Si su hijo es sensible a cinco alimentos, eliminar dos de su dieta no mejorará mucho sus síntomas.

## La dieta del cavernícola

La dieta del cavernícola evita todos los alimentos que su hijo come por lo menos una vez a la semana, ya sea que usted crea o no que son culpables. La mayoría de los niños no necesitan la dieta del cavernícola. Sin embargo, si probó la dieta de eliminación de alimentos comunes y su hijo mejoró cuando suspendió los alimentos y reaccionó a casi todos los alimentos probados, pero aún presenta síntomas incluso sin aquéllos en su dieta, querrá buscar más alimentos culpables. Como es muy probable que su hijo sea alérgico a alimentos que come con más frecuencia, diseñe una dieta personalizada que evite al menos una vez a la semana todos los alimentos que consume.

Por ejemplo, Paul, de cuatro años, era extremadamente hiperactivo y tenía tendencias autistas. No había manera de enseñarle a ir al baño. Su nariz estaba congestionada de manera constante. Sus berrinches eran frecuentes y serios. Sus padres habían probado la dieta de eliminación de alimentos comunes y se enteraron de que la leche le provocaba urticaria y berrinches; los colorantes artificiales hacían que hablara y lloriqueara en exceso; el maíz generaba demasiado parloteo e hinchazón, y el jugo de naranja hacía que Paul estuviera inquieto y poco cooperativo. Paul mejoraba después de evitar estos alimentos, pero sus problemas eran tan severos que sus padres decidieron probar la dieta del cavernícola para ver si podían identificar otros alimentos culpables. No cabía duda de que Paul era sensible a fresas, plátanos, manzanas y carne de res. Así fue como los padres de Paul establecieron la dieta del cavernícola. Hicieron una lista de los alimentos que Paul comía menos de una vez por semana. Luego diseñaron una dieta y menús con dichos alimentos. Estos son los alimentos que Paul podía comer en su dieta del cavernícola (la lista de su hijo será única para él):

*Frutas:* Sandía, melón chino, melón valenciano, pera, mora azul, frambuesa, cereza, uva, piña, mango, chabacano.

*Verduras:* Camote, zanahoria, calabaza, brócoli, espárragos, col, apio.

*Carnes:* Pavo, pescado y mariscos frescos (atún, salmón, camarón, cangrejo, etc.), cordero, venado, conejo, pato, ganso.

*Granos:* Amaranto, quinua, trigo sarraceno, almidón de papa; evitaba todos los granos incluyendo trigo, centeno, cebada, avena y arroz.

*Nueces y semillas no procesadas:* Nuez lisa, nuez de Castilla, nuez de la India, almendras, pistaches, semillas de girasol.

*Crema de nueces:* de la India y de almendras.

*Aceites vegetales:* de canola, de girasol o de cártamo.

*Bebidas:* Agua embotellada o de manantial.

## Jugar al juego de la dieta con su hijo

No es fácil seguir la dieta de eliminación de alimentos comunes ni la dieta del cavernícola, pero los beneficios pueden ser tan espectaculares que valen la pena el tiempo y el esfuerzo. Su hijo necesitará mucha ayuda para seguir la dieta. Es probable que diga: «¡Para nada! No voy a seguir esta tonta dieta. Tendría que renunciar a todos mis alimentos favoritos. No puedo vivir sin hot dogs, helado, jugo de naranja y crema de cacahuate. ¡No lo haré!»

He aquí la forma de hacer que su hijo siga la dieta. Primero, muéstrele en el calendario cuánto durará la dieta. Puede decirle: «No es para siempre, sólo un par de semanas. Sé que puedes hacerlo». Segundo, explíquele cuán mejor se sentirá y actuará. Puede decirle: «Sé que odias que se te congestione la nariz y que te duelan las piernas. También sé cuánto te esfuerzas en la escuela y que te gustaría tener mejores calificaciones. Esta dieta puede ayudarte a sentirte, actuar y aprender mejor». Tercero, pídale su ayuda para planear su dieta. Puede decirle: «Estos son los alimentos que puedes comer. Necesito tu ayuda para planear los menús. También voy a necesitar tu ayuda para preparar las botanas y los alimentos».

Cuarto, establezca un sistema de recompensas. Diga a su hijo: «Te gusta jugar y ganar. ¿Te gustaría ganarte un premio cada día si comes sólo los alimentos permitidos en tu dieta? Y al final de la dieta puedes ganarte un gran premio. Hablemos sobre los premios que te gustaría ganar».

Lleve un registro de los alimentos que consume en cada comida. Cada vez que coma los alimentos permitidos puede ganarse una estrella. Luego, al final del día, si se ganó al menos seis estrellas, recibe un pequeño premio. Al final de dos semanas, si no rompió su dieta, puede ganarse un gran premio. ¡Usted también se merecerá un premio! Después de concluir la dieta, consiéntase con ropa nueva, una película, un almuerzo, algo que desee. Desde luego, la mayor recompensa de todas será una marcada mejoría en el comportamiento de su hijo.

# Cuarto consejo:
# Agregue ácidos grasos esenciales a la dieta de su hijo

En años recientes se ha hablado tanto sobre eliminar la grasa de la dieta que la idea de que éstas sean el enemigo se ha arraigado en la conciencia de los estadounidenses. Debido a esto, casi todos hacemos hasta lo imposible por eliminar los alimentos con mucha grasa en la dieta de nuestra familia. El problema es que algunas grasas son buenas para usted, y en especial para su hijo. Los ácidos grasos esenciales son necesarios para la salud óptima de su hijo. Se descubrió que la deficiencia de dichos ácidos grasos es un factor en algunos niños con ADD o ADHD.

¿Muestra su hijo síntomas de deficiencia marginal de ácidos grasos esenciales? Conteste sí o no a las siguientes preguntas respecto a los síntomas de su hijo:

1. ¿Su hijo tiene mucha sed?
2. ¿Orina con frecuencia?
3. ¿Tiene piel reseca?
4. ¿Tiene cabello seco, pajoso, rebelde?
5. ¿Tiene caspa?
6. ¿Tiene uñas quebradizas, blandas?
7. ¿Tiene protuberancias duras en la parte posterior de los brazos, codos o muslos?

Si usted contesta sí a más de una de estas preguntas, su hijo puede tener una deficiencia marginal de ácidos grasos esenciales. Este capítulo le explicará qué son los ácidos grasos esenciales, cómo afectan en el ADD o el ADHD de su hijo y cómo puede incluirlos en su dieta.

## ¿Qué son los ácidos grasos esenciales?

Nuestro cuerpo se compone de miles de millones de células (unidades de vida) de varias formas y funciones. Cada célula está rodeada de una membrana impermeable compuesta de tipos especiales de grasas que separan el contenido líquido de la célula del fluido líquido afuera de la célula. Estas grasas especiales se llaman ácidos grasos esenciales. Éstos son nutrientes vitales que provienen directamente y sólo de nuestros alimentos. Los humanos y otros mamíferos no pueden producir estos ácidos grasos.

Existen dos familias de ácidos grasos, el omega 3 y el omega 6. Estas familias no son intercambiables. Su cuerpo no puede producir ácidos grasos omega 3 a partir de los ácidos grasos omega 6 ni viceversa. La familia de los omega 6 empieza con el ácido linoleico (AL), mientras que la familia omega 3 empieza con el ácido alfa-linolénico (AAL). Ambos se componen de 18 átomos de carbón ensartados como cuentas de un collar. Mientras que la mayoría de las «cuentas» se enlazan en un solo enlace, el AL tiene dos enlaces dobles y el AAL tiene tres enlaces dobles. El primer enlace doble está situado junto al sexto átomo de carbono del AL y enseguida del tercer átomo del AAL (de ahí los términos omega 3 y omega 6). Los AL y AAL sufren después varias transformaciones en las que se alargan al doble por dos carbones y con más enlaces dobles insertados. Los enlaces dobles son importantes porque forman codos en las moléculas de los ácidos grasos. Mientras que los ácidos grasos saturados son lineales y por ello se acumulan en la membrana, los codos en los ácidos grasos esenciales evitan que las moléculas se acumulen y que la membrana se vuelva fluida. Otros miembros de la familia omega 3 incluyen ácido eicosapentanoico (AEP) y ácido docosahexanoico (ADH). Además del ácido linoleico, la familia de ácidos grasos omega 6 incluye el ácido cislinoleico, el ácido gammalinolénico (AGL), ácido dihomogamma-linolénico (ADHL) y ácido araquidónico (AA).

Los ácidos grasos esenciales son cruciales por dos motivos. Primero, el equilibrio entre los ácidos grasos omega 3 y los omega 6 afecta las propiedades de la membrana celular y la capacidad de las moléculas para entrar y salir de la célula o de fijar los receptores a la membrana. El cuerpo de su hijo también utiliza ácidos grasos omega 3 y omega 6 de cadenas más largas a fin de producir diferentes series de sustancias químicas similares a hormonas, incluyendo prostaglandinas. Las prostaglandinas (PGS) ayudan a que las células se comuniquen entre sí. Los ácidos grasos omega 6 de cadena larga (AA) y en especial los ácidos grasos omega #3 de cadena larga (ADH) se concentran más en el cerebro y en la retina que en otras células. Desempeñan un papel vital en las funciones cerebrales y nerviosas. También son determinantes para el funcionamiento adecuado del sistema inmunológico. De hecho, un estudio de niños con infecciones respiratorias recurrentes reportó que los niños que recibieron un suplemento de AL y AAL presentaron menos infecciones.[1] Si su hijo tiene bajas concentraciones de estos ácidos grasos, la ventaja en el juego de la vida es injustamente desfavorable para él: ¡Está empezando el juego sin un mazo de cartas completo!

## Los ácidos grasos esenciales y el ADHD

En 1986, científicos revelaron que los niños con ADHD tenían menores niveles de ácidos grasos esenciales críticos en la sangre en comparación con un grupo de niños que mostraban un comportamiento «normal».[2] Estos niños también reportaron sed excesiva y urinación frecuente, dos síntomas importantes de deficiencia de ácidos grasos esenciales.

Asimismo, presentaron más alergias, problemas visuales, infecciones de oído, resfriados y problemas de aprendizaje que los niños de comportamiento normal. Los científicos saben desde hace muchos años que una falta de ácidos grasos omega 6 provoca crecimiento deficiente, piel reseca, sed excesiva y urinación frecuente en animales. En tiempos más recientes, algunos investigadores estudiaron monos, ratas y ratones alimentados con una dieta baja en ácidos grasos omega 3 en etapa fetal, durante la lactancia y en la edad adulta.[3] Los animales tenían niveles inferiores de ácidos grasos esenciales omega 3 en la sangre y el cerebro. Los animales presentaron sed excesiva, urinación frecuente, trastornos visuales, capacidades de aprendizaje disminuidas y comportamiento anormal.

A principios de la década de 1990, algunos investigadores estudiaron niños con ADHD y su nivel de ácidos grasos. Casi 40 por ciento de los niños con ADHD reportaron muchos síntomas de deficiencia de ácidos grasos esenciales. Los niños con muchos síntomas tenían niveles plasmáticos de ácidos grasos críticos omega 3 (ADH) y omega 6 (AA) más bajos que los controles de comportamiento normal. Sin embargo, los niños con ADHD pero sin síntomas tenían niveles plasmáticos comparables con los de niños sin ADHD. Se cree que sucede lo mismo con niños con ADD, pero no se ha estudiado. Se desconoce el motivo de los bajos niveles de ácidos grasos esenciales. Investigaciones actuales estudian si los complementos de ácidos grasos esenciales aumentarán los niveles de dichos ácidos en la sangre, mejorarán los síntomas de la deficiencia y del comportamiento.

## Incluya ácidos grasos esenciales en la dieta de su hijo

Si su hijo tiene síntomas de deficiencia de ácidos grasos esenciales, estas son algunas maneras sencillas y económicas de incluirlos (en especial omega 3) en la dieta de su familia. Con ello beneficiará a todos los miembros de la familia, ya que los ácidos grasos omega 3, principalmente de los aceites de pescado, reducen el riesgo de afecciones cardiovasculares, asma, artritis, hipertensión y trastornos del sistema autoinmune.

Use aceite (1 o 2 cucharadas al día) de soya (a menos que su hijo sea sensible a la soya) o de canola prensados en frío, éstos son excelentes fuentes de AAL. Use los aceites para preparar aderezos para ensalada. Para hornear son buenos. Pero evite usarlos para freír porque las frágiles moléculas se dañan con el calor y el oxígeno. A fin de proteger las frágiles moléculas después de abrir una botella de aceite, exprima el contenido de una cápsula de 50 UI de vitamina E (alfatocoferol natural, no acetato de tocoferol) en el aceite y dispérselo lentamente. No agite la botella para que no se mezclen burbujas de aire con el aceite. Después conserve la botella en refrigeración.

Una fuente aún más rica en AAL, el padre de la familia omega 3, es el aceite de linaza. Puede dar a su hijo de 1 a 3 cucharaditas de aceite de linaza al día. Conserve el aceite de linaza en refrigeración y agregue el contenido de una cápsula de vitamina E como se describió. Úselo antes de que pasen dos meses ya que es mejor el aceite fresco. También puede comprar semillas de linaza. Muela una cucharada de semillas de linaza en un molino para café o para especias. Espolvoree sobre cereales o ensaladas o en puré de manzana. Las semillas son una excelente fuente de ácidos grasos omega 3, magnesio y fibra.

Los frijoles son otra fuente adecuada de ácidos grasos omega 3 (AAL) (sobre todo de soya, negros, bayos, pintos y alubias). También el tofu, si su hijo no es sensible a la soya. Los pescados de agua fría

121

como el salmón, el atún fresco, la macarela y las sardinas son excelentes fuentes de ácidos grasos omega 3 de cadena larga (AEP y ADH), aunque algunos niños pueden respingar con ellos.

Por desgracia, las barritas de pescado y el lenguado no son fuentes adecuadas de ácidos grasos omega 3, por no mencionar que por lo general se preparan con grasas hidrogenadas y parcialmente hidrogenadas.

Disminuir las grasas saturadas en la dieta de su hijo también es importante puesto que interfieren con el metabolismo de los ácidos grasos esenciales. Al igual que muchas personas, usted puede estar consumiendo demasiada grasa saturada que hay en carnes con grasa, mantequilla, leche entera, requesón y aceite de coco. Es difícil dejar de ingerir estas grasas a menos que empiece a hornear, cocer al vapor, rostizar y hervir sus alimentos y que empiece a comer más pescado y pollo, y menos tocino, hamburguesas y productos de cerdo.

Además de las grasas saturadas, es probable que su hijo también esté consumiendo aceites vegetales hidrogenados o parcialmente hidrogenados. Estas grasas no tienen ensortijamiento en sus moléculas, así que estos ácidos grasos rectos se apiñan, haciendo que las membranas de las células sean menos fluidas y más duras. Este tipo de grasa se encuentra en muchos alimentos comerciales, entre ellos margarina, sopas de crema, galletas de trigo entero con grasa agregada, galletas saladas y cientos de otros alimentos que puede encontrar en los anaqueles del supermercado. Así que lea todas las etiquetas y disminuya los alimentos que contengan aceites hidrogenados o parcialmente hidrogenados.

Compare los siguientes menús para cenar. Los primeros tres alimentos son bajos en ácidos grasos esenciales. Los segundos tres son alternativas saludables altas en dichos ácidos.

### Menús para cenar con pocos ácidos grasos esenciales

#### Cena #1
Bistec asado

Lechuga orejona con aderezo sin grasa

Papas fritas

Ejotes

Helado

#### Cena #2
Espagueti

Gelatina con fruta

Pan de ajo (blanco)

Pay de manzana

#### Cena #3
Chile con carne (sin frijoles)

Galletas saladas

Helado y galletas

### Menús para cenar con EFAs

#### Cena #1
Salmón* asado

Ensalada de hojas verdes* con aderezo para ensalada preparado

con aceite de soya* o de canola*

Papa al horno

Sandía

#### Cena #2
Ensalada Waldorf preparada con nueces*

*Una excelente fuente de ácidos grasos omega 3.

123

Espagueti con aceite de soya* o de canola* agregado
Pan de trigo integral con mermelada de frutas
Duraznos frescos en rebanadas

CENA #3
Chile con carne (con frijoles negros* y aceite extra de soya*
o de canola*)
Galletas saladas de trigo integral
Taza de fruta fresca
Pay de manzana (consulte la receta en la tercera parte).

## Signos de deficiencia de ácidos grasos esenciales

Hoy en día, las pruebas de sangre para detectar la falta de ácidos grasos esenciales sólo están disponibles en laboratorios de investigación especializados y en unos cuantos laboratorios comerciales. Son costosos, de 300 a 400 dólares. Incluso si se hicieran las pruebas, es probable que su médico no sepa interpretar las cifras. Muchos médicos que recomiendan ácidos grasos esenciales a sus pacientes no se basan en pruebas de laboratorio. Más bien, preguntan a sus pacientes sus síntomas y buscan signos físicos de una deficiencia marginal, a lo que sigue una prueba de suplementación de ácidos grasos esenciales. Algunos síntomas de una deficiencia de ácidos grasos esenciales son sed excesiva, urinación frecuente, piel reseca, cabello rebelde, caspa, uñas quebradizas y pequeñas protuberancias en la parte posterior de brazos y muslos.

Recibo muchos mensajes electrónicos de padres de familia referentes a los fabulosos resultados que han obtenido complementando

---

*Una excelente fuente de ácidos grasos omega 3.

la dieta de sus hijos con ácidos grasos. Una madre reportó la sed excesiva de su hijo y su extenuante comportamiento:

John siempre tiene sed. En preescolar, John se deslizaba a la cocina y bebía vaso tras vaso de leche o de jugo de naranja. Tuvimos que dejar de comprar jugo de naranja porque se llevaba el recipiente a escondidas y daba cuenta de los cuatro litros.

John lloraba a gritos desde que nació; lloraba con desesperación si no se le cargaba en posición vertical, hasta que pudo ponerse de pie a los nueve meses. A los diez meses ya caminaba. A los quince meses empezó a golpearse la cabeza cuando se enojaba. Cualquier cosa podía molestarlo y así era (mamá dio vuelta a la izquierda en lugar de a la derecha; papá se fue a la otra habitación; alguien tomó un juguete de los 15 que tenía alrededor). No había forma de disciplina que funcionara.

El verano pasado, un psicoanalista le prescribió medicamentos. Entonces se volvió letárgico. Habíamos perdido mucha de la alegría y de la capacidad social con esos medicamentos. También nublaban su inteligencia y capacidad de aprendizaje. Parecían afectar su memoria.

John ha estado tomando aceite de linaza desde hace dos semanas. Su sed disminuyó de manera considerable. También parece más calmado y más concentrado.

La anterior es una historia representativa de muchas que me cuentan día tras día sobre los efectos de la suplementación de ácidos grasos esenciales. A continuación tenemos otro ejemplo. Barb relata sus experiencias con Sarah, su hija de once años:

Sarah es una niña dulce, amorosa e inteligente con severos síntomas de ADHD. Ella ha cambiado de régimen de medicamentos desde el primer grado. A pesar de tener maestras maravillosas y atentas y mucha ayuda en casa, Sarah reprueba todas sus materias. Su autoestima ha caído a nada.

Sarah tiene casi todos los síntomas de la deficiencia de ácidos grasos esenciales: sed excesiva, urinación frecuente, piel seca, cabello seco, caspa, uñas quebradizas y pequeñas protuberancias blancas en la parte posterior de sus brazos. Su médico pensó que tal vez podría tener lupus por algunas de las condiciones de su piel. La llevé con un endocrinólogo y todas las pruebas resultaron negativas. También le hicieron pruebas de diabetes por la sed excesiva y la urinación frecuente.

Incluimos aceite de soya a su dieta además de 3 cucharaditas de aceite de linaza. El cambio ha sido drástico. Su sed disminuyó en dos días y su piel y su cabello están mucho mejor. Su comportamiento también mejoró mucho. Su maestra está asombrada de los cambios en Sarah.

Muchos padres de familia relatan historias como la de Sarah: les han hecho pruebas a sus hijos para detectar diabetes por la sed excesiva y la urinación frecuente. Si su hijo tiene estos síntomas, platíquelos a fondo con su médico. Tal vez desee hacerle pruebas de diabetes. Probablemente los resultados sean normales.

Los ácidos grasos esenciales parecen ser una pieza importante en el rompecabezas de los niños con ADD o ADHD. Si camina por los pasillos de la farmacia o el supermercado, se sorprenderá de la cantidad de productos que hay para la piel reseca, el cabello seco y la caspa. Cabello y piel deben estar lustrosos sin el uso de cremas y lociones. Algunos adultos llevan a todos lados la bebida de su preferencia porque tienen sed constantemente. La deficiencia de ácidos grasos esenciales puede ser más común de lo que alguna vez pensaron los investigadores.

Su hijo puede beneficiarse del incremento de ácidos grasos esenciales en su dieta. Si desea que su hijo esté alerta, se sienta alerta, actúe alerta y disfrute de una buena salud, asegúrese de que ingiera las cantidades adecuadas de ácidos grasos esenciales, en especial los aceites omega 3. Beneficiará a su familia.

# Quinto consejo:
# Elija con cuidado las vitaminas, los minerales y los demás complementos

Con frecuencia los padres preguntan: «¿Hay vitaminas, minerales o algún otro complemento que pueda dar a mi hijo para sustituir el Ritalin?» Por desgracia no es tan sencillo, pero ciertos complementos ayudan.

Conteste sí o no a las siguientes preguntas relacionadas con la necesidad de dar complementos a su hijo:

1. ¿Su hijo es remilgoso?
2. ¿Come menos de dos a cuatro porciones de fruta y menos de tres a cinco porciones de verduras al día?
3. ¿Consume principalmente harinas blancas y no granos enteros?
4. ¿Es «adicto al azúcar»?
5. ¿Come en esencia los mismos pocos alimentos cada día?
6. ¿Bebe más de tres vasos de 250 ml de leche al día, dejando poco espacio para los alimentos completos?
7. ¿Bebe más de 350 ml de jugo de fruta al día, dejando poco espacio para los alimentos completos?

El uso de vitaminas y minerales para aliviar varios síntomas físicos y mentales es material de controversia. La mayoría de las afirmaciones médicas establecen que cualquiera que lleve una dieta bien balanceada no necesita vitaminas ni minerales adicionales. Si preguntó a su médico si debe ingerir algún multivitamínico diario, es probable que le diga que el único que sufrirá será su bolsillo y que no lo hará a usted más saludable. Y si le preguntó que si dosis mayores podrían ser útiles para depresiones o alergias, quizá pensó que usted es «uno de esos locos por la alimentación saludable» y le dio toda una cátedra sobre los efectos dañinos del exceso de vitaminas.

Aun cuando en la prensa popular y en Internet se habla mucho sobre los pros y los contras de las vitaminas, minerales y otros complementos para niños con ADD o ADHD, no existen muchos estudios científicos referentes a los efectos de estos nutrientes en el ADD y el ADHD. Por ejemplo, no se ha estudiado el uso de un complemento de multivitaminas y minerales con los porcentajes dietéticos recomendados (sus siglas en inglés, RDA) en niños con ADD o ADHD. Sin embargo, hay informes científicos acerca de los efectos positivos de un complemento de multivitaminas y minerales en la inteligencia y el comportamiento.[1] Se espera que científicos estudien pronto lo anterior en niños con ADD o ADHD. Mientras tanto, los padres de familia pueden probar un complemento de multivitaminas y minerales sin colorantes y sabores artificiales que contenga los porcentajes dietéticos recomendados (RDA), aunque se debe tener en mente que las vitaminas B pueden empeorar los síntomas en algunos niños. Esto se tratará más adelante en este capítulo.

Desde otro punto de vista del debate, hay un grupo de médicos que afirman haber descubierto un enfoque totalmente nuevo para tratar los problemas psiquiátricos y médicos a través del uso de dosis moderadas o grandes de nutrientes a fin de compensar los desequilibrios bioquímicos. En medio se encuentra el paciente, quien no sabe qué creer pero que está ansioso por sentirse mejor. Los tiempos están cambiando porque los pacientes exigen más información y asesoría de sus médicos. Más de 85 facultades de medicina ofrecen clases en terapias alternativas.

¿Qué son las vitaminas y por qué provocan tanta controversia? Las vitaminas son sustancias orgánicas (contienen carbono) que se encuentran en plantas y animales en cantidades variables. Cada vitamina es de necesidad absoluta para el crecimiento adecuado y para conservar la salud. Excepto por unas cuantas vitaminas (que técnicamente no son verdaderas vitaminas), el cuerpo de su hijo no las produce por sí solo. Su hijo debe obtenerlas de su dieta o de complementos vitamínicos.

Seis nutrientes básicos para la vida son: carbohidratos, grasas, proteínas, vitaminas, minerales y agua. Si piensa en el cuerpo de su hijo como en el motor de un auto, los carbohidratos, las grasas y las proteínas son como la gasolina que le da energía. Pero las vitaminas son como las bujías, el aceite y la grasa; sin ellas el cuerpo de su hijo no puede funcionar. Son los catalizadores de todas las reacciones químicas en el cuerpo de su hijo.

Existen dos tipos de vitaminas: liposolubles (solubles en grasa) e hidrosolubles (solubles en agua). Las vitaminas liposolubles A, D, E y K se disuelven sólo en grasa y por lo tanto se almacenan en el cuerpo. En exceso, pueden ser perjudiciales. Las vitaminas hidrosolubles B y C se disuelven sólo en agua, de modo que los excesos que el cuerpo no necesita son desechados en la orina. Pero estas vitaminas deben ingerirse diario.

Las vitaminas se aislaron e identificaron durante la primera mitad del siglo XX. Despertaron un considerable interés y entusiasmo por su capacidad para curar enfermedades por deficiencias como el escorbuto y el beriberi. Cuando los antibióticos entraron en escena en la década de 1940 y atrajeron toda la atención, la emoción que rodeaba a las vitaminas disminuyó. Para salvaguardar nuestra salud, en 1941 se estableció la Junta de Alimentos y Nutrición de la Academia Nacional de Ciencias (Food and Nutrition Board of the National Academy of Sciences). Ésta emitió una lista de los requerimientos mínimos diarios de los nutrientes, que se ha revisado a través de los años y que hoy se conocen como Porcentajes Diarios Recomendados (RDA). No obstante, estos requerimientos son adecuados sólo para prevenir la deficiencia; no son los niveles requeridos por el cuerpo para funcionar a niveles óptimos.

Los médicos orientados a la nutrición concuerdan con la afirmación médica de que, si se siguen los RDA, por lo general se previenen las enfermedades por deficiencia de vitaminas. No obstante, consideran que para cada persona hay una dosis óptima de cada nutriente que le permite funcionar física y mentalmente a su máximo. En su opinión, un valor promedio (como los RDA) no considera que cada persona sea única a nivel bioquímico. Ellos sostienen que son varios los factores que determinan la cantidad de un nutriente que necesita una persona, entre ellos estatura y peso, edad, nivel de actividad, estrés, infección y condiciones ambientales como la contaminación del aire.

Lo que preocupa en especial a estos médicos no sólo es que muchas personas, niños y adultos, no llevan una dieta adecuada (véase la Primera forma), sino que de hecho no saben lo que es una buena dieta. Y el médico promedio no sabe mucho más que sus pacientes. Los médicos orientados a la nutrición también se preocupan porque el procesamiento moderno de los alimentos enteros roba al consumidor nutrientes esenciales, aunque los fabricantes traten de resarcir el daño enriqueciendo sus productos con unas cuantas vitaminas y minerales esenciales.

Quizá el tema debatido con más fuerza sea el uso de megavitaminas, grandes dosis (más de diez veces los RDA) para prevenir y tratar problemas físicos y mentales; por ejemplo, si grandes dosis de vitamina C ayudan o no a prevenir resfriados o si disminuyen su gravedad.

Los médicos tradicionales y los orientados a la nutrición se preocupan por la automedicación de la gente que realmente no sabe lo que hace, en especial porque las grandes dosis de vitaminas liposolubles pueden ocasionar problemas. Les preocupa que algunos pacientes piensen si toman sus vitaminas a pesar de lo que beban o coman. De modo que si su hijo es remilgoso, darle un multivitamínico que contenga cantidades RDA de varios nutrientes puede ser útil, pero el objetivo siempre debe ser tomar cartas en el asunto para mejorar la dieta. La primera forma le da muchas ideas.

¿Dónde lo deja esto a usted, el padre de familia frustrado? Si puede, consulte a un experimentado médico orientado a la nutrición. A la larga, le puede ahorrar mucho tiempo y dinero monitoreando los síntomas, la dieta y el cabello, los niveles en sangre y orina de varios nutrientes. No administre a sus hijos, a ciegas, complementos con grandes dosis de vitaminas y minerales por periodos prolongados. Los nutrientes interactúan entre sí y con las prescripciones médicas. Es erróneo pensar: «Si una píldora lo hace sentir bien, diez píldoras lo ayudarán aún más». Usted puede provocar que su hijo empeore.

Si alguien le recomienda tomar mucha de una u otra vitamina, asegúrese de que la información sea confiable. Me quedé consternada al observar algunas prácticas en una tienda naturista. Una vez, un vendedor les ofreció a mis hijos pastillas masticables de vitaminas como si fueran dulces: «Vengan, niños, les encantará el sabor, y son buenas para ustedes». En otra ocasión, una vendedora estaba promoviendo tabletas masticables de vitamina C en la caja. Ella le dijo a la señora que iba delante de mí que probara una de las muestras. Cuando la señora comentó que estaban deliciosas, la vendedora le vendió una botella grande aconsejándole: «Tómelas todos los días, no le harán daño y le darán mucha energía». Lo que olvidó mencionar a la ingenua clienta fue que demasiada vitamina C provoca gases y diarrea.

Otra preocupación respecto a los complementos de vitaminas y minerales son los rellenos, las sustancias aglutinantes, colorantes y saborizantes. Tendrá que leer con detenimiento las etiquetas. Es común que los complementos para niños contengan colorantes y saborizantes artificiales, maíz y/o azúcar. Una madre frustrada escribió: «Mi hijo es muy sensible a los colorantes artificiales. Cuando empecé a leer con cuidado todas las etiquetas, me asombró que su tableta de multivitaminas tuviera colorantes y saborizantes artificiales».

Los minerales son sustancias químicas inorgánicas, no contienen el elemento carbono. El cuerpo necesita algunos, como el calcio y el magnesio, en cantidades bastante grandes, otros son necesarios en cantidades menores pero indispensables. Y otros minerales, como el plomo y el aluminio (véase el Noveno consejo), pueden ser muy tóxicos para el cuerpo de su hijo.

Al igual que con las vitaminas, las deficiencias de ciertos minerales pueden causar síntomas de moderados a severos. Cantidades excesivas de un mineral bueno también puede ser devastador. ¿Puede una prueba de laboratorio revelar a su médico si su hijo está tomando mucho o muy poco de vitaminas y minerales específicos? La respuesta es sí para algunos nutrientes y no para otros. Existen análisis sanguíneos para conocer el nivel de muchas vitaminas. Un análisis de cabello puede dar a su médico cierta información importante acerca de elementos tóxicos como el plomo, el cadmio, el mercurio y el aluminio. Lo único que necesita es 1 ó 2 cucharadas de cabellos del cuello de su hijo, cortados casi al ras del cuero cabelludo. La medición de zinc en plasma y glóbulos rojos puede ser de utilidad. El magnesio también se puede evaluar en los glóbulos rojos. No es muy conveniente medir el calcio plasmático, ya que cuando bajan los niveles de calcio, el cuerpo toma el calcio de los huesos a fin de mantener en equilibrio el nivel de calcio en el torrente sanguíneo; así que aun cuando los niveles plasmáticos parezcan normales, el cuerpo puede tener algunas deficiencias.

## Estudios científicos

Después de leer sobre tantos complementos de vitaminas y minerales en este libro y otras fuentes, ¿cómo puede decidir cuáles complementos se respaldan con estudios adecuados y vale la pena probar y cuáles no? La investigación de un medicamento o nutriente muchas veces se inicia con un estudio abierto. En dicho estudio tanto los investigadores como los pacientes saben que se les está administrando algo «real». Para niños con ADHD, los patrones de conducta por lo general mejoran debido a que los padres de familia, las maestras y los niños en sí esperan un resultado positivo. Lo anterior se conoce como efecto placebo. Si se descubre que un medicamento o un nutriente es benéfico en una prueba abierta, el siguiente paso es llevar a cabo una prueba de doble ciego con placebo controlado. En este tipo de estudio, a la mitad del grupo se le da un placebo (una píldora falsa) y a la otra mitad la medicina o el nutriente real. Los padres no saben si sus hijos están tomando el suplemento activo o el placebo. Además, los investigadores que están en contacto con los padres tampoco saben qué niño está en qué grupo. Este tipo de estudios deben realizarlos grupos de investigación independientes en centros médicos o universidades. El esmerado análisis estadístico de los resultados es crucial. Dichos resultados deben divulgarse en publicaciones respetables. Los complementos para niños con ADHD podrían ser objeto de estudio a bajo costo y ofrecerían una mejor información. Con ello en mente, ofrezco la siguiente información sobre vitaminas, minerales y otros complementos.

## Complementos vitamínicos

Esta información básica sobre varias vitaminas le ayudará a decidir si su hijo debe probar los complementos.

## Vitaminas B

Las vitaminas B tienen varios compuestos solubles en agua que los científicos agrupan debido a que trabajan juntos en el cuerpo de su hijo. Las cantidades necesarias son reducidas. La tabla siguiente muestra los RDA de algunas vitaminas del complejo B para niños.

Algunas fuentes de vitamina B son: hígado; harinas, cereales y panes integrales; harina y cereales enriquecidos (la vitamina B6 no se agrega a la harina enriquecida); chícharos, frijoles y vegetales de hojas verdes. Las vitaminas del complejo B se destruyen fácilmente, algunas por el calor y la luz, otras por el procesamiento de los alimentos. Podría probar un complemento del complejo B que le proporcione unos 25 miligramos de tiamina, niacina y B6 más todas las demás vitaminas B. Pero algunos niños hiperactivos empeoran con grandes dosis o megadosis de vitaminas, en especial las vitaminas B. El experto doctor Leo Galland, escribió:

> Las vitaminas B son muy engañosas. Algunos niños son alérgicos a la levadura que se usa en la producción de la mayoría de las tabletas o cápsulas de complejo B. Otros simplemente tienen reacciones adversas a las vitaminas B mismas. He descubierto que los niños hiperactivos generalmente también son hipersensibles: sobrerreaccionan a los estímulos, ya sean químicos, sensoriales o emocionales.[2]

El doctor Arnold Brenner llevó a cabo un interesante estudio sobre las vitaminas B en niños hiperactivos.[3] Sometió a 100 niños hiperactivos a pruebas de tres días con grandes dosis de tiamina (B1), pantotenato de calcio (ácido pantoténico, vitamina B5), piridoxina (B6) o placebo. A estas pruebas siguieron estudios de doble ciego con placebo controlado. Ocho niños respondieron de manera drástica a la tiamina (100 mg cuatro veces al día). Nueve niños respondieron a 300 mg de vitamina B6. Otros cuatro niños necesitaron mayores dosis de vitamina B6 antes de responder. Pero la mitad de los niños con respuesta

134

# RDA PARA VITAMINAS DEL COMPLEJO B

| VITAMINA B | RANGO DE EDADES (AÑOS) | RDA |
|---|---|---|
| TIAMINA $B_1$ | 1 A 3 | .5 MILIGRAMOS |
| | 4 A 8 | .6 MILIGRAMOS |
| | 9 A 13 | .9 MILIGRAMOS |
| | 14 EN ADELANTE | 1.2 MILIGRAMOS (NIÑOS) |
| | | 1.0 MILIGRAMOS (NIÑAS) |
| RIBOFLAVINA $B_2$ | 1 A 3 | .5 MILIGRAMOS |
| | 4 A 8 | .6 MILIGRAMOS |
| | 9 A 13 | .9 MILIGRAMOS |
| | 14 EN ADELANTE | 1.2 MILIGRAMOS (NIÑOS) |
| | | 1.0 MILIGRAMOS (NIÑAS) |
| NIACINA | 1 A 3 | 6 MILIGRAMOS |
| | 4 A 8 | 8 MILIGRAMOS |
| | 9 A 13 | 12 MILIGRAMOS |
| | 14 EN ADELANTE | 16 MILIGRAMOS (NIÑOS) |
| | | 10 MILIGRAMOS (NIÑAS) |
| PRIRIDOXINA $B_6$ | 1 A 3 | .5 MILIGRAMOS |
| | 4 A 8 | .6 MILIGRAMOS |
| | 9 A 13 | 1.0 MILIGRAMOS |
| | 14 EN ADELANTE | 1.3 MILIGRAMOS (NIÑOS) |
| | | 1.2 MILIGRAMOS (NIÑAS) |
| ÁCIDO FÓLICO | 1 A 3 | 150 MICROGRAMOS |
| | 4 A 8 | 200 MICROGRAMOS |
| | 9 A 13 | 300 MICROGRAMOS |
| | 14 EN ADELANTE | 400 MICROGRAMOS |
| VITAMINA $B_{12}$ | 1 A 3 | .9 MICROGRAMOS |
| | 4 A 8 | 1.2 MICROGRAMOS |
| | 9 A 13 | 1.8 MICROGRAMOS |
| | 14 EN ADELANTE | 2.4 MICROGRAMOS |

a la vitamina B1 empeoraron cuando se les administró vitamina B6. Y, por el contrario, los que respondieron positivamente a la vitamina B6 recayeron con la vitamina B1. Así que todo es engañoso. Si puede, busque a un profesional que haya trabajado con niños con ADHD. Si decide probar las vitaminas B por cuenta propia, pruébelas con precaución, una a la vez, e interrumpa cualquier vitamina B que agrave un síntoma.

## Vitamina C

La vitamina C es importante para la formación de vasos sanguíneos, glóbulos rojos, huesos, dientes y tejido conectivo. Asimismo, se cree que combate infecciones virales y reduce los efectos de sustancias alérgenas en el cuerpo.

Los RDA para la vitamina C son de 40 miligramos en niños de cuatro a seis años, 45 miligramos en niños de siete a diez años, 50 miligramos en los de 11 a 14 años y 60 miligramos para los mayores de 15 años. Las frutas cítricas son especialmente ricas en vitamina C, pero otras frutas y verduras también contienen grandes cantidades. Como la vitamina C se destruye fácilmente con el calor, la luz solar, el aire, la deshidratación y el almacenamiento prolongado, debe, si es posible, comprar los productos con vitamina C frescos y comerlos crudos. Los bioflavonoides, compuestos solubles en agua que se encuentran en diversas frutas y verduras, incluyendo las que contienen vitamina C, son esenciales para el uso adecuado de la vitamina C. Éstos tienen una mayor concentración en la parte entera comestible de la fruta que en el jugo. La tabla siguiente contiene algunas fuentes naturales de vitamina C.

## ALGUNAS FUENTES NATURALES ADECUADAS DE VITAMINA C

| | |
|---|---|
| NARANJA (1 MEDIANA) | 90 MILIGRAMOS |
| BRÓCOLI (1/2 TAZA) | 8 MILIGRAMOS |
| JUGO DE NARANJA (1/2 TAZA) | 60 MILIGRAMOS |
| FRESAS (3/4 TAZA) | 66 MILIGRAMOS |
| MELÓN (1/2 MEDIANO) | 66 MILIGRAMOS |
| COLES DE BRUSELAS (1/2 TAZA COCIDAS) | 57 MILIGRAMOS |
| TORONJA (1/2 MEDIANA) | 53 MILIGRAMOS |
| MANDARINA (1 MEDIANA) | 35 MILIGRAMOS |
| COLIFLOR (1/2 TAZA CRUDA) | 33 MILIGRAMOS |
| HÍGADO DE RES (115 G) | 31 MILIGRAMOS |
| COL (1/2 TAZA, RALLADA Y CRUDA) | 22 MILIGRAMOS |

Si su hijo padece alergias o resfriados severos frecuentes, la vitamina C mejora su resistencia. Algunos estudios revelan que los niños que ingieren dosis mayores que los RDA de vitamina C sufren menos resfriados.[4] La dosis para niños es de 500 mg una o dos veces al día. La mayoría de los complementos de vitamina C están hechos con maíz. Los hay disponibles en líquidos (tenga cuidado con el azúcar, los colorantes y los saborizantes), tabletas masticables (mismos problemas), tabletas y polvo. El polvo es el más barato y puede diluirse en jugos. Las náuseas, los gases y la diarrea son signos de que su hijo está ingiriendo demasiada vitamina C. Reduzca la dosis.

## Minerales

Dar complementos de minerales a niños con ADHD es otra estrategia que requiere estudios más minuciosos. En Polonia, investigadores estudiaron los niveles de magnesio, zinc, cobre, hierro y calcio en plasma, glóbulos rojos, orina y cabello en 55 niños hiperactivos de entre cuatro y trece años.[5] La concentración promedio de estos minerales era menor, comparada con un grupo de niños saludables sin problemas de comportamiento.

## Calcio

El calcio es el mineral más abundante en el cuerpo. Se localiza principalmente en huesos y dientes. Además de su participación en el crecimiento, es esencial para el funcionamiento del sistema nervioso, para un ritmo cardíaco normal y para la coagulación sanguínea. Los RDA de niños entre uno y diez años es de 800 miligramos al día. Para niños mayores es de 1,200 miligramos al día. La tabla de la página siguiente contiene algunos alimentos que son fuentes de calcio adecuadas.

Si a su hijo no le gusta la leche y el queso o es sensible a los productos lácteos, entonces es imperativo que tome complementos de calcio para formar huesos y dientes fuertes. El calcio también puede tener un efecto calmante en su comportamiento y promover el sueño en la noche. La dosis es de 500 a 1,000 miligramos de carbonato de calcio, dependiendo de la edad del niño, en suspensión o en tabletas masticables. (Evite los complementos de dolomita o harina de hueso, que pueden contener bajos niveles de plomo. Evite las pastillas Tums, que contienen talco y azúcar.) Demasiado calcio afecta la absorción de otros minerales.

## ALGUNAS FUENTES ALIMENTICIAS ADECUADAS DE CALCIO

| | |
|---|---|
| LECHE ( 1 TAZA) | 288 MILIGRAMOS |
| YOGUR (1 TAZA) | 174 MILIGRAMOS |
| TOFU (1/2 TAZA) | 128 MILIGRAMOS |
| ESPINACAS (1/2 TAZA, COCIDAS) | 83 MILIGRAMOS |
| QUESO COTTAGE (1/2 TAZA) | 70 MILIGRAMOS |
| BRÓCOLI CRUDO (1/2 TAZA) | 55 MILIGRAMOS |

## Magnesio

Si su hiperactivo e irritable hijo tiene problemas para dormir, padece de calambres musculares, tiene una concentración deficiente, experimenta estreñimiento frecuente y presenta enuresis, los complementos de magnesio le pueden ayudar. El magnesio es un mineral importante que sirve como cofactor en muchas reacciones químicas corporales. Cuando se presenta una falta de magnesio, los niños pueden tener problemas neurológicos y psiquiátricos. Los RDA para el magnesio son de 120 miligramos para niños entre cuatro y seis años, 170 miligramos para niños entre 7 y 10 años, 270 miligramos para niños entre 11 y 14 años y 280 miligramos para niñas entre 11 y 14 años. Los alimentos refinados reducen en gran medida el contenido de magnesio. Algunas fuentes alimenticias adecuadas son granos enteros, nueces, mariscos, verduras frescas y frutas.

Los complementos de magnesio pueden tener un efecto positivo en las alergias y el comportamiento de su hijo. El magnesio tranquiliza a muchos niños hiperactivos y les ayuda a dormir. Dos nuevos estudios sugieren que la falta de magnesio es común en niños con ADHD (94 por ciento mostró bajos niveles de magnesio en el cabello, los glóbulos rojos y/o el suero sanguíneo). En un segundo estudio, los investigadores complementaron con magnesio (200 miligramos al día) a 50 niños con ADHD y deficiencia de magnesio, el cual dio como resultado una disminución significativa de la hiperactividad.[6] Es necesario realizar más estudios de doble ciego con placebo controlado.

Usted puede tratar de detectar un signo de deficiencia de magnesio en su hijo. Se llama signo de Cvostek. Sólo golpee ligeramente el hueco de la mejilla de su hijo en el centro, entre la comisura de sus labios y la base de la oreja. Si el labio superior bajo su nariz, se crispa o brinca, la prueba se considera «positiva» y usualmente indica una deficiencia de magnesio. Es imposible falsear esta prueba.[7] Los niños con problemas alérgicos crónicos y problemas de levaduras muchas veces tienen una respuesta positiva del signo de Cvostek y mejoran con complementos de magnesio.

El cloruro de magnesio y el citrato de magnesio son dos formas de complemento con buena absorción. La dosis debe ser de 200 miligramos a 600 miligramos de magnesio al día. Multiplique el peso de su hijo por 13 y esa es la cantidad de magnesio complementario por probar[8], en miligramos. Por ejemplo, un niño de 25 kg necesitaría 325 miligramos de magnesio al día. Algunos efectos secundarios por ingerir altas dosis de magnesio son diarrea, lo que indica que la dosis debe reducirse. La administración de complementos de magnesio es una terapia segura, económica y fácil de probar. Los niños con problemas renales deben tomar magnesio sólo bajo la estricta supervisión de su médico.

## Zinc

El zinc es otro mineral vital que es cofactor en muchos procesos metabólicos clave. Un estudio reciente comparó los niveles de zinc en el suero sanguíneo de niños con ADHD y de niños sin él. Los niveles de zinc en el suero sanguíneo de los niños con ADHD eran mucho menores que los niveles en niños sin ADHD.[9] Los RDA para el zinc en niños entre los cuatro y diez años son de 10 miligramos. Para niños entre 11 y 14 años, los RDA son de 15 miligramos y para las niñas en ese rango, de 12 miligramos. Si su hijo sufre pérdida del apetito, crecimiento lento, cicatrización lenta, percepción alterada de sabores y/o manchas blancas en las uñas, puede tener una deficiencia marginal de zinc. Algunas fuentes alimenticias adecuadas son: huevo, hígado, mariscos de concha, germen de trigo, carne de res, carne oscura de pavo, nueces y semillas. La toma de 10 miligramos de zinc como parte de una preparación multimineral durante dos meses puede mejorar su salud y comportamiento. Tomar demasiado zinc es dañino porque disminuye la absorción de otros minerales vitales. De acuerdo con el doctor Leo Galland, la tableta de multivitaminas que contenga 10 miligramos de zinc debe incluir 1 miligramo de cobre, 10 miligramos de manganeso, 75 miligramos de selenio, 200 microgramos de cromo y 200 microgramos de molibdeno.[10]

Si su hijo tiene la garganta irritada y un resfriado en proceso, puede reducir la duración de los síntomas del resfriado dándole a chupar pastillas de zinc cada pocas horas. Algunos estudios demuestran que los adultos que toman Cold-Eeze, una nueva pastilla comercial de zinc, padecen resfriados menos severos y de menor duración.[11] Sin embargo, un estudio reciente en niños no mostró los mismos resultados.[12] Se requieren más estudios. Por desgracia, el Cold-Eeze también contiene jarabe de maíz, azúcar y saborizante cítrico. En una tienda naturista debe encontrar pastillas de zinc sin azúcar.

## Selenio

El selenio es un mineral menor que tiene una participación destacada en muchos procesos metabólicos, incluyendo el fortalecimiento del sistema inmune. Aun cuando necesitamos oxígeno para existir, algunas formas de las moléculas de oxígeno generan «radicales libres», que pueden dañar los tejidos. Los antioxidantes son compuestos que protegen el cuerpo contra los efectos de los radicales libres. El selenio es uno de muchos antioxidantes. Se trata de un mineral menor que se elimina en gran medida en el refinamiento de los alimentos. Algunas fuentes alimenticias adecuadas son mariscos, hígado y carne. Los granos son fuentes adecuadas sólo si se cultivan en campos ricos en selenio. Busque un complemento de minerales que contenga 75 microgramos de selenio. No exceda esta cantidad, ya que el exceso de selenio es tóxico.

## Otros complementos

Además de las vitaminas y los minerales, existen complementos que pueden ser útiles en el tratamiento del ADD o el ADHD. De nuevo, no muchos se han estudiado formalmente respecto a sus efectos en niños con estas afecciones. Tenemos una gran necesidad de estudios sobre estos complementos para que los padres de familia puedan hacer elecciones bien informadas. Hoy en día, parece que los complementos son seguros y no son tóxicos en las dosis recomendadas.

## Lactobacilos acidófilus, bífidus y plantarum

Si su hijo ha tomado diversas prescripciones de antibióticos, tomar complementos de bacterias «benéficas» le ayudarán a restablecer el equilibrio entre las bacterias y las levaduras en los intestinos (véase el Sexto consejo). La mayoría de los complementos deben conservarse en refrigeración. Elija polvos o cápsulas, no píldoras. Siga las instrucciones del frasco.

## Complementos gliconutricionales

Varios tipos de moléculas de azúcar especiales ayudan a las células a comunicarse entre sí. En dos estudios abiertos de estos gliconutrientes, los niños con ADHD recibieron estos complementos.[13] Mejoró su falta de atención, así como su hiperactividad e impulsividad. Esta es otra área que debe investigarse con estudios de doble ciego con placebo controlado.

## Hierbas chinas

A continuación se presenta información interesante acerca de las hierbas chinas y el ADHD. En un estudio abierto, los científicos chinos compararon el uso de una preparación de hierbas chinas* de uno a tres meses con el Ritalin en niños hiperactivos.[14] Los síntomas clínicos desaparecieron en 23 de los 80 niños que tomaron la medicina herbal. Seis de 20 niños tratados con Ritalin se recuperaron por completo.

---

*Las hierbas incluidas fueron Astragalus membranaceus, Codonopsis pilosula, Ligustrum lucidum, Lophatherum gracile y veta de marfil.

46 niños mejoraron con las hierbas. La tasa de efectividad para el grupo que consumió hierbas fue de 86 por ciento, mientras que la tasa de efectividad para el grupo tratado con Ritalin fue de 90 por ciento. Lo interesante es que los niños que tomaron las hierbas mejoraron su IQ y presentaron menos casos de enuresis. Más aún, los niños que ingirieron las hierbas chinas presentaron menos efectos secundarios que los que tomaron Ritalin. Es evidente que este probable tratamiento requiere de un seguimiento minucioso a través de estudios de doble ciego con placebo controlado.

En otro estudio chino abierto, los científicos administraron a 100 niños hiperactivos licor de Tiaoshen, que está compuesto de hierbas medicinales chinas.[15] El comportamiento mejoró en gran medida, mejoró la atención y aumentó el aprovechamiento académico. La tasa de efectividad fue de 94 por ciento. De nuevo, este estudio debe confirmarse a través de pruebas de doble ciego con placebo controlado.

## Otros complementos

Se han sugerido otros complementos populares como sustitutos del Ritalin para ayudar a niños con ADHD, entre ellos algas verde-azul, hierba de San Juan, Pycnogenol, extracto de semillas de uvas, DMAE (bitartrato de dimetilaminoetanol), minerales coloidales y equinacea. Existen informes anecdóticos en las publicaciones médicas de que el Pycnogenol ayuda a ciertos niños con ADHD, sin embargo, estas publicaciones no revelan que se hayan hecho estudios formales para ninguno de estos complementos. Lo anterior no significa que estos complementos no sirvan; simplemente no se han estudiado. Usted puede seguir los futuros estudios de estos complementos mediante una búsqueda de PubMed (véase el Apéndice C). Las siguientes compañías de ventas por correo ofrecen complementos más económicos que las tiendas naturistas locales y su calidad es excelente. Solicite catálogos gratuitos en:

Bronson: 1-800-235-3200
L & H Vitamins: 1-800-221-1152
SDV Vitamins: 1-800-738-8482

Los siguientes son algunos lineamientos que debe seguir cuando le dé a su hijo vitaminas, minerales y otros complementos:

√    Elija complementos sin colorantes ni sabores artificiales y que no contengan azúcar. Algunos contienen maíz, que puede afectar a los niños sensibles al maíz.

√    No caiga en la trampa de pensar que al darle complementos a su hijo no tiene que preocuparse por su dieta.

√    No caiga en la trampa de pensar que si una tableta es buena, diez serán mejores.

√    Algunas vitaminas y minerales son tóxicos cuando se ingieren en grandes cantidades, entre otros las vitaminas A y D y el selenio. No administre más de los RDA de cada uno.

√    Si su hijo en la actualidad toma uno o más complementos, dele un periodo de prueba para asegurarse de que no son factores contribuyentes.

√    Pruebe de forma separada durante una semana multivitaminas, multiminerales y complementos de hierbas. Si los prueba todos a la vez, no sabrá qué le ayuda o perjudica.

√    Hable con su médico sobre la complementación a fin de saber si hay alguna razón por la que su hijo no deba tomar un complemento en particular.

Es probable que ciertas vitaminas, minerales u otros complementos le sirvan a su hijo. Sólo tenga en mente que una dieta óptima, como se describe el Primer consejo, debe ser su prioridad número uno.

# Sexto consejo:
## Solucione la conexión con la levadura

Si su hijo ha tomado en repetidas ocasiones antibióticos para infecciones de oído u otras infecciones, tal vez tenga un problema de crecimiento excesivo de la levadura intestinal *Candida albicans*. Cuando su hijo toma antibióticos por una infección, los medicamentos matan tanto las bacterias malignas como las benignas en los intestinos. Las bacterias benignas ayudan a mantener a raya la población de *candida*, habitantes normales de los intestinos. Cuando se eliminan algunas de ellas, la *candida* prospera y se multiplica en los intestinos, liberando toxinas que afectan los sistemas inmunológico y nervioso. La *candida* también puede ocasionar filtración en las membranas intestinales, lo que causa sensibilidad a los alimentos, un problema grave para niños con ADD O ADHD.

Responda sí o no a las siguientes preguntas relacionadas con problemas a causa de la levadura:

1. ¿Su hijo padeció aftas de bebé?
2. ¿Sufrió rozaduras de pañal frecuente o persistente?
3. ¿Sufrió de cólicos o irritabilidad que se prolongaran por más de tres meses?
4. ¿Empeoran sus síntomas en días húmedos o en lugares húmedos y mohosos?

5. ¿Mejoran sus síntomas cuando hace mucho frío?

6. ¿Sufre de pie de atleta recurrente o persistente o de cualquier otra infección por hongos en la piel o las uñas?

7. ¿Toma antibióticos por infecciones de oído recurrentes?

8. ¿Le insertaron quirúrgicamente tubos en los oídos?

9. ¿Padece urticaria, eczema u otros problemas de piel recurrentes?

10. ¿Recibió cuatro o más tratamientos con antibióticos durante el último año?

11. ¿Tomó antibióticos continuamente (durante un mes o más)?

12. Si su hijo es adolescente, ¿ha tomado tetraciclina por acné crónico?

13. ¿Ha tomado prednisona u otros medicamentos tipo cortisona?

14. ¿Ha padecido problemas digestivos recurrentes, entre ellos estreñimiento, diarrea, inflamación o gases?

15. ¿Ansía comer azúcar?

16. ¿El comportamiento de su hijo empeora después de comer cosas dulces?

17. ¿La exposición a perfumes, insecticidas, humo u otros productos químicos le provocan síntomas?

18. ¿El humo del tabaco lo «enciende» o lo hace sentir miserable?

Cuantas más respuestas hayan sido afirmativas, mayores serán las probabilidades de que el comportamiento de su hijo, sus alergias y frecuentes infecciones de oído y respiratorias se relacionen con levaduras.

Nuestro mundo está poblado de organismos microscópicos. Se encuentran en el suelo y en las plantas, verduras y frutas. Cien trillones (más o menos) también se encuentran dentro y fuera del cuerpo de su hijo. Entre estos microorganismos hay bacterias «benignas», bacterias «malignas», mohos, levaduras y otros bichos diminutos.

Muchas levaduras son benéficas. Por ejemplo, usamos levadura de repostería para que esponje el pan y levadura de cerveza para fermentar jugos de frutas, caña de azúcar y granos en el alcohol. La levadura común *Candida albicans* normalmente vive en la piel y en las membranas internas del cuerpo de su hijo, incluyendo la boca, el esófago, los intestinos y la vagina, y puede causar infecciones menores en las membranas mucosas de la boca (aftas) y en las áreas húmedas alrededor del recto. La *candida* también causa infecciones vaginales por levaduras. La *candida* puede estar presente al nacer y coloniza la mayor parte del cuerpo de los bebés a las cuatro semanas de vida.

Cuando un niño está saludable y su resistencia inmune es fuerte, la *candida* no causa problemas. Pero cuando su hijo recibe tratamientos repetidos o prolongados de antibióticos de amplio espectro, por ejemplo, amoxicilina, Septra Bactrim (ambos compuestos de trimetoprim y sulfametoxazol); Keflex (cefalexina) y otros antibióticos prescritos para niños pequeños aquejados por repetidas infecciones de oídos, puede desarrollar afecciones relacionadas con levaduras.

Aun cuando desde hace mucho tiempo se sabe que la *candida* provoca aftas (una infección por levaduras en la boca) e infecciones vaginales por levaduras, apenas recientemente se reconoció como causa común de síntomas físicos y mentales. En 1961, el alergólogo C. Orian Truss descubrió que una de sus pacientes que sufría repetidos catarros, migrañas, depresión e infección vaginal, experimentaba un alivio total de sus síntomas cuando recibía una inyección de extracto de *candida*. Varios años después, el doctor Truss probó su terapia con otros pacientes y de nuevo tuvo éxito. Estos pacientes sintieron un alivio sorprendente de una variedad de síntomas mentales y físicos no relacionados.[1]

Respecto a la *candida* en niños, el doctor Truss afirmó:

El primer reconocimiento clínico de infección por *Candida albicans* a menudo se debe a la presencia inicial de antibióticos en el niño. La infección puede ser respiratoria: difteria, paperas, resfriado, bronquitis, infección de oído, etc. Después de siete a diez días de aplicar un antibiótico potente estimulante de levaduras, aparece la manifestación de la levadura. Las aftas orales, la rozadura de pañal y la diarrea son las más frecuentes. Por desgracia, después de interrumpir el uso del antibiótico, el estado de salud previo puede no retornar. Además de los síntomas que induce la levadura en el punto donde crece en la piel o en las membranas mucosas, puede haber una clara descarga nasal que no estaba presente con anterioridad. Inquietud, descontento e irritabilidad con frecuencia acompañan al «catarro» y son responsables de la incapacidad del infante para dormir con tranquilidad o sin interrupciones durante su ciclo normal...

La candidiasis crónica es un problema muy real en infantes y niños, misma que interfiere de muchas formas con el crecimiento normal y el desarrollo y aprovechamiento escolar, los cuales predisponen a membranas alérgicas y a un círculo vicioso de infecciones y antibióticos.[2]

Lo siguiente puede pasarle a su hijo si toma antibióticos para curar una infección. Los antibióticos de amplio espectro aniquilan las bacterias benignas en las membranas internas del cuerpo de su hijo al tiempo que eliminan las bacterias malignas. De ocurrir así, brotan las levaduras y excretan una toxina que afecta varios órganos y sistemas corporales, entre ellos el sistema inmunológico y el cerebro.[3] La levadura también daña los intestinos, los vuelve «permeables» y permite que el torrente sanguíneo absorba las moléculas de alimentos parcialmente digeridos. El cuerpo reacciona con una respuesta inmune a las moléculas invasoras. El resultado son alergias a múltiples alimentos, que pueden llevar a síntomas como la hiperactividad y la falta de atención.

Si la dieta de su hijo es rica en azúcar y carbohidratos refinados, estimula el crecimiento y florecimiento de la *candida*. ¡La *candida* ama el azúcar casi tanto como la adora su hijo! Quizá usted agregó azúcar a la masa del pan, el cual la alimenta y provoca su reproducción. Comer azúcar y carbohidratos refinados alimenta a la levadura en el tracto digestivo de su hijo, dando pie a que la *candida* se multiplique y produzca más toxinas.

Los síntomas físicos de su hijo, hiperactividad y problemas de comportamiento y de aprendizaje, pueden estar relacionados con toxinas de *candida* y alergias alimenticias activadas por el aumento de *candida*

150

en el tracto digestivo. Los trastornos de comportamiento relacionados con levaduras deben sospecharse en cualquier niño que haya recibido tratamientos repetidos o prolongados de antibióticos de amplio espectro. Podrá confirmar el diagnóstico con la respuesta del niño ante una terapia con fungicida.

El doctor Leo Galland sugiere que «un niño que tome antibióticos más de una vez al año, quien padece cualquier tipo de alergia, que presenta alguna especie de problemas de comportamiento o que desarrolla problemas de comportamiento después de un tratamiento con antibióticos, es probable que sea sensible a la levadura».[4]

Esto es lo que una madre, Sarah, dice acerca de su hiperactiva e irritable hija.

Sally tiene siete años. Está muy bien ahora, pero solía ser hiperactiva e irritable con severos e interminables berrinches. Dos guarderías nos pidieron que la sacáramos de su escuela por sus problemas de comportamiento. Estábamos devastados, ¡expulsada de la guardería! Sally era tan hiperactiva en el kinder que no podía estar sentada y rara vez ponía atención. No estaba aprendiendo a leer o a escribir. Su comportamiento sacaba de quicio a maestras y familiares. Siempre tenía la nariz congestionada y con comezón. Siguió padeciendo infecciones de oídos y necesitó de un segundo juego de tubos en ambos oídos.

Nuestro doctor sugirió que probáramos el Ritalin. No ayudó al comportamiento de Sally y disminuyó su apetito. Al anochecer estaba más hiperactiva y tenía problemas para dormir. En lugar de probar otros estimulantes, decidimos consultar a un doctor local que había tenido éxito al tratar a pacientes como Sally.

Vimos a nuestro nuevo doctor cuando Sally tenía seis años. El doctor estaba muy interesado en la historia clínica de Sally. Ella había sido una bebé feliz y «tranquila». Le dí pecho, y estaba rodeada de sonrisas y arrumacos. Cuando cumplió seis meses, tuvo una infección de oído y su pediatra le prescribió antibiótico por diez días. Estuvo bien unas semanas, después recayó con otra infección de oído, que la llevó a más antibióticos más potentes. También desarrolló una severa rozadura de pañal y diarrea. Lloraba sin parar. Era demasiado activa, siempre estaba en movimiento, «con un pila inagotable». Noté que cada vez que comía azúcar su comportamiento empeoraba, pero su médico me dijo que el azúcar no provoca problemas conductuales. Sus infecciones de oído continuaron y finalmente, cuando tenía tres años, le colocaron tubos en los oídos quirúrgicamente. Nuestro nuevo doctor sospechaba que Sally tenía un problema crónico con la levadura por todos los antibióticos que había recibido. Puso a Sally en una dieta especial sin azúcar y le prescribió el medicamento antimicótico Nystatin. También le dimos a Sally complementos de bacterias «benignas». Sally respondió de manera drástica al programa. Se veía mejor, por primera vez saludable. Su catarro mejoró. Pudo sentarse y comer. Sus berrinches desaparecieron. Estábamos muy emocionados al igual que su maestra, quien vio a Sally sentarse tranquila y aprender fácilmente sus lecciones. El tratamiento para la levadura cambió su vida.

## Identificación de niños con enfermedades relacionadas con levadura

Si los problemas de su hijo parecen estar relacionados con la *candida*, un cambio en su dieta le ayudará a determinar si la levadura es o no la culpable.

Primero, evite que coma alimentos dulces, promotores del desarrollo de la levadura. Entre los alimentos y las bebidas dulces están los endulzados con sacarosa (azúcar de mesa), dextrosa, fructosa, miel de abeja, miel de maple o jarabes de malta. Evite bebidas de frutas, ponches e inclusive jugos 100 por ciento de fruta. Limite la fruta a dos piezas al día que puedan ser peladas y tire la cáscara, como naranjas, mandarinas, manzanas, peras, duraznos, chabacanos, piña, melón y sandía. Evite las fresas y frutas similares que no se puedan pelar porque tienen levaduras y moho en la cáscara. La fruta y los jugos de fruta son ricos en azúcar de fruta (fructosa) y otros carbohidratos que pueden promover el crecimiento de levaduras. Asimismo, las frutas están cubiertas de levaduras. Cuando se extrae el jugo, la levadura brota al «comerse» el azúcar natural del jugo de la fruta. Sin embargo, conforme su hijo mejore, experimente con frutas y jugos frescos. Si no le producen síntomas, déselas con moderación (no más de dos porciones de frutas al día).

También evite alimentos que contengan levadura (ya que su hijo puede ser alérgico a las levaduras), entre otros, pan, productos de repostería, queso, frutas secas y algunas sopas comerciales. Evite el vinagre porque es una fuente de levadura. Tampoco use las vitaminas con levaduras. La malta es otro producto de levadura por evitar. No emplee champiñones, un hongo relacionado con la levadura.

¿Su hijo se siente mejor con la dieta de eliminación de levaduras? Después de cinco a siete días, dele tabletas de levadura o alimentos con levadura para ver si presenta alguna reacción. Si su comportamiento se deteriora cuando come alimentos con levadura, regrese a la dieta sin levaduras por varios meses.

Es probable que a su médico le sea de utilidad un coprocultivo.* Lo único que necesita es una muestra de materia fecal de su hijo. Esta prueba da a su médico todo tipo de información. Si hay mucha levadura presente, entonces debe seguir las instrucciones de este capítulo. No obstante, por razones desconocidas, algunos niños con problemas cuya causa aparente son las levaduras, no presentan un crecimiento excesivo de levaduras aunque se benefician en gran medida con la terapia antimicótica. Esta prueba también ayuda a que su médico determine si las bacterias benignas son suficientes o no, así como si hay parásitos presentes. El coprocultivo también mide diferentes indicadores de problemas de digestión y de absorción. Por ejemplo, si hay fibras de carnes y verduras presentes, éstas indicarían que su hijo no digiere completamente los alimentos. Un coprocultivo puede dar a su médico todo tipo de información importante.

## Tratamiento de enfermedades relacionadas con levaduras

El objetivo de tratar enfermedades relacionadas con levaduras es debilitar la *candida* y fortalecer el sistema inmunológico de su hijo.

---

*Su médico puede ordenar el coprocultivo a un laboratorio de diagnóstico.

Para debilitar la *candida*, mantenga a su hijo en la dieta de eliminación de levaduras. Ofrezca a su hijo alimentos y complementos que ayuden a controlar el crecimiento excesivo de la *candida* en su tracto digestivo. Estos incluyen ajo y productos de ajo y yogur sin azúcar con cultivos activos. El yogur contiene bacterias benignas *Lactobacillus acidophilus*. Aunque, desde luego, si su hijo es sensible a los productos lácteos, debe evitar el yogur. Encontrará polvos y cápsulas que contienen las bacterias benignas *Lactobacillus acidophilus* y *Lactobacillus bifidus* en tiendas naturistas y algunas farmacias.

Piense en dar a su hijo *acidophilus* y *bifidus* además de levadura a fin de deshacerse de la hierba mala de su césped. Puede excavar y sacar la hierba mala o eliminarla con productos químicos; sin embargo, si no siembra de nuevo semillas de pasto, es probable que regrese la hierba mala. El tratamiento de un problema por levadura incluye tanto la supresión del crecimiento excesivo de levadura como la reproducción en intestinos y vagina de organismos naturales que pueden ayudar a prevenir el crecimiento de la levadura.[5]

Evite los antibióticos de amplio espectro y los medicamentos con cortisona. La mayoría de las fiebres en niños (quizá de 80 a 90 por ciento o más) se deben a un virus. Las infecciones virales por lo general son «autolimitantes». Esto significa que el sistema inmunológico de su hijo combate la infección sin ayuda de medicamentos. Los antibióticos que en la actualidad están a la venta no matan virus. Así que no le tuerza el brazo a su médico para que le prescriba antibióticos. En lugar de ello, pregúntele: «¿Este antibiótico es verdaderamente necesario?»

Evite las áreas con mucho moho, ya que éste se relaciona con la levadura y muchas personas con problemas de levadura también son sensibles al moho. Así que mantenga a su hijo alejado de los montones de hojas y de los áticos y sótanos mohosos (Séptimo consejo). Pida a su doctor que le prescriba un medicamento antimicótico que ayude a erradicar o controlar los organismos de levaduras en el tracto digestivo de su hijo. El Nystatin es el medicamento que por lo general se prescribe a pacientes con problemas de salud relacionados con levaduras. Es un medicamento antimicótico que mata la levadura pero no afecta a las bacterias benignas ni a otros gérmenes. El Nystatin está disponible en tabletas orales de 500,000 unidades y en suspensión oral con 100,000 unidades por mililitro. Sin embargo, los médicos orientados a la nutrición usualmente prefieren polvo puro de Nystatin (no polvo de Nystatin para la piel) fabricado por Lederle Laboratories porque las preparaciones líquidas contienen azúcar y son mucho más costosas que el polvo. Las tabletas por lo general contienen colorantes para alimentos y otros aditivos. Si su hijo no se toma el polvo en agua, pruebe agregar dos gotas de sacarina líquida o encapsule el polvo en cápsula de gelatina transparente. El doctor Crook sostiene que la mayoría de sus pacientes se sienten bien con una dosis de 1/16 de cucharadita (o menos) cuatro veces al día. Algunos pacientes, dice Crook, necesitan tomar Nystatin por varios meses, hasta que sus sistemas inmunológico y nervioso vuelvan a la normalidad.[6]

El Nystatin es más seguro que muchos medicamentos que los médicos prescriben a sus pacientes. Se puede decir que no es tóxico ni sensibiliza, e infantes y niños lo toleran bien, incluso bajo administración prolongada. Es seguro porque el tracto intestinal absorbe muy poco.

Con todo, el Nystatin le cae mal a algunos pacientes y puede ocasionar síntomas digestivos o salpullido en la piel. Algunos individuos desarrollan otros síntomas, como dolor de cabeza, fatiga y síntomas similares al catarro o cada vez más problemas de comportamiento, en especial durante los primeros días del tratamiento. Continúe con el medicamento y los demás síntomas desaparecerán.

Si el Nystatin no ayuda a su hijo, puede pedir a su médico otra prescripción, el Diflucan (fluconazole) solía matar la *candida*. Es más potente que el Nystatin y se absorbe en el torrente sanguíneo a través del intestino.

Su médico puede afirmar que la «enfermedad relacionada con la levadura» es sólo otro diagnóstico de moda para niños con ADHD y otros problemas de salud. Quizá se niegue a prescribirle Nystatin. En este caso, puede probar medicamentos sin receta como el ácido graso, ácido caprílico o extracto de semillas de toronja.[7] Estos productos naturales seguros matan las levaduras en el tracto intestinal y ayudan a que su hijo recupere el equilibrio entre levaduras y bacterias benignas. Empiece con una dosis baja y auméntela poco a poco hasta que alcance la dosis recomendada en la etiqueta del producto.

Si su hijo tiene un «problema por levadura», siga los importantes pasos descritos en este capítulo para fortalecer el sistema inmunológico de su hijo. De igual manera, mejore su dieta (véase el Primer consejo), dele ácidos grasos esenciales si así se indica (véase el Cuarto consejo) y elija con cuidado complementos de vitaminas y minerales (véase el Quinto consejo). Todos estos enfoques pueden mejorar de manera drástica el comportamiento y la salud de su hijo.

# Séptimo consejo:
# Identifique las alergias
# por sustancias inhaladas

Aproximadamente 30 por ciento de los estadounidenses presentan una predisposición genérica a desarrollar alergias. Si su hijo padece de síntomas respiratorios persistentes o recurrentes, o tiene problemas de audición, es probable que sea sensible al polen, el moho, el polvo doméstico o la caspa de animales. (Las alergias a los alimentos también provocan síntomas nasales y respiratorios.) La alergia nasal (rinitis alérgica) es la enfermedad crónica más común que afecta a 17 por ciento de los estadounidenses. El recubrimiento nasal se inflama debido a los alergénicos que se originan en el aire (polvo, moho, polen y caspa de animales), causando síntomas en nariz, ojos y garganta. En ocasiones es difícil distinguir la diferencia entre los resfriados y las alergias. Si un «resfriado» dura más de siete días, es probable que los síntomas se deban a una alergia. La rinitis alérgica temporal casi siempre se presenta en primavera y en otoño debido a la sensibilidad al polen de los árboles, el césped y la ambrosía. La rinitis alérgica permanente se presenta todo el año como consecuencia de las alergias al polvo, el moho y las mascotas. La rinitis alérgica hace que su hijo se sienta irritable y sensible porque no puede respirar bien. Cuando esto sucede, su cerebro ordena que se libere adrenalina, lo cual provoca que los niños se sientan molestos y no obedezcan.

Un niño que tiene la nariz tapada y estornuda mucho, le lloran los ojos y padece congestión nasal sin controlar es probable que no preste atención y tenga problemas de aprendizaje durante las horas que pasa en la escuela.[1] Por la noche, si un niño está congestionado quizá pierda el sueño, lo que da lugar a problemas de aprendizaje y fatiga durante el día. Estos problemas pueden ocurrir en la rinitis temporal o permanente. Además, algunos niños padecen infecciones en los senos y el oído medio, así como pérdida de la audición. Muchos medicamentos que se utilizan para tratar la rinitis alérgica causan problemas en el sistema nervioso central, dando lugar a problemas de aprendizaje. Si la rinitis alérgica aqueja a su hijo y toma medicamentos inhalados u orales para reducir la congestión, platique con su médico sobre los efectos secundarios. Los medicamentos más nuevos son menos sedantes y es menos probable que interfieran con el sistema nervioso central.

Las partículas en el aire que su hijo inhala también provocan que se sienta cansado, irritable y demasiado activo. Y en algunos niños que no presentan síntomas respiratorios, las alergias por sustancias inhaladas provocan otros problemas físicos y conductuales.

Linda comentó sobre sus dos hijos, Tommy y Jimmy:

> Aun cuando la nariz de Tommy escurre con frecuencia y le lloran los ojos, me sorprendí cuando las pruebas de moho, polvo y polen provocaron cambios dramáticos en su comportamiento. Se volvió ansioso, irritable, hiperactivo y empezó a quejarse de dolores de cabeza. Durante las pruebas, Tommy mostró una fuerte reacción al moho, el polvo y la ambrosía, así como reacciones menos serias al polen de los árboles y el césped. El tratamiento mejoró su comportamiento y los síntomas respiratorios en gran medida. En la actualidad, Tommy todavía estornuda y le escurre la nariz durante la temporada de ambrosía si el conteo de polen es muy elevado, pero no experimenta ningún problema de atención ni en su comportamiento.
>
> Me sorprendí cuando el hermano menor de Tommy, Jimmy, reaccionó al moho, el polen y el polvo con hostilidad e irritabilidad. También le dolían las piernas y se veía fatigado. Jimmy nunca había mostrado ninguna alergia respiratoria típica, no le escurría la nariz, no estornudaba ni tenía asma. Cuando le dieron tratamiento a Jimmy contra la sensibilidad a las sustancias inhaladas, su estado de ánimo y su comportamiento mejoraron en gran medida.

Responda sí o no a las siguientes preguntas sobre los síntomas de su hijo.

1. ¿Su hijo sufre problemas respiratorios persistentes o recurrentes, como escurrimiento, comezón o congestión crónica de la nariz, infecciones de oído, líquido en los oídos o pérdida de la audición, bronquitis o asma?

2. ¿Los síntomas de su hijo se presentan todo el año o sobre todo en los meses de otoño e invierno, cuando la calefacción esparce polvo por toda la casa?

3. ¿Su hijo se siente o actúa peor cuando aspira o limpia la casa?

4. ¿Los síntomas de su hijo se presentan o empeoran durante la temporada de moho en su región (casi siempre en primavera u otoño)?

5. ¿Los síntomas de su hijo mejoran durante el invierno cuando el suelo está helado y cubierto de nieve?

6. ¿El clima húmedo y airoso hace que los síntomas empeoren?

7. ¿Al barrer las hojas, cortar el césped o excavar en la tierra sus síntomas se agravan?

8. ¿Los síntomas de su hijo empiezan o empeoran durante la temporada de polen en su localidad?

9. ¿Empeoran en los días cuando hay un conteo de polen más elevado?

10. ¿Estos síntomas disminuyen o desaparecen con la primera helada?

11. ¿Los síntomas de su hijo se agravan por el contacto con un animal peludo o emplumado? ¿Estos síntomas se inician o aumentan al comprar una mascota nueva?

12. Durante la temporada de polen, ¿su hijo se siente mejor en el interior con aire acondicionado que en el exterior?

13. ¿Una lluvia fuerte y continua alivia los síntomas durante los meses de mucho polen?

14. ¿Sus síntomas empeoran en los días airosos durante la temporada de polen?

Si contestó que sí a una o más de estas preguntas, querrá reducir la exposición de su hijo a las partículas que están en el aire. A continuación se presentan algunos de los alérgenos comunes que su hijo debe evitar.

## Polvo doméstico

El polvo fino de color gris que resulta del deterioro natural de artículos domésticos como colchones, alfombras, cortinas, papeles, libros y ropa, además del moho y el polen, es lo que conforma el polvo doméstico. Otro componente es el ácaro del polvo doméstico, un insecto microscópico parecido a la araña que se encuentra en todos los lugares donde hay gente, sobre todo en las camas y colchones. Los ácaros del polvo son la causa de alergias número uno porque producen heces y proteínas demasiado alergénicas. El polvo doméstico es lo que vemos flotando, aparentemente suspendido, en los rayos de sol que entran en la casa. Es lo que desechamos cuando limpiamos la aspiradora. El polvo se posa en todas partes y se acumula en las áreas donde se limpia con poca frecuencia. Pero incluso las casas más limpias tienen polvo doméstico en el aire.

Estas son algunas formas de reducir la exposición de su hijo al polvo doméstico:

√    Mantenga la recámara de su hijo lo más libre posible de sustancias dañinas. Esto aumentará su tolerancia a la exposición a las sustancias que inhala el resto del día. Limpie muy bien la habitación en intervalos regulares. No utilice sustancias químicas con olores penetrantes (véase el Octavo consejo).

√     Quite todas las alfombras de la recámara de su hijo porque guardan moho y partículas de polvo. Evite los muñecos de peluche y otros objetos que acumulen polvo.

√     Cubra el colchón y la almohada de su hijo con fundas que no le causen molestias. Por ejemplo, hay fabricantes que ofrecen fundas hipoalergénicas para almohadas y colchones. (Evite las almohadas de hule espuma y plumas, así como las fundas de plástico con olor penetrante.)

√     Cambie con frecuencia los filtros de la calefacción. Actualmente hay filtros más efectivos, aunque son más costosos. Quizá ayude instalar un purificador de aire electrónico en la calefacción, sobre todo si también pide que limpien la tubería con aspiradoras especiales de alto poder. Al polvo, el moho, los hongos y las bacterias les encanta la tubería de aire. ¡La tubería es como una habitación que nunca se limpia!

√     Limpie y aspire su casa mientras su hijo no esté en ella. Una aspiradora que tiene un gabinete de plástico duro en lugar de una tela porosa reduce la cantidad de polvo que levanta mientras aspira. Si tiene un purificador de aire en la calefacción, encienda el ventilador mientras aspira y durante una hora más. Esto eliminará 90 por ciento de las partículas de polvo.

√     Utilice un purificador de aire en la recámara de su hijo y quizá también en otras habitaciones de su casa. Reemplace a menudo los filtros.

√     Deje las puertas abiertas entre las habitaciones para maximizar el flujo de aire en el interior y reducir el polvo y el moho.

√    Por las noches, use bandas nasales para corregir la respiración con el objeto de que la nariz del niño permanezca abierta y respire y duerma mejor.

## Moho

El moho pertenece al grupo de plantas llamadas hongos, que no tienen hojas, tallos, flores ni pigmento verde, y que se reproducen por medio de esporas. Quizá le sea familiar el moho peludo que crece en el pan viejo o las sobras de comida. Hay miles de tipos de moho diferentes, y se encuentran en todo el mundo, en la tierra, el aire y el agua. Florecen en las áreas húmedas y oscuras, tanto en interiores como en exteriores.

El clima afecta a los hongos que están en el aire que respiramos. La lluvia, la humedad elevada y el viento dispersan las esporas de moho, afectando a los niños que son sensibles al moho. Los hongos suelen crecer mejor en temperaturas frías, sin la luz solar directa. Por tanto, el aire nocturno contiene más esporas que el diurno. Aunque el aire nunca está libre de esporas de moho, en invierno, cuando la tierra está helada y cubierta de nieve, el moho es menos frecuente en el exterior.

Asimismo, el moho está presente en ciertos alimentos, como algunos quesos. Las personas sensibles al moho a menudo son sensibles a otros miembros de la familia de los hongos: champiñones y esporas de champiñones, levadura para pastel, levadura de cerveza (que se encuentra en el vinagre, las sustancias que contienen vitamina B y los alimentos enriquecidos).

Estas son algunas formas de reducir la exposición de su hijo al moho:

162

√     Limpie con frecuencia las áreas propensas a la formación de moho con desinfectantes que su hijo tolere (bórax, bicarbonato de sodio o vinagre).

√     A los hongos les encantan todas las grietas y fisuras en los baños. Crecen en el drenaje de la bañera, en los trapos con los que limpia, las toallas húmedas y en cualquier grieta. Mantenga los baños lo más secos posible. Instale un ventilador para conservar el baño bien ventilado. Frote los azulejos y el yeso que está alrededor de la bañera y la regadera con un desinfectante que el niño tolere.

√     Si el sótano de su casa (sobre todo si tiene el piso sucio) está húmedo, procure secarlo. Selle las grietas en las paredes y el piso. Use un deshumidificador, pero tenga cuidado de que éste tampoco tenga moho. La ventilación y la luz adecuadas evitan la humedad y la formación de moho.

## Caspa de animales

Cualquier animal con pelos o plumas puede provocar síntomas alérgicos en los niños sensibles. Los culpables más comunes son gatos, perros, caballos, conejos, ratones, hámsters, gerbos, periquitos, vacas, puercos, ovejas, cabras y pollos. Por desgracia, los animales con pelo corto son tan alergénicos como los que tienen el pelo largo porque las sustancias alergénicas están en la saliva, la orina y la caspa (las células de la piel), y no en el pelo mismo. Entre los animales que no causan reacciones alérgicas están las víboras y las tortugas.

Estas son algunas formas de reducir la exposición de su hijo a la caspa de animales:

163

√ Mantenga al perro y el gato fuera de la recámara y de la casa, si es posible. Si no tiene mascota, no compre una por el momento.

√ Dé a su mascota un baño a la semana. Hacemos esto con nuestro gato, ¡y aunque no le gusta, parece que ayuda!

√ Pida a su hijo que se lave las manos después de jugar con su mascota.

√ No permita que su hijo vacíe la caja del gato.

## Polen

El polen son esas partículas amarillas parecidas al polvo que se encuentran en las flores y permite que las plantas se reproduzcan. El polen pesado y pegajoso casi nunca es problema porque no se convierte en partículas suspendidas en el aire, pero el viento transporta con facilidad el polen más ligero, en ocasiones a cientos de kilómetros. Por suerte, sólo un número reducido de tipos de polen suelen ser alérgenos. El polen que provoca más problemas proviene de ciertos árboles, algunos tipos de césped y hierbas. La ambrosía es un ejemplo muy común.

La temporada de polen depende del lugar donde se viva. Los informes del clima en el periódico, la televisión y la radio proporcionan el conteo de polen en su área. Este conteo representa la cantidad de granos de un tipo de polen específico (casi siempre de ambrosía) que están presentes en un volumen determinado de aire en un momento y lugar específicos. Esté pendiente de estos informes para que le ayuden a relacionar el polen con los síntomas de su hijo. Las temporadas de polen a menudo se superponen con altos conteos de moho, pero las plantas que producen polen mueren con la primera helada, mientras que los altos conteos de moho continúan hasta que llegan las temperaturas bajas en la temporada de ventiscas y heladas. Asimismo, sabrá si los niveles de moho y polen son elevados en su área si entra a la página principal de CNN: http://www.cnn.com/weather/allergy/. Un punto interesante es que los niños sensibles a la ambrosía casi siempre son alérgicos a la sandía, el melón y el plátano.

Una madre observadora describió las reacciones de su hijo a los alérgenos según las estaciones del año:

> Tengo un hijo de cinco años a quien le diagnosticaron ADHD hace más o menos un año y medio. No puede tomar Ritalin ni Dexedrina debido a los efectos secundarios, de modo que su médico le recetó un medicamento para la hipertensión, que ha tomado durante poco más de un año. Me di cuenta de que hace más o menos un mes su comportamiento empeoró diez veces más con el aumento del polen en el aire. Ha causado problemas en el salón de clases, lo que es extraño en él, ya que por lo general se comporta mejor en la escuela que en casa.

Estas son algunas sugerencias para reducir la exposición de su hijo al polen:

√     Mantenga a su hijo en el interior de la casa, sobre todo en las mañanas (la hora pico para el polen), cierre puertas y ventanas y use un purificador de aire o el aire acondicionado durante todo el año. El polen también aumenta en los días secos y airosos.

√     Mantenga cerradas las ventanillas del auto y use el aire acondicionado.

√     Lo ideal es escapar a las montañas o la playa, donde los conteos de polen son mucho más bajos durante las peores semanas de la temporada de polen en su localidad.

¿Su hijo debe someterse a las pruebas de alergias por sustancias inhaladas y al tratamiento correspondiente? La respuesta depende de la gravedad y el patrón temporal de sus síntomas. Si sufre de síntomas respiratorios muy problemáticos (sobre todo si se presentan según las estaciones del año), debe someterse a pruebas cutáneas de alergia y a la terapia apropiada. Pero no se sorprenda si el alergólogo no cree en la idea de que al dar tratamiento contra las alergias a sustancias inhaladas mejorará el comportamiento del niño.

# Octavo consejo:
## Identifique la sensibilidad a sustancias químicas

Las sustancias químicas tóxicas, como los insecticidas, pesticidas contra hierba mala, humo de diesel y sustancias químicas derivadas del petróleo contaminan el aire, la tierra, los alimentos y el agua, y afectan de manera negativa nuestra salud. Los gases naturales, los limpiadores líquidos, las esencias de formaldehídos, el humo del cigarro y otras sustancias químicas contaminan el aire en interiores; de hecho, éste puede ser más problemático que el aire en el exterior. Estos químicos afectan a su hijo en gran medida. Provocan que estornude, tosa, sufra de asma, de dolores musculares y de articulaciones, padezca de aturdimiento y otros síntomas del sistema nervioso. Lo que quizá le sorprenda es que las sustancias químicas provocan que algunos niños se vuelvan irritables, distraídos, aislados, agresivos, deprimidos o hiperactivos.

¿La exposición a las sustancias químicas hace que su hijo se sienta enfermo, cansado, nervioso, deprimido, irritable, aislado o hiperactivo? ¿Estas sustancias «encienden» a su hijo?

Responda sí o no a las siguientes preguntas acerca de su hijo y la exposición a las sustancias químicas tóxicas:

1. ¿Su hijo ha estado expuesto alguna vez a cantidades masivas de sustancias químicas tóxicas?

2. ¿Con frecuencia está expuesto a sustancias tóxicas en la escuela, en casa o al practicar algún deporte?

3. ¿Sus síntomas empezaron o empeoraron después de mudarse a una casa nueva, asistir a una nueva escuela o a alguna remodelación?

4. ¿Su hijo parece estar más consciente de los olores de las sustancias químicas (en especial, las fugas de gas natural) que otras personas? ¿Le molestan los olores de sustancias químicas que no molestan a nadie más?

5. ¿Su hijo busca el olor de ciertas sustancias químicas?

6. ¿Cocina con gas o calienta su casa con estufa de gas, abre calefactores de gas o de petróleo?

7. Si cocina con gas, ¿el comportamiento de su hijo se deteriora cuando está en la cocina?

8. ¿Su hijo empeora cuando pasea en medio del tránsito, en un autobús o está en un área de alta contaminación, o bien mientras usted carga gasolina?

9. ¿Su hijo se siente o actúa mejor en lugares no contaminados (en el campo, en las montañas o cerca del mar)?

10. ¿Muestra síntomas físicos o conductuales cuando se encuentra expuesto a:

A) una alberca con agua clorada,

B) un perfume o al humo del tabaco en la iglesia o en reuniones sociales,

C) olores de sustancias químicas en una tienda de ropa o de muebles,

D) pintura fresca,

E) insecticidas en aerosol,

F) sustancias químicas que se usan en el hogar,

G) plásticos recién fabricados, como una cortina de baño, la pantalla de una lámpara, un mantelito individual o un auto nuevo?

11. ¿Alguna persona fuma en su casa o en el auto?

Si respondió de manera afirmativa a cualquiera de estas preguntas, es probable que la sensibilidad a las sustancias químicas desempeñen una función importante en los problemas de salud y el comportamiento de su hijo. Necesitará jugar al detective y observar a su hijo mientras está expuesto a diversas sustancias químicas. Lleve un diario por escrito de los químicos problemáticos potenciales y la forma en que su hijo actúa y se siente. Por ejemplo, una madre observadora informó lo siguiente sobre la sensibilidad de su hijo a las sustancias químicas:

> Jimmy es sensible a varios químicos. Algunas reacciones son obvias; y otras son más bien sutiles. Por ejemplo, tan pronto como Jimmy se mete a una piscina con agua clorada, ¡la nariz le fluye tanto que todos se alejan de él! Estornuda una y otra vez. Al salir de la piscina, se siente irritado y deprimido. Sobra decir que odia nadar, aunque le gusta meterse en el lago. Cuando se expone a pintura fresca, sufre de fuertes dolores de cabeza. El perfume y los productos perfumados provocan que le fluya la nariz y esté hiperactivo. A Jimmy le encanta el olor de la gasolina. Si se lo permitiéramos, le gustaría bajarse del auto en la gasolinería y acercarse a las bombas. Pero después de ello, «se azota contra las paredes». Limitar la exposición de Jimmy a estas sustancias químicas es muy importante para mantenerlo sano y tranquilo.

Si piensa que su hijo es sensible a diversas sustancias químicas, seguramente querrá tomar acciones para limitar las que utiliza en casa a fin de que no las inhale. Aquí le damos algunas sugerencias.

## Sustancias químicas de limpieza

Si su hijo padece alergias a sustancias inhaladas (véase el Séptimo consejo), querrá mantener su casa lo más limpia posible. Por otra parte, es probable que sea sensible a los productos para hacer la limpieza. Aun cuando haga la limpieza mientras está fuera de casa, los olores permanecerán. Quizá sea sensible al cloro que se encuentra en blanqueadores, líquidos para trapear, desodorantes, desinfectantes y pis-

169

cinas. Asimismo, tal vez sea sensible al amoniaco que se encuentra en los líquidos para limpiar vidrios, baños y el horno. En vez de ellos, puede usar el líquido limpiador de Bon Ami para todo uso, el polvo de Arm & Hammer, el jabón Ivory y jabones de pastilla puros. El bórax y el bicarbonato de sodio sustituyen a los limpiadores en polvo. Elimine la capa de jabón de los azulejos y retarde el crecimiento de moho con vinagre. A fin de producir su propio líquido limpiador de vidrios, agregue 1 cucharada de vinagre a 250 ml de agua. Vierta la mezcla en una botella con atomizador. Evite los desodorantes de ambiente aromatizados. Prefiera los lavatrastes sin aroma, los detergentes para ropa (como Tide) sin aroma y los suavizantes de ropa sin aroma. Si su hijo es sensible a la cera para muebles, utilice aceite de linaza para las superficies de madera natural, pero primero pruebe el aceite para comprobar que no manche sus muebles.

## Cosméticos, perfumes y otros productos para el cuidado personal

Busque productos sin aroma; seguramente encontrará desodorantes, aerosol para el cabello y crema de afeitar sin aroma. Elija también jabones sin perfume. No use perfume ni loción para después de afeitar hasta que sepa si su hijo es sensible o no a sustancias químicas. La fragancia de los champús puede ser un problema. Sólo tiene que probar varios champús para saber si afectan o no a su hijo. Por ejemplo, puede hacer la prueba con el champú para bebé de Johnson y el champú neutro.

Casi todas las pastas de dientes y enjuagues bucales tienen colorantes artificiales. Busque una pasta de dientes blanca como la pasta regular de Colgate (aunque contiene sacarina y sorbitol), o bien pastas de dientes y enjuagues bucales naturales.

## Medicamentos

Si su hijo es sensible a los colorantes y saborizantes artificiales, pregunte a su médico si hay alguna tableta sin colorantes que funcione para él. En muchos casos, las capas con colorantes se pueden eliminar con agua, pero primero pregunte a su médico o al farmacéutico si es correcto lavar el medicamento; algunas capas son necesarias para la acción de la tableta. Las cápsulas de colores se pueden vaciar en otras cápsulas de gelatina transparentes que se compran en las farmacias. La mayoría de los medicamentos infantiles que se venden en anaqueles (antihistamínicos, jarabes para la tos, aspirina, Tylenol e ibuprofeno) contienen colorantes y saborizantes artificiales. Muchos contienen azúcar. Pida ayuda al farmacéutico para buscar los productos que su hijo pueda tomar.

## Formaldehídos

Los anaqueles, muebles y gabinetes de formaica casi siempre contienen formaldehídos. Puede sellarlos con pintura o laca. Pero manténgalos fuera de la casa hasta que el olor de la pintura o la laca se disipe por completo. La vestidura de los autos nuevos a menudo despide olores debido a algún formaldehído o sustancia petroquímica, y tal vez moleste a su hijo. Elija pisos atractivos y que su hijo tolere (ladrillo, lozeta, piedra, piso veneciano, cemento, lozetas de cerámica y algunos pisos de vinil). Elija con mucho cuidado los adhesivos, como pegamentos y cintas. Lave las telas y la ropa nuevas antes de que su hijo las use, porque es probable que estén tratadas con formaldehídos. Aléjese de las casas que tienen aislamiento con espuma de formaldehídos de urea. La fibra de vidrio amarilla cubierta con aluminio es el material aislante que más se tolera. Evite todos los cosméticos y productos para el cuidado personal que contengan formaldehídos o Formalina.

## Impresos, tintas y artículos para oficina

Los impresos frescos pueden molestar a su hijo, y es probable que también sea sensible a las tintas de los bolígrafos y los plumines con punta de fieltro. Elija los pegamentos con cuidado. Muchos niños son sensibles al cemento plástico y a los pegamentos para madera y aviones. Trate de usar siempre los pegamentos blancos escolares y para papel. Evite el papel con aroma.

## Pinturas

Pinte sólo en primavera y verano, y deje las ventanas abiertas el mayor tiempo posible. También puede usar un purificador de aire electrónico con un filtro de carbón para absorber el olor de la pintura. Las pinturas hechas con base en aceite casi siempre dan más problemas que las que están hechas con base en agua.

## Insecticidas

Saque de su casa todos los envases de insecticidas, las bolitas de naftalina y las tiras con pegamento para atrapar moscas. Utilice mosquiteros, ratoneras y métodos insecticidas naturales para eliminar las plagas de su casa. Mantenga al niño dentro de su casa cuando su vecino rocíe insecticida contra los mosquitos o mientras fertilizan los jardines en la colonia.

## Productos de petróleo y humo de gasolina

Si descubre que su hijo es muy sensible a las sustancias químicas, tal vez quiera reemplazar las estufas y los hornos de gas, así como los calentadores de petróleo por aparatos eléctricos. Llene el tanque de gasolina de su auto cuando su hijo no viaje en éste. En el tránsito, mantenga las ventanillas cerradas y no maneje muy cerca del vehículo que está frente a usted, sobre todo de autobuses y camiones que emiten mucho humo de gasolina. Si su hijo está tranquilo antes de salir de casa por la mañana y se vuelve hiperactivo y sale de control en el autobús escolar, es probable que el problema sea el humo que se propaga dentro del autobús.

## Plásticos

Evite los plásticos suaves y olorosos. Por ejemplo, muchas cortinas de baño y persianas para las ventanas tienen un fuerte olor a vinil cuando están recién desempacadas. Ventile la cortina o las persianas en una habitación lejos de su hijo, en la cochera o en casa de amigos o familiares. Las pantallas para lámpara nuevas pueden tener el mismo olor a plástico. Utilice pantallas hechas de tela inodora.

## Tabaco

Si fuma o hay un fumador en casa, permita que fume sólo en el exterior. Aun así, el humo del tabaco se pega a la ropa y podría molestar a su hijo. Si limita el área de fumar a una habitación lejos de su hijo, el humo se introducirá en el sistema de ventilación y contaminará su casa.

173

No deje que fumen en el auto de la familia. Siempre pida una mesa en la sección de no fumar de los restaurantes.

## Agua

Su hijo debe beber agua sin cloro, sustancias químicas tóxicas o plomo. Puede comprar agua embotellada en garrafones de vidrio o buscar un manantial o pozo que no esté contaminado. Guarde el agua en botellas de vidrio. Quizá sea más fácil y económico instalar un filtro de agua en el grifo de agua fría de su cocina. A su familia le encantará el sabor del agua pura.

## Evite la exposición a las sustancias químicas en la escuela

¿El comportamiento de su hijo es mucho mejor en casa y se sale de control en la escuela? ¿Está mejor durante los fines de semana y en las vacaciones? ¿Los profesores y el personal de la escuela reportan síntomas inexplicables como dolores de cabeza, nariz irritada, dolores musculares, mareos y fatiga? Es posible que el edificio de la escuela sea parte del problema. Las construcciones modernas y herméticas a menudo provocan el «síndrome de la construcción». En un esfuerzo por conservar la energía, los edificios se sellan y reciclan el aire contaminado. Los ductos de aire pueden estar sucios y transportar bacterias, moho y polvo. Los sistemas de aire acondicionado con filtros inadecuados contaminan el aire con polen, polvo y moho. Los humidificadores también fomentan el crecimiento de hongos y bacterias. Es probable que en la escuela habiten plagas como las cucarachas, y sus desechos causan alergias. A fin de eliminarlas, con frecuencia se utilizan insecticidas tóxicos. Las copiadoras, máquinas de fax e impresoras láser despiden humos químicos. Los químicos para limpiar también contaminan el aire. Si su hijo es muy sensible a los aromatizantes, es probable que el perfume o loción para después de afeitar de su profesor lo moleste.

Si su hijo es sensible a las sustancias químicas, deberá trabajar con su maestra y el director de la escuela para reducir su exposición a las que le afectan. Si es sensible a las fragancias, después de explicar la situación a su maestra, pídale que no use loción, colonia ni perfume. Si los plumines con punta de fieltro, los pegamentos o las gomas afectan a su hijo, pregunte si puede darle artículos alternativos que no le provoquen molestias. Si van a instalar un alfombra nueva, pregunte si es posible que lo hagan durante los meses del verano, cuando no hay clases. Esta misma estrategia se puede utilizar con los salones que es necesario pintar. Trate de desarrollar una relación de armonía con la maestra y el director de la escuela a fin de que todos trabajen juntos por el bien de su hijo.

La madre de Jimmy describe los problemas que su hijo experimentaba en la escuela:

> Los contaminantes químicos en la escuela provocaban a Jimmy dolores de cabeza muy agudos. En quinto año, la escuela colgó cortinas de plástico nuevas en todos los salones de clases. El olor de vinil era evidente para todos los que entraban en los salones. Asimismo, le molestaba el perfume de la maestra. Era penoso pedir a sus profesores que no usaran loción para después de afeitarse o perfume, pero ellos respondieron positivamente y se sintieron felices de ayudar a Jimmy. Acercarse a sus compañeros era casi imposible.
>
> Tuvimos la bendición de encontrarnos con un personal cuidadoso y dispuesto a ayudar desde el jardín de niños. Logré su ayuda escribiendo cartas, realizando conferencias y prestándoles libros y artículos apropiados. No sólo cooperaron purificando el ambiente en la escuela, sino que también ayudaron a que los otros niños comprendieran el problema.

Espero que el personal en la escuela de su hijo esté dispuesto a cooperar. Ponga a prueba una estrategia de medidas que se toman poco a poco seguida de un sincero agradecimiento por sus esfuerzos.

Su hijo no puede vivir en una burbuja. Lo mejor que puede hacer es reducir su exposición lo más posible y reforzar su sistema inmunológico como se describe en el Quinto consejo. Por desgracia, no podrá eliminar todas las sustancias químicas en el medio ambiente que vive su hijo, pero puede reducir su nivel de exposición y ayudarlo en gran medida.

# Noveno consejo:
## Investigue el envenenamiento por plomo y aluminio

Se cree que el ADD y el ADHD tienen diversas «causas» biológicas; distintas causas para cada niño. Aun cuando el envenenamiento por plomo no es la causa principal del ADD y el ADHD, provoca trastornos y es devastador para los niños que lo padecen. Los niños con y sin ADD y el ADHD que sufren envenenamiento por plomo deben identificarse y someterse a tratamiento.

¿Su hijo padece alguno de los siguientes síntomas?

√ Periodo de atención muy corto.
√ Hiperactividad.
√ Discapacidades de aprendizaje.
√ Desarrollo lento.
√ Menor crecimiento.
√ Discapacidades auditivas.
√ Daño cerebral.
√ Dolor de estómago o de cabeza.
√ Falta de apetito.
√ Problemas para dormir.
√ Irritabilidad, fatiga o intranquilidad.

Aunque su hijo parezca estar sano, incluso niveles muy bajos de plomo en su sangre pueden causar problemas serios. Lo más sorprendente es que un niño puede experimentar envenenamiento por plomo y no sentirse enfermo. El plomo es un mineral tóxico que sustituye en el organismo minerales esenciales como calcio, hierro y zinc, de modo que la presencia de plomo interrumpe numerosas reacciones fisiológicas que dependen de estos minerales. El plomo interfiere con el desarrollo y el funcionamiento de todos los órganos del cuerpo, sobre todo los riñones, los glóbulos rojos y el sistema nervioso central.

En alguna época se pensó que el envenenamiento por plomo era sólo un problema de niños de zonas humildes, pero ahora se sabe que las familias que viven en casas y departamentos antiguos también corren riesgos. En Estados Unidos, más de 3 millones de niños (uno de cada seis niños de seis años y menores) presentan niveles tóxicos de plomo en el organismo.

Los Centros de Control de Enfermedades (Centers for Disease Control) recomiendan que todos los niños se sometan a análisis de sangre para detectar plomo al cumplir un año de edad, y que los niños más grandes se examinen cada dos años. Si su hijo sufre alguno de los problemas antes mencionados, querrá preguntar a su pediatra sobre la medición del nivel de plomo. La concentración de plomo en la sangre debe ser menor de 10 microgramos por decilitro. Si el nivel de plomo en la sangre de su hijo es entre 10 y 19 mcg/dl, sufre de un envenenamiento por plomo muy leve. Si el nivel es entre 20 y 44 mcg/dl, su hijo padece un envenenamiento moderado. Un nivel entre 45 y 69 mcg/dl indica envenenamiento severo y, desde luego, cualquier nivel arriba de 70 constituye una emergencia médica. Incluso en niños con niveles de plomo de 10, el IQ es más bajo, el desarrollo es más lento y son evidentes los problemas de atención. Algunos niños con niveles de plomo bajos presentan síntomas serios que mejoran al someter a un tratamiento tanto al niño como a su entorno. Algunos niños con niveles altos de plomo presentan síntomas menores. A pesar del número de síntomas que se presentan, si hay plomo en la sangre de su hijo, necesita un tratamiento médico apropiado.

Su hijo puede estar expuesto al plomo de diversas formas. Casi todas las casas construidas antes de 1960 contienen pintura con plomo, y casas construidas hasta en 1978 pueden contenerla. A los niños pequeños les gusta meterse en la boca todo lo que encuentran, y ésta es una manera común de exponerse al plomo, ya que muchos objetos lo contienen, en especial las partículas de pintura e incluso el polvo. Aun cuando la gente determina que la pintura que se utilizó en su casa contiene plomo y la elimina, es probable que los problemas persistan. Al eliminar la pintura o durante otro tipo de remodelaciones, pequeñas partículas de plomo se liberan en el aire, y si el niño está cerca, inhalará dichas partículas. El agua puede recoger partículas de plomo si las tuberías están soldadas con plomo. Analizar el agua es costoso. Algunas ollas tienen plomo o están decoradas con pintura que contiene plomo. Si su hijo come alimentos cocinados en esas ollas, va a ingerir plomo. No permita que coma alimentos que se guardaron en recipientes con plomo.

## Cómo ayudar a los niños que padecen envenenamiento por plomo

Si su hijo tiene un nivel de plomo muy elevado en la sangre, deberá cooperar con su médico para reducirlos. En primer lugar, si los niveles de plomo son altos, deberá analizar la posibilidad de usar medicamentos con quelatos no tóxicos, como los succímeros, para reducir los niveles de plomo. En segundo lugar, será necesario identificar y reducir en gran medida las fuentes de plomo en el medio ambiente de su hijo (véase la sección anterior). En tercer lugar, también es importante comer bien. Los niños que consumen suficiente zinc, calcio y hierro absorben menos plomo. Llevar una dieta sana como se describe en la primera forma, ayuda a que su hijo elimine el plomo de su organismo. En cuarto lugar, los complementos alimenticios son importantes. Sydney M. Baker, maestro en medicina que pertenece al Gesell Institute, recomienda los siguientes complementos alimenticios:[1]

√    Zinc elemental, de 15 a 60 miligramos diarios.

√    Calcio, de 1 a 2 gramos (1,000 a 2,000 miligramos) diarios. Evite los complementos de calcio derivados de la dolomita o de comidas con huesos, ya que pueden estar contaminados con plomo.

√    Glicinato de magnesio, de 100 a 300 miligramos diarios.

√    Selenio, de 50 a 200 microgramos diarios.

√    Vitamina B6, de 50 a 200 miligramos diarios.

√    Vitamina C, de 1,000 a 4,000 miligramos diarios. Si la dosis provoca diarrea, redúzcala a la mitad.

√    Glutationa reducida, de 250 a 750 miligramos diarios.

√    Acetil cisteína, de 500 a 1,500 miligramos diarios.

## Otras fuentes de información sobre el plomo

Para mayor información acerca del envenenamiento por plomo, visite algunas páginas informativas en Internet. Las más interesantes son:

√     «HomeSafe» en www.leadpro.com. Este sitio web contiene información útil sobre las fuentes de envenenamiento por plomo, cómo detectar la presencia de plomo y cómo evitar exposiciones futuras.

√     «ParentsPlace.com». Este sitio web contiene todo tipo de información útil para los padres. A fin de tener acceso a información sobre el envenenamiento por plomo, busque en «envenenamiento por plomo».

Es probable que el envenenamiento por plomo no sea la causa de los problemas de su hijo, pero resulta fácil y económico descartar la posibilidad. Como enfatiza el doctor Baker: «El plomo es el veneno más abundante en el medio ambiente y siempre debemos considerarlo cuando un niño tiene problemas conductuales, aun cuando no sea probable la exposición a esta sustancia».[2]

## Aluminio

Al igual que el plomo, el aluminio es un metal pesado tóxico que no debe estar en el organismo de su hijo. Los niveles elevados de aluminio en el plasma de los niños se relacionan con el ADHD y las discapacidades de aprendizaje. Análisis muy sencillos determinan si su hijo padece envenenamiento por aluminio o no, ya que los niveles de aluminio se miden en el cabello, la sangre y la orina. La cocción de alimentos, sobre todo los ácidos como la salsa de tomate, en ollas de aluminio libera esta sustancia en la comida. En vez de este tipo de recipientes, utilice ollas de hierro fundido, vidrio, porcelana o acero inoxidable. Me he dado cuenta de que al cubrir algunos alimentos (arroz cocido, por ejemplo) con papel aluminio da lugar a la transferencia de pequeñas partículas de aluminio a los alimentos. De modo que si va a utilizar papel aluminio, cubra la comida primero con papel encerado y luego con el aluminio. Evite el polvo para hornear que contiene sulfato de aluminio de sodio. El aluminio también puede entrar al organismo a través de desodorantes, pastas de dientes, antiácidos y el agua que abastece el municipio. Encontrará productos sin aluminio en las tiendas naturistas, y asegúrese de que su hijo sólo beba agua purificada.

Quizá el envenenamiento por un metal pesado no sea la causa de los síntomas de ADD o ADHD que presenta su hijo; sin embargo, es importante eliminar esta posibilidad porque se trata de un factor importante para los niños que padecen estos trastornos.

# Décimo consejo:
# Mejore la percepción

La percepción forma parte de nuestra vida diaria. Nuestro cerebro percibe de manera constante mensajes que debe procesar a fin de que tomemos conciencia del ambiente que nos rodea. Además, debemos «ver» para leer, realizar operaciones matemáticas, presentar pruebas, hacer la tarea, copiar y escribir. Pero Jeff, que está en sexto grado, tiene problemas en la escuela. No puede permanecer sentado mientras hace la tarea y se distrae con facilidad. Sus profesores quieren que lo evalúen para saber si no sufre de ADD O ADHD. Su madre piensa que los medicamentos no son la respuesta. Jeff no termina las tareas, evita leer y no tiene un buen desempeño en los exámenes. Es un niño inteligente y con facilidad de palabra que no parece tener ninguna discapacidad para el aprendizaje. Quizá actúa así porque tiene un tipo específico de problema de aprendizaje llamado sensibilidad escotópica/síndrome de Irlen.

Responda sí o no a las siguientes preguntas acerca de la percepción de su hijo:

1.  ¿Su hijo se salta palabras o líneas al leer?
2.  ¿Vuelve a leer las líneas?
3.  ¿Se pierde al leer?
4.  ¿Se distrae con facilidad al leer?

5. ¿Necesita descansar a menudo mientras lee?
6. ¿Se le dificulta leer cuando la lectura es más larga?
7. ¿La lectura le provoca dolores de cabeza?
8. ¿Se le irritan y le lloran los ojos al leer?
9. ¿La lectura hace que se fatigue?
10. ¿Parpadea y hace bizcos al leer?
11. ¿Prefiere leer a media luz?
12. ¿Se acerca mucho a la página al leer?
13. ¿Utiliza el dedo o alguna otra guía para ayudarse a leer?
14. ¿Se inquieta, es demasiado activo o se impacienta cuando lee?

Si contestó que sí a tres o más de las preguntas anteriores, es probable que su hijo tenga sensibilidad escotópica o síndrome de Irlen, o sss (scotopic sensitivity/Irlen syndrome). No se trata de un problema visual. Los ojos en sí no son la fuente del problema, y los exámenes de la vista rutinarios no detectan el sss; tampoco los optometristas ni los oftalmólogos pueden corregirlo. Las evaluaciones psicológicas y educativas tampoco resultan útiles. El problema es una disfunción perceptual en el cerebro debido a la sensibilidad a ciertos colores o longitudes de onda de la luz. Las personas que padecen sss pueden ser sensibles a los reflejos, el brillo y cierto tipo de luz. El sss ocurre en un continuo y es más severo en algunas personas que en otras. Algunas personas con un sss menos severo logran sobresalir en la lectura escolar con un esfuerzo adicional.

Ayudar a un niño que lee mal es como tratar de armar un rompecabezas. Primero, es necesario identificar las piezas correctas, unirlas y armar el rompecabezas. Para algunos lectores, identificar y corregir el sss puede ser una solución importante, para otros, quizá sea uno de varios factores, y algunos niños con problemas de lectura no presentan síntomas de sss. El sss tiene un componente genético. 84 por ciento de los niños con sss tienen uno o ambos padres con el trastorno, de modo que es útil saber si los padres padecen sss.[1] Ambos padres deben responder las siguientes preguntas:

1. ¿Crea bloques al leer?
2. ¿Prefiere leer periódicos y revistas que libros?
3. Cuando lee durante mucho tiempo, ¿se le cansa la vista, se fatiga o padece dolor de cabeza?
4. ¿Se le dificulta más leer con luz fluorescente?
5. Cuando era niño, ¿le decían que dejara de leer a media luz?
6. ¿Se le dificulta más leer el material en papel blanco y brillante?
7. ¿Las palabras parecen moverse, se ven borrosas o parecen juntarse cuando lee?
8. ¿El fondo de la página parece muy brillante cuando lee?
9. ¿El fondo blanco forma algunos patrones o parece un río que corre hacia la parte inferior de la página?
10. ¿Tiene que volver a leer algunos pasajes para comprenderlos?
11. ¿Lee con lentitud?
12. ¿Es un lector deficiente?
13. ¿Se le dificulta la lectura continua?

Si respondió afirmativamente a cualquiera de estas preguntas, tal vez piense: «Vaya, nadie me había hecho esas preguntas antes. Describen mis problemas de lectura con precisión». Un adulto describió sus problemas de lectura de esta manera:

Las letras tienen vida propia. La impresión no es negra, sino que presenta sombras desiguales y el fondo brilla. Las palabras que trato de leer no están impresas en la página, sino que parecen participar en una compleja danza, y otras palabras se amontonan.

Hay luces parpadeantes que bloquean todo. Rayos de luz roja se mueven por toda la página. La impresión desaparece, y diversas formas de colores ocupan la página. Leer es un tormento.

185

Muchos niños con sss luchan por salir bien en la escuela. Es probable que sus padres y maestros los acusen de no esforzarse lo suficiente, pues no entienden el comportamiento del niño en clase. Esto es lo que dijo una niña, Susan, acerca de sus problemas en la escuela:

Mis papás me decían que era una niña muy inteligente y que mi único problema era que no podía leer de izquierda a derecha. Pensé que era retrasada mental. Cuando estaba más grande, la escuela se convirtió en una experiencia aterradora. Asistía a clases normales, y quería hacer bien las cosas. No quería que la gente se burlara de mí. Mi hermano menor iba bien en la escuela, y mis papás estaban orgullosos de él, de modo que yo quería que también se sintieran orgullosos de mí. Empecé a vivir en un mundo de fantasía en el que mis problemas en la escuela no existían. Si no obtenía la calificación que quería, perdía la boleta o la alteraba. No quería que las maestras descubrieran que no podía hacer el trabajo, por lo que no entraba a algunas clases, me iba a la biblioteca o me sentaba en el patio. Mis maestras me decían que debía trabajar más. Mis papás me decían que me iría mejor si ponía atención en clases.

A menudo pensaba: ¿por qué no puedo leer como los demás niños? Si prometo trabajar mucho, ¿llegaré a ser como ellos?[3]

## El descubrimiento del síndrome de sensibilidad escotópica

¿De qué manera descubrieron los investigadores que ciertos lectores deficientes tienen problemas de percepción? En 1981, el gobierno federal estableció un programa en la Universidad Estatal de California de Long Beach a fin de estudiar a los adultos con discapacidades para la lectura. Helen Irlen fue elegida para coordinar el programa. Durante un periodo de 18 meses, Helen Irlen y sus colegas entrevistaron a más de 1,500 adultos sobre sus problemas de lectura. Surgió un subgrupo. Aunque este grupo era adecuado en cuanto a sus habilidades para decodificar, sus habilidades fonéticas y su vocabulario, tenía problemas con la lectura. Estos son algunos comentarios que los adultos le dijeron a Irlen:

√      «La lectura es desagradable. Me siento inquieto e intranquilo.»

√      «Me he dado cuenta de que, cuando leo, me quedo dormido.»

√      «Odio leer porque tengo que leer una parte tres o cuatro veces para entenderla.»

√      «No importa lo que haga, leo más lento que ninguna otra persona. Cuando todos los demás terminan un capítulo, yo estoy en la primera o segunda página.»

√      «No puedo ver la página durante mucho tiempo. Tengo que dejar el libro con frecuencia.»[4]

Irlen entrevistó tanto a lectores eficientes como a personas a las que se les dificultaba la lectura. Cuando les pidió que describieran lo que veían, los lectores eficientes dijeron que veían palabras y letras. Pero algunas de las personas a quienes se les dificultaba leer, veían que las palabras se unían, que se convertían en líneas negras y otras distorsiones. Irlen eligió a 35 adultos con problemas de lectura. Durante los nueve meses siguientes, estos adultos visitaron a todo tipo de profesionales para que evaluaran y trataran sus problemas. Ninguno logró diferencias significativas en la corrección de las distorsiones. Un día, Irlen trabajaba con un grupo de cinco estudiantes, y una llevaba una mica roja que había utilizado anteriormente para ejercicios de capacitación de la visión. Otro estudiante la tomó y la colocó sobre lo que leía.

¡Como por arte de magia, las distorsiones desaparecieron y las letras dejaron de moverse de un lado a otro! Pero los otros estudiantes no experimentaron la misma mejoría con la mica roja. Con todos ellos, se probaron muchas micas de distintos colores. De los 35 estudiantes con problemas de percepción visual, 31 obtuvieron ayuda con las micas de colores. Irlen descubrió que cada estudiante mejoraba con un color diferente, y que cada uno tenía un color que funcionaba mejor para él.

Aunque las micas de colores ayudaron a los estudiantes en gran medida, se quejaban de que se sentían confundidos y la luz fluorescente todavía los molestaba. De modo que las investigaciones progresaron al uso de lentes de colores en marcos de cristal. Lo más emocionante es que ahora se venden lentes de contacto con tintes especiales para corregir el sss. Son lentes de contacto claros, excepto el área que cubre la pupila (lo negro del ojo). El centro de los lentes se tiñe con el color que mejora la lectura de su hijo. Como el color queda sólo sobre la pupila, son invisibles, no cambian el color del iris. Se pueden usar en todo momento y nadie se da cuenta.

## Efectos del sss

¿Su hijo se comporta mejor en casa, donde la luz es más baja y no hay luces fluorescentes? ¿Su comportamiento empeora en la escuela o en ciertas tiendas donde está bajo luces fluorescentes? La mayor parte de la población no tiene problemas con las luces fluorescentes ni muy brillantes. Pero las personas que padecen sss se ven afectadas por las luces muy brillantes o fluorescentes. Imagine a su hijo sentado en el salón de clases bajo una luz fluorescente. Después de unos minutos de leer o escuchar, se sentirá muy incómodo. Es probable que le dé dolor de cabeza, se sienta agotado, se inquiete en la silla, se vuelva agresivo o se sienta mal del estómago. Ya no puede prestar atención, de modo que se pone de pie, camina por toda la habitación y habla con sus amigos. Desde luego, tiene problemas con su maestra, quien dice: «¿Por qué no puedes permanecer sentado? Se supone que debes estar en tu lugar. ¿Por qué no estás leyendo tu libro? Tendrías mejor desempeño si te esforzaras más». Por último, la maestra lo refiere al equipo de estudio de la escuela, que recomienda que tome Ritalin. El niño no entiende por qué se siente tan intranquilo y no presta atención, y supone que los demás niños ven las cosas igual que él. Hacen que el niño se sienta «malo» e incluso «estúpido»; y su autoestima se desploma. Nadie le pregunta: «¿Cómo te sientes cuando estás sentado en clase, y cómo te sientes cuando lees?» Un joven de 17 años que fue suspendido de la escuela respondió: «Siento como si se me juntaran los ojos, siento la cabeza aturdida. Después, me empieza un dolor de cabeza muy fuerte, se me revuelve el estómago y empiezo a sudar frío». No debe sorprendernos que este estudiante odie la escuela, que no pueda hacer el trabajo, que se comporte mal y que lo cataloguen de problemático.

La maestra no entiende que el salón de clases mismo provoca que este estudiante no preste atención y sea impulsivo, además de interferir con su comportamiento y su capacidad de aprendizaje. En primer lugar, las luces fluorescentes pueden provocar distorsiones ambientales. Es probable que parezca que la maestra se mueve, aun cuando no lo haga, o bien puede tener un brillo a su alrededor y todo esto distrae y afecta la capacidad para escuchar. En las escuelas nuevas se eliminaron las ventanas o se redujo su número con seguridad, de modo que hay poca luz natural para que el estudiante lea. En segundo lugar, las páginas blancas y brillantes de los libros contribuyen a la incomodidad del niño: las letras, palabras y líneas parecen brincar y no tener sentido. En tercer lugar, ciertos papeles brillantes o de colores fluorescentes afectan al niño y aumentan sus problemas. Las rayas, diseños con lunares, diseños escoceses o el papel tapiz de colores brillantes son causas comunes. Por lo general, los colores brillantes, fluorescentes, como los tonos anaranjado, dorado y otros amarillos brillantes, representan un problema para los niños con sss. En cuarto lugar, el patrón del piso también es importante. Si la alfombra es de un color brillante o si el piso es de azulejos blancos y negros, es probable que el problema aumente. Pizarrones «blancos» reemplazan a menudo los pizarrones negros y verdes, y los primeros son blancos y brillantes. Copiar de estos pizarrones puede representar un esfuerzo frustrante e inútil para el niño con sss. No debe sorprendernos que su periodo de atención sea corto.

El sss puede afectar a una persona en otras áreas además de la lectura. Escribir o dibujar en papel blanco también es frustrante. La escritura a mano puede ser ilegible por los espacios desiguales o el tamaño de la letra. Las matemáticas constituyen una pesadilla porque las columnas no se alinean de manera apropiada. La música es otro problema grave con todas esas líneas, notas y símbolos especiales. Los niños con sss a quienes les gusta la música y toman lecciones de piano aprenden observando las manos del profesor y escuchando la melodía, y luego tratan de copiarla. Leer a primera vista es casi imposible. El niño sufre no sólo en el aspecto académico, sino también en los deportes. Los niños con sss casi siempre son desaliñados. No importa cuánto practiquen, es muy difícil para ellos calcular la distancia hasta la pelota en el béisbol o pegarle con un bate. A pesar de su esfuerzo, los niños con sss casi nunca tienen éxito en la escuela ni en las actividades fuera de ésta. Con frecuencia, su autoestima está por los suelos.

## La efectividad de los lentes de colores de Irlen

Diversos estudios apoyan el método Irlen para diagnosticar y dar tratamiento para el sss.[5] En uno de estos estudios, los profesores seleccionaron a 105 niños quienes, por lo menos durante 18 meses, habían leído en un nivel inferior al grado en que estaban.[6] Los 105 niños se sometieron a pruebas para detectar el sss. 67 se consideraron «escotópicos» y 25 «no escotópicos». Durante las pruebas, la mejor transparencia de color se eligió en forma individual. Cada niño que recibió la mica del color correcto experimentó una mejoría en su calificación en lectura, 16 de 17 mejoraron su precisión al leer y todos mejoraron en la lectura de comprensión. Los resultados fueron muy significativos cuando estos niños se compararon con otros grupos de niños escotópicos a quienes les dieron micas transparentes y con aquellos que tuvieron micas de colores incorrectos.

Un estudio que realizaron las escuelas de la ciudad de Nueva York observó a 26 niños que experimentaban problemas académicos o de lectura y que tenían sss.[7] Durante un periodo de cuatro meses, la mitad de los estudiantes utilizó una mica a colores en las clases de lectura, mientras que la otra mitad no las usó. Los estudiantes que usaron las micas a colores lograron avances significativos en la comprensión de los pasajes, la identificación de las palabras y la precisión de la lectura. Los estudiantes que asistieron a las mismas clases de lectura sin micas de colores no lograron ningún avance en ninguna de las áreas probadas.

En otro estudio, 39 estudiantes de educación superior con discapacidades de aprendizaje se sometieron a pruebas para detectar el sss.[8] 56 por ciento mostró problemas de percepción de moderados a severos y recibieron micas de colores. Los estudiantes se sometieron a las pruebas una vez más después de cinco meses. Los resultados mostraron que aquellos que utilizaron las micas a colores lograron los mayores avances, y quienes no las utilizaron perdieron seis meses en lectura de comprensión.

## Cómo obtener ayuda para su hijo

Suponga que, después de leer este capítulo, sospecha que su hijo tiene sss. ¿Qué puede hacer? Primero, lea el libro de Helen Irlen *Reading by the Colors*. Después, póngase en contacto con el Irlen Institute en 5380 Village Road, Long Beach, CA 90808, o por teléfono al 1-562-496-2550. El personal le dirá dónde se encuentra el centro de pruebas más cercano a usted. Durante las pruebas, usted y su hijo responderán varias preguntas sobre el entorno de la casa, la escuela y el trabajo. Tener un historial familiar es parte importante del proceso de detección debido al componente genético del sss. Los padres deben asistir a las pruebas, lo cual es importante por varias razones. En primer lugar, puede identificar a otros miembros de su familia con sss; en segundo lugar, tendrá una mejor idea del medio ambiente distorsionado de su hijo y cómo se siente. En tercer lugar, usted mismo realizará algunas de las tareas de prueba; si tiene problemas para hacerlas, es probable que su hijo sienta consuelo al saber que no es el único. Por último, las micas de colores diversos se prueban en forma sistemática para saber cuál funciona mejor, y usted verá de qué manera los lentes de colores ayudan a su hijo. Luego, si su hijo muestra señales de sss que mejorará con micas de colores, será referido a la clínica más cercana, donde seleccionarán unos lentes de colores Irlen para su hijo. Recuerde que no serán del mismo color que la mica. Hay centros de detección y clínicas en todo el mundo. La prueba sencilla que determina si un paciente tiene sss o no es muy económica. Un examen de diagnóstico más completo que incluye la definición de los filtros de colores apropiados para el paciente, cuesta un poco más. Los lentes también son económicos. Todas las clínicas Irlen ofrecen lentes de contacto de colores.

Si su hijo tiene problemas de lectura debido al sss, es probable que él todavía deba solucionar otros. Irlen comenta: «El uso de micas, filtros de colores y otros tipos de material de apoyo como tratamiento para el síndrome de sensibilidad escotópica no reemplaza la práctica de lectura. Más bien, el propósito es eliminar los problemas de percepción que inhiben el proceso de aprendizaje. Es probable que el sss sólo sea una de varias causas que contribuyen a los problemas de lectura».[9]

## La SSS, el ADD y el ADHD

De acuerdo con la experiencia de Helen Irlen, hasta una tercera parte de los niños con ADD o ADHD tienen SSS, y ésta forma parte importante de su problema de atención.[10] Estos niños no prestan atención porque los distrae el medio ambiente tal como lo perciben. Son impulsivos y se comportan mal porque se sienten frustrados con ellos mismos y con las clases y los libros que no entienden. Quizá sean demasiado activos porque no soportan permanecer sentados, y moverse por todas partes les ayuda a poner en orden su entorno. Irlen ha descubierto que algunos niños con ADD o ADHD pueden dejar de tomar los medicamentos estimulantes, en tanto que otros pueden reducir la dosis.

Durante la década de los setenta, los investigadores John Ott y Lewis Mayron estudiaron a los niños en los salones de clases. Utilizando la fotografía a intervalos, captaron a niños hiperactivos en un salón de clases con luces fluorescentes. Los niños estaban fuera de sus asientos y «trepando por las paredes». A continuación, se captó a los niños en un salón de clases iluminado con luces de espectro completo. Los pequeños estaban tranquilos y en silencio.[11]

Como dice Irlen: «Ningún niño quiere ser malo, ninguno quiere ser estúpido, ni tampoco quiere tener un mal desempeño en la escuela. Los adultos debemos buscar las causas del comportamiento del niño. Con mucha frecuencia, los educadores y otros profesionistas se declaran incompetentes para encontrar una razón por la que el niño tiene problemas y, por tanto, el niño debe esforzarse más. La autoestima dura para toda la vida. Debemos trabajar para encontrar nuevas formas de ayudar a los niños».[12]

# Undécimo consejo:
# Considere las lecciones de gateo

Cuando su hijo era bebé, quizá lo observó maravillada mientras gateaba y aprendía a explorar su mundo. Sin embargo, la importancia de que un bebé gatee radica no sólo en el aumento de su locomoción, sino también en la madurez de uno de sus reflejos. La madurez de este reflejo es necesaria para que tenga éxito en la escuela, en casa e incluso en los deportes.

Responda sí o no a las siguientes preguntas sobre su hijo:

1.   A) ¿Su hijo se saltó la etapa de gateo, o gateó en forma extraña?

   B) ¿Gateó durante un periodo muy breve, menor que seis meses?

   C) ¿Empezó a caminar muy pronto, antes de tener un año?

   D) ¿Pasó mucho tiempo en corrales o andaderas?

   E) ¿Usó aparatos ortopédicos o yeso en las piernas durante la etapa de gateo?

2. ¿Su hijo tiene dificultades para sentarse en la posición «correcta»?

   A) ¿Se pone de pie después de estar sentado un rato, aun cuando esté en una situación en la que sabe que debe permanecer sentado, como en la escuela o en la iglesia?

   B) ¿Se inquieta?

   C) ¿Se sienta en una postura desgarbada?

D) ¿Rodea las patas de la silla con las piernas?

E) ¿Se sienta sobre uno de sus pies, se recuesta o cambia de posición con frecuencia?

3. ¿Su hijo tiene dificultad para escribir?

A) ¿Le cuesta mucho trabajo escribir?

B) ¿Escribe con descuido?

C) ¿Escribe con letra muy pequeña o muy grande?

D) ¿Evita escribir?

F) ¿Al copiar un trabajo del pizarrón o de un libro, se pierde con frecuencia?

4. ¿Su hijo tiene problemas con el sentido de la dirección?

A) ¿Confunde la izquierda y la derecha?

B) ¿Necesita tiempo adicional o una «marca» para distinguir la izquierda de la derecha?

C) ¿Lee o escribe «de atrás para adelante»?

5. ¿Su hijo tiene problemas de coordinación?

A) ¿Su coordinación es descuidada o deficiente?

B) ¿Tiene problemas para saltar alternando los pies, marchar, correr y atrapar, o correr y lanzar?

C) ¿Evita ciertos deportes o ciertas posiciones en los deportes?

D) ¿Prefiere nadar bajo el agua o nadar de pecho o de mariposa, que el nado libre?

6. ¿Su hijo tiene problemas con las tareas?

A) ¿Evita o pospone el momento de empezar a hacer la tarea?

B) ¿Tarda mucho tiempo en terminar la tarea?

C) ¿Se apresura demasiado al hacer la tarea?

D) ¿A menudo deja la tarea inconclusa?

7. ¿Su hijo tiene problemas para mantener la atención?

A) ¿Tiene problemas para concentrarse en una tarea y permanecer en ella?

B) ¿Sueña despierto?

196

c) ¿En verdad es muy distraído?

d) ¿»Juega» con todo lo que está sobre su escritorio?

Si contestó afirmativamente a tres o más de estas preguntas, sobre todo las que se relacionan con la etapa de gateo, es probable que su hijo tenga un reflejo del cuello tónico simétrico inmaduro, o STNR (Immature Symmetric Tonic Neck Reflex). «Simétrico» se refiere a ambos lados del cuerpo trabajando juntos; «tónico» se refiere a un cambio en la tensión o tonicidad muscular; y el reflejo del cuello es una respuesta automática que activa los cambios en la posición del cuello. De modo que el STNR es un reflejo normal que ocurre cuando los brazos, el cuello y la cabeza se mueven en dirección opuesta a las piernas. Quizá esté familiarizado con otros reflejos con los que un bebé nace o desarrolla durante sus primeros años de vida. Por ejemplo, el reflejo de mamar está presente en el momento de nacer y continúa durante seis meses. El reflejo de estornudar también está presente en el momento del nacimiento, pero continúa toda la vida. Los bebés no nacen con el STNR, pero desarrollan este reflejo entre los cuatro y los ocho meses de edad, cuando el cuello, los brazos y las piernas se mueven juntos en forma automática. Más o menos a los seis meses de edad, el bebé empieza a adoptar la posición del «gato», apoyándose en las piernas con la cabeza en alto y los brazos apoyados en el suelo frente a él. A continuación, el bebé aprende a balancearse hacia delante y hacia atrás. Por último, este movimiento lo lleva a estirar una mano y el bebé aprende a gatear. Cuando el bebé crece y ocurre su desarrollo motriz normal, tiene menos control sobre su STNR. El niño debe gatear de manera correcta durante seis meses por lo menos para suprimir el STNR. Si no gatea durante seis meses, el STNR no tendrá la oportunidad de madurar y seguirá afectando el movimiento del niño mucho tiempo después de lo que debería. Para los dos años, el bebé deberá tener el control de su cuerpo y el STRN deberá reducirse.

¿Cuál es la forma incorrecta de gatear? Estos son varios ejemplos: algunos bebés gatean hacia atrás, otros levantan los glúteos evitando que las rodillas toquen el piso, mientras las manos y los pies sí lo tocan. Algunos niños gatean con el estómago en el suelo, como soldados en el ejército. Otros niños ruedan en lugar de gatear, y pueden llegar a ser tan hábiles para rodar que lo hacen dando vuelta en las esquinas. Algunos niños se arrastran con rapidez por el piso. Otros niños «saltan como ranas» en lugar de gatear en forma correcta. Ninguna de estas técnicas para gatear ayudan a que el STNR madure.

Quizá haya factores ambientales que influyan en el tiempo que un bebé pasa gateando. Es probable que el bebé use aparatos ortopédicos en las piernas para corregir algún defecto físico. Un niño que pasa mucho tiempo en un corral tal vez no gatee el tiempo suficiente. Un niño que usa una andadera no tendrá oportunidad de gatear. Un niño necesita gatear de manera regular y por lo menos durante seis meses.

Un niño (o adulto) con STNR inmaduro tendrá problemas para sentarse con comodidad. Cuando trate de permanecer sentado, se sentirá mal físicamente. Esto se debe a que el STNR sigue presente y jala la parte superior del cuerpo en una dirección y la parte inferior en otra. La buena noticia es que el STNR puede llegar a madurar en niños y adultos por medio de ejercicios especiales de gateo.

## Problemas en la escuela

Es probable que el niño con un STNR inmaduro tenga dificultades en la escuela para sentarse. Las maestras dicen constantemente a sus alumnos que permanezcan sentados y escuchen, así como que se sienten con la espalda recta. Apuesto a que usted recuerda estas reglas de la escuela. Parece que escucho a mi maestra de sexto grado pidiéndonos que nos sentáramos con la espalda recta para escuchar mejor.

Pero un niño con STNR inmaduro se siente muy incómodo en esta posición: con las piernas flexionadas, la cabeza en alto y los brazos cruzados. En vez de ello, se siente más a gusto si la parte superior de su cuerpo hace lo opuesto a lo que hace la parte inferior. Estos niños pueden sentarse de manera normal y tranquilos, pero no durante mucho tiempo y no se sentirán a gusto.

Es probable que su maestro comente:

√ «¿Por qué Juan no puede permanecer sentado?»

√ «Paso la mitad del tiempo tratando de que Juan permanezca en su lugar».

√ «El trabajo de Juan es bueno, pero tengo que apresurarlo todo el tiempo para que lo termine».

√ «El pobre niño no ha salido en tres recreos esta semana tratando de terminar el trabajo».

√ «Se distrae tanto que pierde la mitad de las indicaciones».

√ «Si Juan se esforzara un poco más...»[1]

Los niños con STNR se sienten tan incómodos en la escuela que idean mecanismos de adaptación a fin de sentirse mejor. Algunos niños, los que se estiran, se sientan en sus escritorios con los brazos estirados al frente; de esta manera será más cómodo escribir mientras tienen las piernas flexionadas. No obstante, si estiran mucho los brazos, molestan a la persona que está frente a ellos y se meten en problemas. Algunos niños, los «desgarbados», se sientan en la posición normal para escribir pero extienden las piernas lo más posible. Quizá ponen los pies sobre el escritorio que está frente a ellos y una vez más molestan al vecino y al maestro. También tenemos a los que se balancean hacia atrás en la silla, a fin de que sus piernas estén estiradas. Otros más rodean las patas de la silla con sus piernas para mantenerlas en el mismo lugar. Esto les ayuda a permanecer sentados. Otros niños se sientan sobre una o ambas piernas en un esfuerzo por estar cómodos. Luego, tenemos a los que colocan la cabeza sobre los brazos para escribir. Hay otros niños que se sientan mucho más cómodos cuando están de pie. Pero otros más no pueden adoptar ninguna de las posiciones anteriores, de modo que se mueven todo el día. Ya imaginará la molestia que estos niños producen en los maestros.

La siguiente es la historia que Nancy O'Dell y Patricia Cook, doctoras en filosofía, relatan acerca de una niña, Beth, que no podía permanecer sentada mientras hacía una prueba.

> Una pequeña, Beth, tuvo un mal desempeño en una prueba para medir la capacidad de escuchar que le aplicamos. Aun cuando permaneció sentada durante la prueba, sus pies estuvieron en movimiento constante. Sospechamos que la ansiedad de Beth y el ruido que ella misma producía contribuyeron a su baja calificación. Permitimos que Beth se pusiera de pie, lo que hizo en silencio, y le dimos otra forma de la prueba. En estas condiciones, Beth obtuvo una calificación mucho más alta en la prueba para medir la capacidad de escuchar. Su problema básico para escuchar eran el ruido y el movimiento que la distraían, y no la pérdida de la audición. No podía escuchar porque no podía permanecer sentada en silencio.[2]

Los niños que van y vienen por todas partes y no pueden sentarse con comodidad a menudo se dice que tienen ADHD. Las doctoras Cook y O'Dell descubrieron que por lo menos 75 por ciento de los niños que tratan por tener ADHD padecen de STNR inmaduro. Estos niños actúan como yoyos: van de arriba abajo en sus asientos. Se paran con frecuencia para sacar punta a su lápiz, para ir a los bebederos o al baño. Mueven sus piernas en forma constante. Tienen que mover algo, de modo que golpean con el lápiz y molestan a todos los que les rodean, o bien toman la pluma y presionan el botón para sacar y meter la punta una y otra vez. Quizá mueven la boca y hacen ruidos constantes hasta que alguien les dice que se callen. Pero así es como estos niños manejan la incomodidad de permanecer sentados.

Los niños con STNR inmaduro a menudo se esfuerzan por escribir bien. En muchas ocasiones, sus trabajos quedan desordenados e inconclusos. Otros niños quizá hagan trabajos hermosos, pero les toma mucho más tiempo en comparación con otros estudiantes. Tal vez tengan que ocupar el tiempo del almuerzo o el recreo para terminar el trabajo. Las doctoras Cook y O'Dell estiman que escribir es diez veces más difícil para los niños con STNR inmaduro. Como es natural, debido a que fracasan en forma continua, su autoestima baja. Deciden: «¿Para qué me esfuerzo?, sólo voy a sacar un 5». O dicen: «No me importa la escuela, es una tontería». De modo que estos niños llegan a la conclusión: «¿Para qué me preocupo?»

## Problemas en casa

En casa, los niños con STNR a menudo dan problemas. Los padres deben tener la paciencia de un santo para tratar con estos niños todos los días. Quizá usted le ha hecho a su hijo alguno de los siguientes comentarios:

√   «¿Por qué no puedes sentarte para comer en la mesa?»

√   «¿Cuántas veces tengo que decirte que no te sientes sobre tus piernas?»

√   «No hagas la tarea acostado en el suelo. ¿Para qué crees que te compramos el escritorio?»

√   «Ya no podemos llevarte a la iglesia. Corres por todas partes».

√   «¡No te esfuerzas lo suficiente!»[3]

La tarea es una fuente de frustración común para toda la familia. Un padre comentó:

Hago los ejercicios con mi hija de nueve años, que tiene problemas de aprendizaje en la escuela. Antes solía tardar una eternidad en hacer sus tareas. Llegaba a casa de la escuela y empezaba la tarea de inmediato, y aun así tenía que trabajar hasta después de cenar. Ella y yo hicimos los ejercicios de gateo juntos. ¡Ahora, termina su tarea muy rápido y sale a jugar y es una niña normal! Incluso podemos jugar Frisbee. Antes de hacer los ejercicios, ella no podía atrapar el Friebee.[4]

La hora de la comida es otro problema común para las familias con niños que tienen problemas con el STNR. No se sientan, brincan de un lado a otro; hablan en forma constante y, al final de la comida, todos están de mal humor. Por ejemplo, Billy tenía STNR inmaduro y problemas de aprendizaje. Empezó a caminar muy pronto, por lo que gateó sólo unas cuantas semanas.

> Billy se movía por todas partes hasta el punto de molestar a todos. Su madre comentó que incluso las comidas familiares se veían afectadas porque Billy estaba en movimiento constante. Las conversaciones durante la comida se interrumpían con las frases: «Siéntante, Billy», «Siéntate bien, Billy», «Billy deja de mover las piernas, pateas a tu hermana», y siempre era lo mismo.[5]

## Cómo ayudar a su hijo

Si su hijo parece tener STNR inmaduro, seguramente querrá leer el libro de O'Dell y Cook, *Stopping Hyperactivity*. Este libro describe los ejercicios de gateo con todo detalle y acompaña la descripción con fotografías. Los autores también grabaron una cinta de video educativa que demuestra cómo hacer los ejercicios de gateo en forma correcta. El programa de ejercicios se realiza en 15 minutos diarios, cinco días a la semana, durante más o menos seis meses. El niño debe tener cinco años o más. Una vez que se «arregla», el problema del reflejo se cura de por vida.

Mientras tanto, aquí le indicamos algunas formas de manejar el problema del STNR.

## En la escuela

Pida al maestro de su hijo que le dé libertad para elegir cómo sentarse. Se sentirá más cómodo y trabajará mejor. Asimismo, pregunte a la maestra si el niño puede usar un procesador de texto para hacer sus trabajos, pues esto le permitirá escribir menos. Es probable que su hijo se sienta más a gusto haciendo el trabajo de esta manera. ¡Tenga paciencia!

## En casa

Dé a su hijo mayor libertad para sentarse como quiera. Comer de pie con una pierna flexionada sobre la silla hará que su hijo se sienta más cómodo. Permita que su hijo elija cómo quiere sentarse mientras hace la tarea. Si usa «almohadillas» para lápiz que se ajustan en plumas y lápices, su hijo relajará la forma de tomar el lápiz y será más fácil escribir. Entienda que hacer la cama y colgar la ropa son tareas difíciles para estos niños. No estoy diciendo que deberá exentar al niño de estos trabajos, sólo que sea tolerante. Permítale experimentar para saber cómo hacer mejor estas tareas y medir el tiempo que tarda en hacerlas. Una varilla más baja en el armario permitirá que su hijo cuelgue la ropa con mayor facilidad.

## Deportes

Es probable que su hijo haya evitado practicar algún deporte porque tiene mala coordinación. El béisbol y el básquetbol quizá resulten muy frustrantes, pero quizá pueda jugar fútbol americano como liniero, puesto que ser mariscal de campo es una meta poco realista.

Las luchas o el atletismo pueden ser adecuados. El fútbol soccer es otro deporte que debe fomentar porque no es necesario mover los brazos. Quizá también tenga éxito en el tenis o el golf porque en ambos deportes es necesario flexionar las rodillas y estirar los brazos. Con el tiempo, es probable que tenga mejor desempeño en otros deportes.

## ¡Gateo para adultos!

Los adultos con problemas de STNR también pueden mejorar su vida. Las doctoras O'Dell y Cook han sido testigos una y otra vez de que, cuando los niños se examinan y reciben tratamiento para solucionar un problema de STNR, sus padres se dan cuenta de que ellos también lo tienen. Por ejemplo, una madre de aproximadamente 40 años llevó a su hijo a consulta con las doctoras O'Dell y Cook. La madre trabajó de manera constante con su hijo y el pequeño mejoró en gran medida. Ella siempre había querido jugar raquetbol, pero no tenía coordinación. Era una mujer muy inteligente, pero siempre había tenido problemas para hacer más de una cosa a la vez. Por ejemplo, no podía escuchar música o ver televisión mientras preparaba la comida. De modo que su esposo hizo los ejercicios con ella. ¿El resultado? Logró preparar la comida y escuchar música al mismo tiempo. Cuando era niña, nunca pudo saltar la cuerda. Después de los ejercicios, pudo hacerlo. Una vez que empezó, no quería parar; estaba encantada de ver que podía jugar raquetbol. De modo que el gateo en sí no es lo importante, sino todas las actividades emocionantes que el gateo permite que una persona realice.

## Estudios del STNR

Desde hace tiempo, los científicos saben que el STNR está presente en los niños desde los seis meses hasta los dos años de edad. En 1971, la pionera en este campo, Miriam Bender, doctora en filosofía, que tenía antecedentes en terapia física, estudió el STNR en 69 niños en edad escolar que tenían discapacidades para el aprendizaje y 60 niños que obtenían buenas calificaciones en la escuela. 75 por ciento de los niños con discapacidades para el aprendizaje mostraron más signos de STNR inmaduro que los sujetos de control.[6]

Las alumnas de último grado de la doctora Bender, Nancy O'Dell y Patricia Cook, continuaron sus estudios del STNR y todavía amplían sus investigaciones y el tratamiento de los niños con problemas de aprendizaje o de conducta. En un estudio, la doctora O'Dell colocó al azar 69 niños con STNR inmaduro y problemas de aprendizaje en cuatro grupos de tratamiento diferentes. Uno de los grupos realizó los ejercicios del programa de la doctora Bender. Otro hizo ejercicios motrices gruesos. Un tercer grupo realizó ejercicios de percepción. El cuarto grupo no hizo ningún ejercicio y continuaron con sus actividades regulares en el salón de clases. Realizaron esto durante un periodo de diez semanas, luego se repitieron las pruebas. Los que hicieron los ejercicios de Bender maduraron en cuanto al STNR. Su capacidad para la lectura mejoró en gran medida en comparación con la de los niños del salón de clases regular.[7]

Como profesoras retiradas de la Universidad de Indianápolis, las doctoras O'Dell y Cook siguen su trabajo en el Centro de Diagnóstico Miriam Bender. En la actualidad estudian a 50 alumnos que están entre el primer y el quinto grados de una escuela en una pequeña ciudad de Indiana. Las profesoras identificaron a los niños que mostraban las características del STNR inmaduro. Se realizaron estudios sobre las condiciones del STNR en estos niños y se aplicaron pruebas de comportamiento y aprendizaje. Los estudiantes de sexto grado, capacitados para dirigir los ejercicios del STNR, han hecho los ejercicios de gateo con 25 niños bajo la supervisión de dos maestros capacitados para dirigirlos. Los otros 25 alumnos no realizaron ningún ejercicio. Al final del año escolar, repetirán todas las pruebas. Los niños volverán a presentar las pruebas de aprendizaje, y las maestras y los padres de familia llenarán los cuestionarios sobre su comportamiento. Se necesitan más estudios como éste para obtener fondos y evaluar los resultados para que los maestros, psicólogos y médicos escépticos reconozcan la importancia de las condiciones del STNR en los niños con problemas de aprendizaje y comportamiento.

Los ejercicios de gateo no son una panacea para todos los niños o adultos. Algunas personas no mejoran en nada, mientras que otras logran mejorías excepcionales. Pero no existen efectos secundarios adversos y los beneficios duran toda la vida.

# Duodécimo consejo:
# Haga la prueba
# con la biorretroalimentación

¿Qué es biorretroalimentación? Es el uso de sensores que registran las ondas cerebrales para supervisar y, con el tiempo, controlar el estado de alerta. Es un recurso que no molesta ni duele al paciente. El cerebro genera electricidad. Esta electricidad se puede registrar al «pegar» sensores en áreas específicas de la cabeza. El practicante de la biorretroalimentación también puede utilizar cápsulas que contienen los sensores, que vienen en distintos tamaños y se colocan en la cabeza. Los sensores envían la electricidad a un electroencefalógrafo (EEG) que transforma la electricidad en patrones de ondas. El EEG es similar a un electrocardiograma que registra los impulsos eléctricos del corazón.

Existen distintas clases de ondas con diversas alturas y frecuencias que produce el cerebro. Con esta técnica, su hijo puede utilizar la retroalimentación para ver que su concentración varía y la ajusta en forma correspondiente. Con el tiempo, el niño aprende a realizar los ajustes sin los monitores. Mientras su hijo duerme, se producen ondas delta. Si su hijo está relajado, se producen ondas theta. Las ondas alfa ocurren cuando su hijo sueña despierto. Las ondas del ritmo sensoriomotriz (SMR; sensorimotor rythm) son las ondas tranquilas que se producen cuando el niño está en alerta silenciosa sin moverse. Su niño produce ondas beta mientras piensa. Por esta descripción de las ondas podrá ver que su hijo querrá producir mayor cantidad de algunas ondas y menos de otras, dependiendo de la situación. En una situación de aprendizaje, querrá que su hijo produzca más ondas beta y menos ondas alfa. No quiere decir que algunas ondas sean malas; su hijo las necesita todas. La biorretroalimentación le enseña a optimizar las ondas cerebrales para aprender y comportarse mejor.

El EEG se conecta a una computadora que interpreta las ondas y las transforma en imágenes en una pantalla. Estas imágenes pueden ser peces tratando de nadar a través de una corriente o una persona jugando básquetbol. Si el niño está concentrado, los peces tienen éxito al nadar a través de la corriente, pero si el niño sueña despierto, la acción cambia. Si el niño no presta atención en el juego de básquetbol, su oponente anota. En forma alternativa, puede haber una pantalla a colores que se enciende al generar las ondas cerebrales apropiadas. Quizá haya señales de audio que le indican a su hijo cómo va. Tal vez su hijo reciba puntos que puede convertir en pequeños premios. La biorretroalimentación mejora la atención, la concentración, la memoria, la coordinación entre el ojo y la mano, las habilidades para las matemáticas y la solución de problemas.[1]

Hay más de 300 instituciones que utilizan la biorretroalimentación para dar tratamiento al ADHD. Algunas de ellas son clínicas privadas, clínicas de universidades y escuelas con técnicos capacitados. Hay personas con diversos antecedentes capacitadas en el uso de la biorretroalimentación: pediatras, psiquiatras, psicólogos, profesores y asesores en educación especial, trabajadoras sociales, enfermeras y otros especialistas en el cuidado de la salud.[2]

La mejoría de los síntomas varía en cada niño, pero en promedio mejoran la atención y la concentración, se desarrollan las habilidades para la organización y el niño es menos impulsivo e hiperactivo; de modo que el comportamiento del niño y sus habilidades para el aprendizaje mejoran y obtiene calificaciones más altas en las pruebas de inteligencia. Quizá la escritura sea más legible. Desaparecen los problemas de enuresis. Es probable que se eliminen las dificultades para hablar, sobre todo los problemas para articular. Tal vez mejoren las habilidades sociales, y todo esto da lugar a una autoestima más elevada.

Aquí le presentamos el caso de Juan, un niño de diez años de edad.[3] Juan era hiperactivo y tenía problemas en la escuela. Aunque tenía un IQ superior al promedio, Juan estaba considerado para repetir el cuarto grado. Su comportamiento en la escuela interrumpía las clases porque no podía permanecer sentado. Juan también mostraba un alto grado de ansiedad. A pesar del uso de Ritalin durante dos años y de estar en cursos de educación especial, Juan seguía siendo hiperactivo y tenía un mal desempeño en la escuela. Un psicólogo descubrió que Juan «mostraba demasiada actividad motriz, impulsividad extrema, un periodo de atención muy corto, poca tolerancia a la frustración, propensión elevada a distraerse y una estrategia rígida para el manejo de su rutina diaria. Además, sus habilidades para la lectura de comprensión y el estudio de las palabras presentaban un retraso de más de un año en comparación con los niveles esperados». Juan también tenía problemas con el movimiento apropiado de los ojos.

Se interrumpió el medicamento y Juan inició la biorretroalimentación. Durante las primeras tres sesiones, ésta se centró en ayudar a Juan a reducir la tensión muscular. Después, una vez a la semana y durante 20 sesiones, recibió biorretroalimentación para aumentar su SMR («ondas tranquilas»). Su hiperactividad mejoró en gran medida. «Su comportamiento estaba marcado por la ausencia de actividad en exceso, distracción y poco autocontrol... Se observó que, en cualquier situación, estaba más tranquilo y bajo control que cuando tomó el Ritalin».[4] Sus movimientos oculares se volvieron normales y Juan inició un programa de práctica de la lectura. En lugar de que lo asignaran a una clase de educación especial, Juan se inscribió en una clase normal de cuarto grado. Sus calificaciones eran casi siempre de A y B. Dos años después, Juan había mantenido todos los avances.

Quizá se identifique con los problemas de otro niño. Esta es la historia de Y. P., un joven de 13 años al que un psiquiatra le había diagnosticado ADHD.[5] El niño había tomado y suspendido el Ritalin desde que estaba en primer año; el medicamento sólo lo había ayudado en forma moderada. Y. P. también había recibido asesoría individual y terapia de grupo. En la escuela era problemático y distraído. Estaba en sexto grado de educación especial de matemáticas, inglés y ortografía. Recibía calificaciones promedio e inferiores al promedio.

Las pruebas de base para Y. P. y los cuestionarios sobre su conducta para sus padres y maestros se presentaron antes de la biorretroalimentación. Sus ondas cerebrales también se supervisaron antes y después. Se sometió a 35 sesiones en un periodo de tres meses, utilizando un sistema llamado Captain's Log (Registro del Capitán). Le gustaban las tareas y disfrutaba ganando los premios cuando podía alterar sus ondas cerebrales. Al final mejoraron todas las calificaciones en el cuestionario de sus padres sobre su comportamiento. Algunas de las calificaciones en la escala de los profesores eran más altas y otras más bajas, pero sus maestros reportaron que estaba más atento y molestaba menos en clase. Sus calificaciones mejoraron en gran medida, de seis y cinco a ocho y siete. Su madre dijo que estaba más atento en casa y podía controlar su comportamiento. Como comentaron los autores de este informe de investigación: «El cambio de comportamiento más significativo que obtuvimos en este niño fue el incremento en las conductas relacionadas con las tareas y la reducción de los comportamientos problemáticos en la escuela».[6]

También estaba Donald, de 13 años, un niño muy inteligente que no podía realizar sus trabajos escolares, porque requerían que escuchara todo el problema o asignación. Constantemente, cometía errores por descuido. No prestaba atención. Donald también tenía problemas sociales. Se aislaba de sus compañeros y se le dificultaba establecer amistades duraderas. Los adultos lo consideraban irritante y molesto. Los investigadores llegaron a esta conclusión: «Cuando Donald incrementó sus ondas tranquilas, cambió no sólo su estrategia para el trabajo escolar, sino también sus interacciones sociales. Se volvió considerado y educado y empezó a hacer amigos y a establecer amistades duraderas».[7]

## Estudios científicos

En 1995, los científicos reportaron un estudio con 23 niños de ocho a 19 años de edad.[8] Utilizaron medidas subjetivas y objetivas de los cambios antes y después del tratamiento. Los investigadores desarrollaron una técnica de biorretroalimentación para reducir el exceso de ondas theta lentas y aumentar las ondas beta deficientes, cuando resultaba apropiado. Durante un verano, estos niños recibieron capacitación intensa en biorretroalimentación durante una hora cinco días a la semana. La Prueba de Variables de la Atención (Test of Variables of Attention, TOVA) midió el desempeño antes y después de todas las sesiones de biorretroalimentación. Todos los sujetos mejoraron en esta prueba computarizada objetiva. Los niños que recibían medicamentos estimulantes también mejoraron en la TOVA, pero los efectos sólo duraron mientras el medicamento estuvo presente en el torrente sanguíneo. Los niños que reciben biorretroalimentación se espera que mantengan sus avances a través del tiempo, sin necesidad de ésta.

Los mismos científicos estudiaron el efecto de la biorretroalimentación en las calificaciones del IQ. Los sujetos se eligieron porque las pruebas del IQ se realizaron dos años antes de la biorretroalimentación, periodo necesario puesto que los niños casi siempre mejoran en las pruebas del IQ si éstas se repiten a los seis meses. Al principio del estudio, se tomaron lecturas del EEG de base. Después de 40 sesiones de biorretroalimentación durante un verano, todos los sujetos en este estudio mostraron mejorías en los resultados del EEG y calificaciones del IQ mucho más altas. Los científicos llegaron a la conclusión de que, con base en la experiencia clínica, «es evidente que la capacitación en biorretroalimentación para el EEG en los individuos con ADHD es una técnica auxiliar poderosa que forma parte de un proceso de tratamiento con componentes múltiples».[9]

En otro estudio que se realizó en 1995, los científicos compararon los efectos de 20 sesiones de biorretroalimentación sobre los síntomas del ADHD a través de los resultados obtenidos con medicamentos estimulantes.[10] Se eligieron 46 pacientes de ocho a 20 años de edad. Los participantes se dividieron en dos grupos de 23 sujetos cada uno. Uno de los grupos recibió biorretroalimentación y el otro recibió medicamentos estimulantes. La TOVA, una medida objetiva de la atención y la impulsividad, así como de la velocidad para procesar la información, se aplicó a cada uno de los sujetos antes y después del tratamiento. Padres de familia y maestras llenaron los cuestionarios sobre el comportamiento. El grupo que recibió la biorretroalimentación mejoró en gran medida sus calificaciones en la TOVA y el comportamiento medido. Mostró avances en atención, impulsividad y velocidad para procesar. Los padres de familia y las maestras reportaron un mejor comportamiento y mejor desempeño en la escuela. Después, el grupo que recibió biorretroalimentación se comparó con los que tomaron medicamentos. Ambos grupos, los que recibieron biorretroalimentación y los que tomaron medicamentos, experimentaron mejorías comparables. Los autores llegaron a la conclusión: «El programa de biorretroalimentación con EEG es un tratamiento efectivo para el ADHD y quizá sea el tratamiento por excelencia en aquellos casos donde el medicamento no es efectivo, sólo es parcialmente efectivo, tiene efectos secundarios inaceptables o la aceptación del medicamento es baja».[11]

## Ventajas y desventajas de la biorretroalimentación

La biorretroalimentación tiene una ventaja sobre los medicamentos en el sentido de que no hay efectos secundarios. Además, una vez que existe una mejoría, el niño o el adulto la mantiene sin necesidad de más biorretroalimentación, de modo que sus efectos duran toda la vida. Sin embargo, la biorretroalimentación es costosa y consume mucho tiempo. Casi siempre se requiere un mínimo de 40 sesiones de una hora, de modo que los padres deben estar dispuestos a invertir tiempo y dinero.

La biorretroalimentación no es una panacea para todos los niños con ADD o ADHD, pero puede ser parte importante de la solución de la hiperactividad de su hijo.

# Tercera Parte
## Cómo ayudar a su hijo a adaptarse a su nueva dieta

# Qué comprar y cocinar para su hijo con ADD y ADHD

Para este momento, usted ya puede determinar los alimentos que agravan los síntomas de su hijo con ADD o ADHD, y debe diseñar su dieta acordemente. Pero pareciera que casi no hay nada que él pueda comer. ¿Qué va a hacer usted? Que no le agobie el pensar qué comprar y cocinar para su hijo con ADD o ADHD. Sólo dé un paso a la vez y haga lo mejor que pueda. No pasará mucho tiempo antes de que para usted sea una rutina hacer las compras y guisar para su familia. En este capítulo le voy a enseñar cómo empezar.

## Lea las etiquetas de los alimentos

Ahora que ya sabe qué ingredientes y alimentos no puede comer su hijo, deberá tener más cuidado al leer las etiquetas de los alimentos. Tendrá que conocer los ingredientes en cada comida que le sirva a su hijo. Asimismo, querrá conocer el valor nutrimental de dichos alimentos. En primer lugar, busque la lista de ingredientes. Éstos aparecen en orden descendente según la cantidad que contiene el producto. Por ejemplo, un paquete de galletas de centeno tiene como ingredientes centeno entero, salvado de maíz, sal y alcaravea. Por lo tanto, no es de sorprender que el centeno sea el componente más importante y la alcaravea sea el menos. Sin embargo, tome en cuenta que estas galletas sin motivo alguno tienen maíz, que podría afectar a un niño sensible al maíz. Otro ejemplo son los ingredientes de una botella de salsa barbecue: puré de tomate (agua, pasta de tomate), jarabe de maíz alto en fructosa, vinagre destilado, jarabe de maíz, azúcar morena, melaza, sal, fécula de maíz, sabores naturales, especias, cebolla deshidratada y salvado de mostaza. Parece que el puré de tomate es el ingrediente principal; y sin embargo, esta salsa barbecue contiene cuatro formas diferentes de azúcar: jarabe de maíz alto en fructosa, jarabe de maíz, azúcar morena y melaza. ¡El total de azúcares puede superar la cantidad de puré de tomate! Así que lea con cuidado las listas de ingredientes.

Asimismo, revise la «Información nutrimental/nutricional» en la mayoría de las etiquetas. Esta etiqueta presenta la cantidad de cada nutriente que contiene el alimento. Las cifras de la siguiente página son un ejemplo de las nuevas etiquetas de alimentos que aparecen en la mayoría de los productos. El tamaño de la porción para esta comida congelada es una taza; hay cerca de dos porciones y media en un recipiente. En una porción hay 500 calorías, de las cuales 330 provienen de la grasa. Así pues, 66 por ciento de las calorías en este alimento proviene de la grasa. Es muchísimo.

El porcentaje (%) del valor diario es la cantidad de nutrientes al día que hay en una porción para alguien que consume 2,000 calorías al día. Estos valores diarios porcentuales son: total de grasa, grasa saturada, colesterol, sodio, total de carbohidratos, fibra dietética y proteína. Los azúcares, agregados y naturales, aparecen en gramos por porción. Cuatro gramos de azúcar es igual a una cucharadita. Este producto contiene 5 gramos. Una porción de este alimento no contiene vitamina A o vitamina C, pero cuenta con 20 por ciento de calcio y 6 por ciento del valor diario de hierro. No se deje engañar con los productos que afirman con letras grandes que son «puro», «natural»,

«100 por ciento natural» o «totalmente natural». La lectura cuidadosa de la impresión pequeña en las etiquetas pueden revelar ingredientes artificiales como colorantes, saborizantes y conservadores. Más aún, estos productos muchas veces contienen azúcar.

Empiece por leer las etiquetas de los alimentos que tiene en la alacena y que más consume su familia. ¿Tienen colorantes y saborizantes artificiales? Dichos términos como «colorante adicional», «colorante artificial», «colorantes certificados por EU», «tartracina» y «tintura amarilla #5» quieren decir que se añadió color. Si la etiqueta dice «colorante natural con caroteno», el producto está bien. El caroteno, azafrán, la cúrcuma, la cochinilla y el achiote son tintes naturales y no tienen una relación química con los tintes de alquitrán mineral. Sin embargo, se sabe de reacciones alérgicas a la cochinilla y el achiote. Si un producto tiene sabor artificial, la etiqueta debe decir «saborizante artificial». Si se empleó vainilla artificial, la etiqueta tal vez diga, vainillina. Los aceites cítricos y la canela son sabores naturales, aunque tal vez causen efectos en niños sensibles.

| Información Nutrimental/Nutricional Una porción: aprox. 1 taza (30g) aporta: | | | |
|---|---|---|---|
| | 100g | 1 porción (30g) | 1 porción con 1/2 taza de leche descremada |
| Contenido energético (kcal) | 380 | 110 | 150 |
| Proteínas (g) | 20 | 6 | 10 |
| Grasa total (g) de la cual: | 1 | 0 | 0 |
| • Grasa saturada (g) | 0,3 | 0 | 0 |
| • Grasa monoinsaturada (g) | 0,2 | 0 | 0 |
| • Grasa poliinsaturada (g) | 0,5 | 0 | 0 |
| Colesterol (mg) | 0 | 0 | 0 |
| Carbohidratos disponibles (g) de los cuales: | 71 | 21 | 27 |
| • Sacarosa y otros azúcares (g) | 11 | 3 | 9 |
| • Almidones (g) | 60 | 18 | 18 |
| Fibra dietética total (g) de la cual: | 2 | 0,5 | 0,5 |
| • Fibra soluble (g) | 0 | 0 | 0 |
| • Fibra insoluble (g) | 2 | 0,5 | 0,5 |
| Sodio (mg) | 740 | 220 | 280 |
| Potasio (mg) | 180 | 55 | 260 |

219

¿Los productos que hay en su alacena contienen conservadores? Cuando haga sus compras, busque en las etiquetas sustancias químicas como BHA (hidroxianisol butilado), BHT (hidroxitolueno butilado), nitrito o nitrato de sodio y benzoato de sodio, y evítelos.

¿Qué productos contienen azúcar? Elementos importantes como catsup, sal de mesa, mayonesa, pepinillos, pan, jaleas, mermeladas y muchos otros por lo general contienen azúcar y endulzantes de maíz. También debe saber qué productos contienen los alimentos naturales que evitará en la dieta de eliminación de alimentos comunes: leche, huevo, maíz, trigo, centeno, chocolate, cola, azúcar, leguminosas y cítricos. Posteriormente en este capítulo, le haré sugerencias para sustituir estos alimentos comunes en la dieta de su hijo.

Se espera que toda la familia lleve la dieta, por lo tanto es mejor no tener ninguno de estos productos en casa. Saque de la alacena y el refrigerador todos los alimentos que no estén permitidos. El ansia por los alimentos prohibidos puede ser muy grande y es más sencillo no tener alrededor estos alimentos tentadores.

## Compra de comestibles

Las compras de comestibles en este momento pueden complicarse un poco y requerir más tiempo. Planee pasar cierto tiempo leyendo las etiquetas e ideando antes y durante su viaje al supermercado. Al principio, empezar con una dieta nueva puede ser abrumador, al igual que hacer las compras necesarias. Al final, considerará las compras como un paseo en tanto empieza a pasar por alto de manera automática los artículos que usted y sus hijos ahora deben evitar. Si puede, haga las compras sin sus hijos. De lo contrario, las compras tardarán el doble e interrumpirán su concentración. Después de que su hijo haya estado un tiempo bajo esta dieta, que haya perdido el ansia por el azúcar y sea más razonable, puede llevarlo con usted al supermercado y ayudarle a ser un atento lector de las etiquetas. Después de todo, algún día estará por sí solo y será responsable de hacer las compras. Si está acostumbrado a los productos de dulce cuando va al supermercado, llévese zanahorias, nueces, galletas saladas, frutas o una galleta saludable (consulte la sección de recetas).

Imaginemos un viaje al supermercado. Vamos a recorrer pasillo por pasillo, según la distribución del supermercado. Primero llegamos a las carnes frías procesadas empacadas al vacío. Pueden contener colorantes y saborizantes artificiales, conservadores, azúcar, maíz y leche. Es probable que no pueda comprar nada de esa variedad. Usted podría preparar fácilmente su propia salchicha en casa. Evite la sección de salchichonería. Consulte un libro de cocina o las instrucciones que acompañan a los productos embutidos. Tal vez encuentre salchicha para hot dog y embutidos sin aditivos y rellenos en una tienda naturista. ¡Los hot dogs son los alimentos favoritos de muchos niños! No compre pavos que contengan colorante artificial y mantequilla, aunque es probable que encuentre pavos congelados sin procesar o frescos, en especial si está cerca la Navidad. Lea las etiquetas en los paquetes de pescado congelado. Procure encontrar marcas sin aditivos. No compre pescado empanizado que contenga trigo, huevo, azúcar o colorante. Mejor aún, visite el departamento de mariscos y elija pescado fresco, sobre todo el pescado de agua fría rico en ácido graso omega 3 (atún fresco, salmón, robalo, sardinas, etc.). En el departamento de carnicería, elija carnes y aves frescas y sin grasa.

Nuestro siguiente pasillo tiene dulces de un lado y productos de pasta del otro. Olvídese de los dulces y chicles. Incluso algunos malvaviscos tienen un poco de tinte, sin mencionar todo el azúcar que contienen. Tal vez prefiera comprar la pasta en tiendas naturistas, donde puede encontrar las hechas de grano entero. Para los sensibles al trigo, hay pastas hechas de maíz, arroz y escanda. En cuanto a las salsas para pasta, casi todas se encuentran en tiendas naturistas y no contienen azúcar adicional. Lea con cuidado las etiquetas. Prepare su propio macarrón con queso legítimo. Sólo compre arroz integral sin procesar. Evite combinaciones de arroz que contengan MSG, azúcar, y maíz.

Luego están las latas de carne, de pescado y las sopas. Muchas marcas de atún y salmón están bien, pero olvídese de la carne deshebrada, la carne para untar y los guisados en lata (contienen colorantes, nitritos, maíz y azúcar). La mayoría de las sopas, caldos y cubos de consomé concentrado contienen azúcar, MSG, endulzantes de maíz, y proteínas, quizá aceites parcialmente hidrogenados, el conservador BHT, colorante de caramelo, proteína de soya y trigo. En una tienda naturista puede comprar caldos y sopas, o consulte las recetas de concentrado de pollo y carne de res en la sección de recetas que se preparan con facilidad. Del otro lado del pasillo están las galletas de grano entero y las galletas sin azúcar, colorantes y conservadores. Tal vez en el supermercado o la tienda naturista encuentre las galletas o los pastelillos de arroz.

Pasamos al siguiente pasillo y encontramos las bebidas como los tés y la cocoa. Tal vez vea algunos tés herbales que todos puedan disfrutar y que no contienen cafeína. No compre bebidas de cocoa o chocolate; hasta la bebida de algarrobos tiene azúcar adicional. Del otro lado del pasillo están los condimentos. Todas las salsas catsup tienen azúcar o endulzantes de maíz, aunque ciertas marcas producen una catsup endulzada con jugo concentrado de manzana o pera. Algunas contienen tinte rojo para que se vean más rojos que los tomates. Otras salsas catsup de tiendas naturistas tienen miel. Las salsas barbecue también contienen azúcar. Busque la receta de la salsa barbecue sin azúcar. Quizá deba descartar los pepinillos (contienen colorantes, azúcar y jarabe de maíz), pero puede utilizar alcaparras, que son un buen sustituto de los pepinillos picados. Seguramente encontrará una mostaza adecuada. Busque mayonesa sin azúcar ni huevo en una tienda naturista. Los aderezos para ensaladas por lo general contienen azúcar, colorantes artificiales, huevo y maíz. Existen algunas marcas que producen aderezos sin dichos ingredientes. Si no puede encontrar un aderezo adecuado, prepare uno sencillo y económico. Busque una receta en las hojas siguientes.

Ahora llegamos a las frutas y verduras enlatadas. Lea con detenimiento las etiquetas. Muchas verduras enlatadas contienen colorantes artificiales, endulzantes de maíz y azúcares. Algunos frijoles están en seco. Busque fruta envasada en su jugo, no en almíbar. Los cocteles de frutas por lo general tienen cerezas maceradas en marrasquino coloreadas artificialmente, además del azúcar adicional. Sin duda encontrará puré de manzana sin azúcar. Cuando seleccione frutas secas, busque frutas deshidratadas en la tienda y evite las que contengan dióxido de azufre. Muchas de las bebidas y los jugos de fruta embotellados son un desastre (contienen colorantes artificiales, azúcar y jarabe de maíz). Utilice sólo jugos de frutas 100 por ciento natural como de naranja, manzana, piña, uva, toronja y tomate.

De acuerdo con lo que leyó sobre los cereales en la primera parte, muchos están repletos de azúcar, colorantes artificiales y conservadores. Si su hijo no es sensible a los granos, quizá quiera ver los cereales que ofrece la tienda naturista. Asegúrese de leer todas las etiquetas. Incluso algunas hojuelas de maíz de tiendas naturistas pueden contener azúcar adicional. Existen cereales sin azúcar o endulzados con jugo de fruta. Las bebidas instantáneas para desayuno están fuera. Usted puede preparar licuados de frutas sencillos (consulte las recetas).

Debe evitar harinas preparadas para pastel, glaseados preparados, cortezas para pay, polvo para gelatina y budines por obvias razones. Busque gelatinas sin sabor. En el pasillo de las harinas, y si su hijo no es sensible al trigo, compre harina de trigo entero sin blanquear o, mejor aún, molida, que es más nutritiva. Al principio de su nueva dieta, y en tanto su familia se ajusta a los cambios, tal vez quiera mezclar trigo entero con harina sin blanquear para que la textura no esté tan gruesa. La harina para pasta de trigo entero es más fina y sirve mejor para galletas, hot cakes y panecillos. Es probable que encuentre en la tienda harinas de centeno, avena, papa, arroz, quinua y amaranto, o quizá deba buscarlas en tiendas naturistas. Compre en el supermercado o en una tienda naturista aceites de soya o canola prensados en frío.

Lea las etiquetas de las especias que compre. La mayoría son buenas, pero de vez en cuando encontrará que tienen MSG, colores artificiales o dextrosa. Sólo compre extractos puros: vainilla, naranja, limón, lima, menta y almendra. El coco rallado con frecuencia tiene azúcar adicional y saborizante artificial, por lo que debe comprar únicamente coco puro sin endulzar, tal vez en una tienda naturista. Olvídese del chocolate y busque polvo de algarrobo sin endulzar, pero tenga cuidado porque el polvo de algarrobo puede contener canela y aceites cítricos, aun cuando la etiqueta sólo indique «sabor natural». Sólo elija nueces sin conservadores, aceites o azúcar. Lo mejor son las nueces crudas y sin procesar. Tendrá que buscar sal sin azúcar y polvo para hornear sin maíz en una tienda naturista.

Seleccione muchas verduras y frutas secas, pero si su hijo es sensible a ellas, tenga en mente que en la dieta de eliminación de alimentos comunes debe evitar maíz y frutas cítricas. Precaución: las verduras como calabacitas, nabos, calabaza italiana, pepinos y pimientos verdes con frecuencia están enceradas por lo cual debe evitarlas o pelarlas, ya que las sustancias químicas no son solubles en agua. A veces también enceran las manzanas. Seleccione manzanas opacas y que no se vean enceradas, o pélelas antes de comerlas. Muchas veces las frutas y verduras se tratan con pesticidas. Algunos estudios revelan que manzanas, uvas, frijoles, duraznos, peras, espinacas y calabazas cosechados en Estados Unidos contienen niveles mucho más elevados de sustancias químicas tóxicas que otros alimentos. Entre los alimentos comunes con bajos residuos de pesticidas están: jugo de manzana, plátano, brócoli, duraznos enlatados, leche, jugo de naranja, elote y chícharos enlatados o congelados. Los investigadores consideran que los residuos de pesticidas son una mayor amenaza contra la salud en niños que en adultos. En los niños pueden afectar de manera desfavorable el sistema nervioso central en desarrollo. En general, su mejor opción son los productos orgánicos. Cuestan un poco más, pero bien valen la pena.

Es un buen momento para que seleccione las frutas y verduras que rara vez ingiere como papaya, melón chino, camotes, calabaza, etc., ya que es menos probable que su hijo sea sensible a alimentos que come en pocas ocasiones. En el área de productos están los tarros de frutas cítricas. Algunas contienen azúcar y otras benzoato de sodio, de modo que si su hijo puede comer frutas cítricas lo mejor es que usted elija las toronjas y naranjas en vez de comprarlas en tarros. Las ensaladas de frutas contienen colorantes artificiales y jarabe de maíz, y las de verduras tienen conservadores. Mejor prepare una (consulte las recetas).

La mayoría de los alimentos del área de lácteos no entraría dentro de lo permitido en la dieta de eliminación de alimentos comunes (productos lácteos, quesos y huevo). Si su hijo no es sensible a la leche, compre leche blanca baja en grasa, que no sea leche de chocolate. Para la dieta de eliminación de alimentos comunes debe buscar margarina (la mantequilla es producto lácteo) con una base de cártamo de coloración natural con caroteno. Busque en una tienda naturista, aunque incluso en éstas es difícil encontrar una que no contenga aceites parcialmente hidrogenados. Casi todas las margarinas se preparan con leche, aceite de maíz y colorante, ya sea achiote o amarillo #5 y #6. Otra opción es que aclare la mantequilla; es decir, elimine los alér-

225

genos sólidos de la leche. Primero derrita la mantequilla a fuego lento, luego deje a un lado durante unos minutos para que se asienten los sólidos de la leche, quite la grasa acumulada en la parte superior de la mantequilla y refrigere. Deseche los sólidos de la grasa. Si su hijo no es sensible a la leche, existen algunas marcas de mantequilla sin colorante. Los fabricantes agregan colorante (por lo general achiote) a la mantequilla para estandarizar el tono amarillo, ya que el color de la mantequilla varía con la época del año y si las vacas pastan o comen en establo. La mantequilla sin sal no tiene colorante. Los quesos amarillos por lo general se colorean con achiote o caroteno. Cuando compre crema ácida, crema batida, queso cottage o yogur, recuerde que está comprando productos lácteos y que debe elegir marcas con el mínimo de aditivos. Muchas veces se agregan gomas como estabilizadores, y algunas personas son sensibles a ellas. Sólo elija yogur natural, ya que las variedades con fruta tienen azúcar o aspartame. En la sección de alimentos refrigerados también encontrará pasteles de levadura o paquetes de levadura seca. Compre una marca sin conservadores.

Si su hijo no es sensible al trigo, asegúrese de comprar pan de grano entero cuyo primer ingrediente en la lista sea éste. Algunos panes contienen color de caramelo para que parezcan más saludables o enteros. Los productos horneados pueden tener tinte amarillo para hacerle creer que el producto contiene huevo. La mayoría del pan se prepara con harina blanqueada, mucha azúcar, aceites vegetales parcialmente hidrogenados y conservadores. Desde luego que en algunos niños existe el problema básico del trigo mismo. Los panes comerciales de avena, cebada y centeno siempre tienen trigo adicional. Tal vez deba preparar su propio pan, rollos y bollos. Quizá decida invertir en un aparato eléctrico para preparar pan. Hacer productos horneados sin trigo y centeno no es tan fácil como hornear con trigo; posteriormente en el capítulo se sugieren sustituciones.

La mayoría de las mermeladas y jaleas contienen azúcar o jarabe de maíz, aunque hay ciertas conservas de frutas. Utilice todas en pequeñas cantidades porque contienen azúcares naturales concentrados. Seleccione crema de cacahuate preparada sólo con cacahuates y sal. Si en la dieta de eliminación de alimentos comunes debe evitar los cacahuates, busque en una tienda naturista una crema de nuez o de almendras.

En la sección de alimentos congelados, compre verduras sin matequilla y frutas sin azúcar. Para un plato dulce ocasional busque helado de vainilla endulzado con aspartame. La mayoría de las tiendas naturistas venden productos de arroz que no tienen leche ni endulzante. La mayoría de las paletas heladas de sabor son un desastre: están llenas de azúcar, colorantes y sabores artificiales. Algunas congeladas no contienen colorantes ni sabores artificiales, pero sí tienen sorbitol y aspartame. Puede hacer helados de sabor fácilmente en su casa. Sólo congele jugo sin endulzar ni colores o sabores artificiales en una charola de cubos de hielo o en recipientes para paleta. Lea las etiquetas de los jugos de fruta congelados. Muchos contienen azúcar o jarabe de maíz, y algunos cuantos, como el jugo de lima, llevan tintes.

En el siguiente pasillo están las botanas de un lado y los refrescos del otro. Si su hijo tolera el maíz, las tostaditas horneadas bajas en grasas y los Tostitos, que sólo son maíz y sal, son buena idea para una botana. La salsa natural de los Tostitos contiene una pequeña cantidad de azúcar y es un buen acompañante de estas frituras. Si su hijo puede tolerar el trigo, las galletas saladas de masa ácida están preparadas con harina blanca, pero no contienen grasas «malignas» o azúcar. Asimismo, busque galletas saladas de trigo entero sin azúcar o grasas parcialmente hidrogenadas. Existen galletas saladas de trigo entero rellenas de crema de cacahuate. Procure evitar las papas fritas horneadas que se venden en supermercados, ya que todas parecen tener grasas nocivas y azúcar. Busque papas fritas horneadas sin azúcar ni grasas nocivas. Hay diferentes frituras de vegetales con colores exóticos de yuca, camote o taro cocinadas en aceite de canola. Son más bajas en el total de grasa y grasa saturada que las papas fritas normales.

En el lado opuesto de esta hilera están los refrescos. Compre Club Soda y agregue a ésta jugo de frutas para preparar su propia versión de refresco. Después, cuando su hijo mejore, en ocasiones especiales podría probar con algunos mililitros de refrescos de dieta sin colorante como 7Up, Sprite y Squirt. Éstos contienen extractos de cítricos y aspartame.

Como puede ver, gran parte de sus compras deberá hacerlas en una tienda naturista, donde podrá encontrar con mayor facilidad productos sin aditivos que su hijo no pueda tolerar. Algunas tiendas naturistas tienen artículos con colorantes y saborizantes artificiales, conservadores y mucha azúcar que puede identificarse como «azúcar natural», «azúcar morena», «azúcar de caña», o «azúcar turbinado» Tenga cuidado con estos productos y evítelos. Pronto descubrirá que sus compras en el supermercado las realiza con rapidez; se desviará de muchas áreas y sabrá justo qué marcas buscar. No es mala idea que de vez en cuando lea las etiquetas, incluso las de productos que usted sabe que no tienen aditivos intolerables, ya que con el tiempo los fabricantes cambian sus productos.

## Cocinar sin alimentos comunes que pueden desencadenar reacciones

En este momento ya se estará preguntando: «¿Cómo voy a evitar estos alimentos y alimentar a mi familia con comidas apetecibles y nutritivas?» A continuación se presentan sugerencias de algunas sustituciones.

228

## Leche

Existen muchos sustitutos de la leche, pero pronto aprenderá a determinar cuál tiene un mejor sabor en cierta receta. Asimismo, querrá leer la etiqueta para ver cuánto obtiene su hijo (una taza de leche de vaca tiene 300 miligramos de calcio y 100 unidades internacionales de vitamina D). Pruebe la leche de arroz enriquecida. Se prepara con base en arroz, no está endulzada, y está fortificada con calcio y vitamina D. La leche de soya es otra alternativa adecuada. Algunas marcas están fortificadas con calcio y vitamina D. Puede sustituir la leche de vaca por ambas leches. Prepare su propia leche de «plátano» en casa; funciona bien en los cereales. Vierta en una licuadora medio plátano chico y una taza de agua, licúe a velocidad máxima hasta suavizar; sirva de inmediato. La «leche» de nuez también combina bien con los cereales. Mezcle en una licuadora un tercio de taza de nueces sin procesar, almendras rebanadas, nuez lisa o semillas de girasol con una taza de agua; licúe a máxima velocidad hasta suavizar. La leche de nuez sabe mejor fresca, pero puede refrigerar la que quede. Úsela hasta uno o dos días después de su preparación.

Sustituya con jugo de piña sin azúcar la leche medida a medida en recetas que requieran de leche. Funciona de manera sorprendente en waffles, hot cakes, panecillos o bisquets. En las sopas de crema o guisados, sustituya taza por taza de leche con consomé de pollo concentrado. Por ejemplo, puede preparar una «cremosa» sopa de tomate usando consomé de pollo concentrado, pasta de tomate y sazonadores. El consomé de pollo concentrado también sirve en las cremas de mariscos. Tal vez primero quiera espesar el consomé concentrado con fécula de maíz o maranta en polvo para darle una rica consistencia cremosa. Cuando haga puré de papa, use un poco de agua donde hirvió las papas en vez de leche, o utilice leche de arroz enriquecida.

## Huevo

El huevo actúa como agente de fermentación en recetas, aligerando el producto terminado. El huevo también une los ingredientes y evita que se desmorone el producto terminado. Por lo tanto, cocinar sin huevo a veces es difícil en algunos tipos de recetas, pero por lo general debe utilizar el huevo en una receta. Las galletas y los panes de cocción rápida con frecuencia quedan bien sin huevo. Si tiene una receta en la que requiera el uso del huevo, trate de no incluirlo. Cuando haga galletas sin huevo, engrase y ponga un poco de harina en el molde para galletas a fin de evitar que éstas se extiendan. Quizá tenga la curiosidad de usar un sustituto de huevo en las recetas, pero tenga cuidado: a pesar del término, algunos sustitutos de huevo contienen clara de huevo. Pruebe con un sustituto comercial sin huevo. Siga las instrucciones del paquete. Use la receta del sustituto de huevo con chabacano en páginas siguientes a fin de sustituir el huevo en carne mechada, panecillos y panes de cocción rápida. En los panecillos, hot cakes y panes de cocción rápida, sustituya un huevo con 2 cucharadas de harina de almidón permitida, media cucharada de mantequilla o margarina permitida, media cucharadita de polvo para hornear y 2 cucharadas de líquido.

## Maíz, trigo y centeno

Existen varias alternativas que puede usar para el trigo, pero no se sorprenda si no tiene el sabor y la textura que obtiene con el trigo. Las harinas de centeno y cebada son similares a las de trigo, pero la mayoría de los niños que son sensibles al trigo también lo son al centeno y la cebada. Asimismo, hay varias alternativas para el uso de fécula de maíz en las recetas.

Para espesar, una cucharada de fécula de maíz es igual a cualquiera de las siguientes:

√ 1 cucharada de maranta.

√ 2 cucharadas de harina de trigo.

√ 1 cucharada de harina de almidón de papa.

√ 1 cucharada de harina de arroz.

√ 4 cucharaditas de tapioca de cocción rápida.

Sustituya una taza de harina de trigo con:

√ 1 taza de amaranto.

√ 1 taza de quinua.

√ 1/2 taza de maranta.

√ 1/2 taza de harina de cebada.

√ 3/4 de taza de harina de trigo sarraceno.

√ 1 taza de harina de maíz.

√ 1 taza y 1/3 de avena finamente picada o harina de avena.

√ 5/8 de taza de almidón o harina de papa.

√ De 3/4 a 7/8 de taza de harina de arroz.

√ 1 taza y 1/3 de harina de soya.

√ 1 taza de harina de tapioca.

A veces funciona mejor si sustituye una combinación de harinas para una taza de harina de trigo:

√ 5/8 de taza de harina de arroz más 1/3 de taza de harina de papa.

√ 5/8 de harina de arroz más 1/3 de taza de harina de centeno.

√ 1 taza de harina de soya más 1/4 de taza de almidón de papa.

√ 1/2 taza de fécula de maíz más 1/2 taza de harina de papa.

Para espesar, una cucharada de harina de trigo es igual a una de las siguientes:

√     1 y 1/2 cucharaditas de fécula de maíz.
√     1 y 1/2 cucharaditas de maranta.
√     1 y 1/2 cucharaditas de almidón de papa.
√     1 y 1/2 cucharaditas de harina de arroz.
√     2 cucharaditas de tapioca de cocción rápida.

En lugar de espagueti y tallarines, pruebe fideos chinos, arroz, tallarines de harina de arroz, masa blanda para espagueti, pasta de maíz y fideo delgado de arroz.

## Chocolate

El algarrobo es un sustituto del chocolate; sano, delicioso, sencillo y con endulzante natural. Sustituya la cocoa con polvo de algarrobo medida por medida. Sustituya un cuadrito de chocolate sin endulzar por 3 cucharadas de polvo de algarrobo, más una cucharada adicional de aceite vegetal o mantequilla. Sustituya las chispas de chocolate con frutas secas finamente picadas como chabacanos, higos, y en especial dátiles en recetas apropiadas como una alternativa más sabrosa y saludable.

## Azúcar

Tal vez su hijo lleve una dieta baja en o sin azúcar. En muchas recetas, simplemente puede omitir el azúcar. Por ejemplo, algunas recetas para salsa de espagueti requieren de azúcar. No le ponga. Del mismo modo, muchas marcas comerciales de salsa de espagueti contienen azúcar o endulzantes de maíz. ¿Quién necesita el sabor dulce en una salsa de espagueti? Si prepara su propio pan, es muy probable que le agregue un poco de azúcar para ayudar a que aumente la levadura y suba el pan. Simplemente no le ponga. Su pan esponjará igual de bien sin azúcar, aunque quizá tarde un poco más. En recetas para panecillos, waffles o bisquets, omita el azúcar. Unte una conserva de frutas o jarabe de mora azul (consulte las recetas) o salsa de fresa (consulte las recetas), o elija una receta que requiera fruta de sabor dulce como manzanas, peras o moras azules. Sustituya la leche con jugo de piña sin endulzar para agregar un sabor dulce adicional. Incluso puede preparar helado sin edulcorantes. Sólo añada jugo de naranja concentrado o jugo de piña sin endulzar para darle un toque dulce al helado. Si le pone pasas o dátiles picados a las recetas, endulzará alimentos sin agregar azúcar de mesa o edulcorantes. Si su hijo tolera los edulcorantes, úselos de vez en cuando. Un sobre de endulzante es igual a 2 cucharaditas de azúcar.

Cocinar sin algunos de sus alimentos favoritos será todo un reto, pero al seleccionar ingredientes alternativos y modificar sus recetas puede apegarse a la dieta de su hijo y seguir comiendo bien.

## Cómo celebrar los días festivos

Si su hijo tiene problemas de comportamiento, es probable que se agudicen en épocas de fiestas. La anticipación y emoción aunadas a la ingestión de alimentos altos en azúcares, ingredientes artificiales y alimentos a los cuales es sensible su hijo provocan lágrimas, berrinches y un momento difícil para todos.

Existen tres formas de manejar los días festivos. La primera es «mandar a volar la dieta» y dejar que su hijo coma lo que quiera con el entendido explícito de que se reanudará la dieta en cuanto terminen las festividades. El punto desfavorable de este enfoque es que su hijo puede estar fuera de control y arruinarle la fiesta a todos. La segunda es limitar las cantidades de alimentos prohibidos. Hable con su hijo antes de la fiesta y establezcan la cantidad de cada alimento o dulce que puede comer, quizá una pequeña rebanada de pastel o tres piezas de dulce. Haga énfasis en los alimentos que a él le gustan y que puede comer sin riesgo alguno. La tercera es apegarse a la dieta y sin embargo ofrecerle platos dulces alternativos. Hable con su hijo sobre la fiesta por venir y explíquele que no podrá comer algunas cosas que anteriormente comía. Haga una lista de los alimentos que puede ingerir, en especial los que más le gustan. Si él entiende la situación, tiene una buena oportunidad de cooperar con usted. Tendrá que elegir el enfoque que mejor convenga a su familia.

Preparar un alimento especial para las festividades y los cumpleaños al mismo tiempo que cuidar las necesidades dietéticas puede parecer una tarea imposible. En algunas festividades como la Pascua o Halloween, por desgracia, los caramelos y dulces son el atractivo especial, sobre todo para los niños. Debe reconsiderar un poco a fin de encontrar ideas que reflejen de igual modo la sensación de una festividad, pero que sean nutritivas y sigan las necesidades dietéticas de la familia.

Primero, es imperativo tener una actitud positiva. Si usted es quien cocina en la familia, debe tomar la determinación de servir alimentos y tentempiés atractivos y nutritivos que todos puedan comer. Hágalo con mucho gusto de modo que el resto de la familia se siente a la mesa con la mentalidad adecuada. Lo anterior tiene una importancia especial al principio de la dieta. Las probabilidades para su hijo son altas, lo cual hace que en el esfuerzo extra valgan la pena su tiempo y energía.

Segundo, no sienta que debe servir una gran variedad de alimentos. Un menú sencillo preparado con esmero es mejor que muchos platillos que la dejan agotada y frustrada. Seleccione de la dieta las cosas que más le gusten a su familia y tenga un cuidado especial cuando vaya de compras a fin de que elija las carnes, frutas y verduras de la mejor calidad que usted pueda costear. Agregue a los platones de carnes o los guisados adornos como perejil o frutas en rebanadas para que su apariencia sea más agradable.

Planee los menús con anticipación y prepare de antemano lo más posible. Pida ayudantes en la cocina. Incluso los niños pequeños pueden ayudar, lo cual les da una buena sensación sobre sí mismos.

No abandone sus recetas viejas. Si revisa los menús que antes usaba en las festividades, es muy probable que descubra que muchas recetas están bien para que las use como están. Aun si incluyen ingredientes prohibidos, no tema en probar sustitutos. En los platillos horneados, pruebe con un sustituto de huevo. Utilice harinas de avena, arroz, amaranto o quinua en vez de harina de trigo. Puede sustituir la leche con agua, o jugo de fruta si es que necesita sabor y dulzura. O pruebe con la leche de arroz enriquecida o la leche de soya.

Quinto, cuando en las festividades le inviten a casa de sus amistades, ofrezca llevar un platillo que a su hijo le guste y pueda comerlo. Tal vez la anfitriona entienda su problema y le prepare algunos alimentos alternos para su hijo que todos disfruten.

Las siguientes son algunas sugerencias para las festividades individuales. Tendrá que adaptar los menús y las recetas a la dieta de su hijo.

## Navidad

La Navidad también debe ser una celebración especial. Para las fiestas de Navidad, pruebe las galletas de calabaza, de vainilla, de avena y edos (consulte las recetas). Saque tazones de nueces sin procesar (si le gustan más las nueces asadas, sólo revuélvalas en un poco de aceite de soya y canola y tueste en un molde de galletas en el horno hasta que se doren un poco; espolvoree una pequeña cantidad de sal). Sirva un platón de verduras frescas o frutas de colores con salsas. Las bebidas pueden ser simples: jugo de fruta 100 por ciento natural sin endulzar servida en un vaso con hielos y acompañados de una servilleta con motivos navideños. El jugo de cereza y arándano sin endulzar está lleno de colorido y es delicioso. Los alimentos anteriores se pueden disfrutar y mantienen a su hijo dentro de la dieta sin que él siquiera se entere.

La cena de Navidad puede prepararse con el siguiente menú:

√      Carne cocida a fuego lento con salsa.

√      Papas gratinadas.

√      Calabaza (verde de cáscara dura en forma de bellota) al horno.

√      Ensalada con aderezo italiano (consulte las recetas).

√      Rollos de trigo.

√      Pastel de manzana (consulte las recetas) con cubierta de chantilly (consulte las recetas).

Si el problema es el trigo, espese la salsa con alternativas que se ofrecen en la sección de recetas. Sirva la calabaza con un poco de mantequilla o de margarina permitida. En vez de preparar el pan de trigo, use la misma masa para hacer rollos. Aun cuando el menú haya variado, tendrá una comida apetecible para la familia y los invitados que puede manejar con relativa facilidad.

No rellene la calceta con un bastón de caramelo u otros dulces. En cambio, ponga una naranja y algunos juguetes pequeños como carritos, juegos de cartas, un yoyo, un animal de peluche, crayolas, lápices y bolígrafos especiales, etcétera.

## Año nuevo

Una casa abierta para los amigos y vecinos puede ser una excelente forma de empezar el año nuevo. Haga sus propias bolas de queso con queso legítimo. Sirva nueces, galletas saladas y frituras permitidas o rosetas de maíz. Muchos que estén buscando mantener bajo el consumo de calorías le agradecerán una charola de verduras crudas con dip. Sirva jugo de manzana caliente hervido a fuego lento con varitas de canela. El aroma llenará su casa con la alegría de las fiestas. Elija productos que su hijo pueda consumir de modo que tanto él como los demás niños se sientan parte de la fiesta, aun cuando todo sea nutritivo y se apegue a su dieta.

## Pascua

La Pascua es otra festividad que parece circular en torno a los caramelos y dulces. No ponga dulces en la canasta de Pascua. En cambio, incluya juguetes pequeños de acuerdo con la edad. Si quiere pintar huevitos, puede hacer que su hijo se divierta usando tintes naturales. Estas son algunas ideas: Pinte el huevo de azul, agregue una cucharada de vinagre a una taza de jugo de mora azul o de uva. El huevo se torna de un color medio azul lavanda. Para pintar un huevo de café, agregue 2 cucharadas de vinagre a una taza de café. Para pintarlo de rosa, agregue 2 cucharadas de vinagre a una taza de jugo de betabel. Para pintar un huevo de amarillo, agregue una cucharadita de azafrán a una taza de agua e hierva a fuego lento durante 5 minutos. Enfríe y cuele. Agregue una cucharada de vinagre a una taza del tinte de azafrán y sumerja el huevo. Este tinte dará al huevo un color amarillo más brillante.

PARA LA CENA DE PASCUA, SIRVA:

Pierna de cordero asada con salsa.

Papa al gratín.

Zahanorias cocidas.

Pan de trigo (consulte las recetas).

Helado de naranja (consulte las recetas) o un postre de arroz sin lácteos (lo encuentra en la mayoría de las tiendas naturistas).

Ase la pierna de cordero y guarde el jugo para preparar la salsa. Evite la jalea de menta porque tiene tintes de color verde artificiales y azúcar. Haga sus propias papas al gratín usando queso sin colorante o queso con colorante de achiote. El helado de naranja es un final agradable para esta cena. Puede preparar su propio jugo de piña congelado en vez de jugo de naranja.

## FIESTAS PATRIAS

Las fiestas patrias son ocasiones ideales para un día de campo.

Sirva como menú:

Hamburguesas a la parrilla o salchicha permitidas en bollos.

Charola de bocadillos con dip de verduras (consulte las recetas).

Gelatina de jugo de frutas (consulte las recetas).

Ensalada de papa.

Canasta de sandía con frutas.

Galletas (consulte las deliciosas recetas).

Busque salchichas para hot dog congeladas en una tienda naturista. Tal vez tenga que hacer las medias noches. Utilice la receta del pan de trigo (consulte las recetas) y divida en porciones de medias noches. Deje que esponje y hornee. El jugo de uva con trozos de frutas dan una apariencia agradable al sustituto de gelatinas comerciales. Para la canasta de sandía, corte la sandía entera a la mitad a lo largo. Retire la pulpa, las semillas y corte en trozos de 2.5 cm. Corte en perlas una variedad de frutas como melón chino, fresas, frambuesas, melón, uvas, kiwis y piña. Justo antes del día de campo, rellene la media sandía con la fruta añadiendo pequeñas cantidades de cada fruta hasta llenarla. Enfríe y sirva con galletas.

## Halloween

Los dulces son el principal atractivo del Halloween. En lugar de sacar la clásica «comida chatarra», deles manzanas, una cajita de pasas, lápices especiales, monedas y engomados.

Desde luego que su hijo querrá ir a pedir Halloween. Aclárele una vez más que no va a poder comer la mayoría de lo que le den, y asegúrese de tenerle cosas que estén permitidas para él. Quizá a él le gustaría intercambiar sus dulces por monedas. O tal vez usted pueda establecer un día de la «Bruja buena». El niño selecciona un par de dulces que se comerá en Halloween y los demás se los guarda a la «Bruja buena», quien llega de noche y le deja un regalo bonito. Usted puede tirar todos los dulces o regalarlos.

Asimismo, podría hacer una fiesta de Halloween para su hijo. El menú sería:

√ Pastel de manzana (consulte las recetas) con cubierta de chantilly (consulte las recetas), decorada como una cara de calabaza.
√ Rosetas de maíz, nueces o semillas tostadas.
√ Sidra de manzana caliente.
√ Ponche de brebaje de brujas (vea a continuación).

Pida a los invitados que lleguen disfrazados. Adorne el área con listones y globos de color negro y anaranjado. Calacas y brujas de papel, fantasmas hechos de hojas usadas, maíz y mazorcas con adornos completos. Haga un centro de mesa de calabaza con una linterna hecha de una calabaza hueca con una vela adentro. Las actividades pueden ser: tratar de tomar con la boca manzanas colgadas, clavar la nariz en la calabaza, una búsqueda del tesoro e historias de fantasmas.

Sirva toda la comida estilo bufét y deje que se sirvan solos. El pastel con cara de calabaza en un pastel de manzana (consulte las recetas) con cubierta de chantilly (consulte la sección de recetas) a la cual le dio color con jugo de zanahoria. Marque la cara delineando los ojos, la nariz, y la boca con pasas o nueces. El ponche de brebaje de brujas es una combinación de los jugos 100 por ciento de frutas favoritos. Vacíe en el ponche pedacitos de hielo seco para que burbujee y haga humo.

## Cumpleaños

Los niños siempre esperan su cumpleaños con mucha emoción. Esto a veces conduce a problemas de comportamiento que causan momentos de frustración y ansiedad en el resto de la familia.

Para un niño muy pequeño, lo mejor sería una fiesta familiar sencilla. Si quiere, invite a uno o dos amigos de su hijo al festejo con helado y pastel permitidos. Conforme crezca su hijo, y lo más acorde sea una fiesta con varios niños, procure hacerla en torno a un interés en especial. Lleve a algunos amigos del equipo de beisbol a un partido local y después convídeles helado y pastel permitidos. Una comida seguida de una ida al cine podría ser lo adecuado para su pequeño.

Desde luego que el objetivo siempre será una fiesta de cumpleaños tradicional con helado, juegos e indulgencias. Elija alimentos que todos disfruten. Haga su propio helado de naranja (consulte las recetas; podría pedir ayuda a todos para prepararlo), o compre un postre de arroz sin lácteos. No les diga que tal vez el helado sea diferente al que normalmente comen... nada más sírvalo con una sonrisa. El pastel de manzana (consulte las recetas) con cubierta de chantilly (consulte las recetas) queda bien como pastel de cumpleaños. Si su hijo es sensible al trigo, pruebe hacer el pastel con harina de arroz.

Con un poquito de planeación, puede convertir las ocasiones especiales de la familia en celebraciones memorables y felices.

# Cuarta Parte

## Recetas

# Recetas agradables
# para el niño con ADD o ADHD

Estas son algunas recetas que mi familia ha disfrutado durante años. Ilustran algunas formas sencillas con las cuales todavía puede gozar de los alimentos favoritos sin comprometer la nutrición o las restricciones dietéticas. Experimente con sus recetas familiares. Procure sustituir total o parcialmente la harina pastelera de trigo entero por harina blanca. Sustituya las grasas nocivas por las benéficas. Utilice frutas dulces o jugos de fruta concentrados en lugar del azúcar en las recetas apropiadas. Mantenga los edulcorantes al mínimo.

## Platos dulces para el desayuno

*Pan tostado de canela*
Este pan tostado no sólo es un desayuno sabroso, es un delicioso plato para cualquier hora del día.
Rinde: una porción.

√      1 rebanada de pan de grano entero.
√      1 cucharadita de mantequilla o de margarina permitida.
√      Una pizca de canela.
√      1/2 paquetito de Equal, Sweet One o Sweet'n Low.

Tueste ligeramente el pan. Unte la mantequilla. Espolvoree encima la canela. Coloque en la parrilla hasta que se derrita la mantequilla. Retire de la parrilla. Espolvoree el endulzante. Sirva de inmediato.

*Pan francés*
Su hijo no tiene por qué dejar el pan francés, simplemente prepárelo con panes de grano entero. Si es sensible a la leche, exclúyala. Sirva con jarabe de mora azul o salsa de fresa (consulte las recetas).
Rinde: 4 porciones.

√    2 huevos.
√    2 cucharadas de leche (opcional).
√    1/8 de cucharadita de extracto de vainilla puro.
√    4 rebanadas de pan de grano entero.

Bata el huevo, la leche y la vainilla. Sumerja el pan en la mezcla de huevo y fría en un sartén antiadherente. Sirva con mantequilla ligera batida y frutas frescas en rebanadas, salsa de fresa o jarabe de mora azul.

*Hot cakes*
El simple hecho de que su hijo sea sensible a varios alimentos no significa que usted renuncie a los hot cakes... simplemente altere los ingredientes. Excluya el azúcar, sustituya las grasas «nocivas» por «benéficas». Si su hijo es sensible a la leche, sustitúyala con agua o jugo de piña. Si es sensible al huevo, sustitúyalo con más agua y polvo para hornear. Y cambie la miel de maple por fruta, jaleas de frutas, salsa de fresa (consulte la receta) o jarabe de mora azul (consulte la receta).

Rinde: 6 hot cakes medianos.

√ 1 taza y 1/4 de harina pastelera de trigo entero.

√ 3 cucharaditas de polvo para hornear.

√ 1/2 cucharadita de sal.

√ 1 huevo batido o 2 cucharadas de agua y 1/2 cucharadita de polvo para hornear.

√ 1 taza más 2 cucharadas de leche, jugo de piña sin endulzar o agua.

√ 2 cucharadas de aceite de canola o de soya puro.

Mezcle los ingredientes secos. Combine los ingredientes líquidos y viértalos en los ingredientes secos. Agite hasta mezclar bien. Puede adelgazar la masa según requiera con leche, agua o jugo adicional. Hornee en una parrilla o un sartén antiadherente. Sirva caliente con una pequeña cantidad de mantequilla batida, frutas frescas en rebanadas, pequeñas cantidades de jaleas de frutas, salsa de fresa o jarabe de mora azul.

*Panecillos de mora azul*
Sirva estos panecillos en el desayuno junto con una buena fuente de proteínas como huevo, una pierna de pollo fría, una rebanada de rosbif frío o yogur.
Rinde: 12 panecillos.

√ 2 tazas de harina pastelera de trigo entero.

√ 1 y 1/2 cucharaditas de polvo para hornear.

√ 1 cucharadita de sal.

√ 1 huevo batido.

√ 3/4 de taza de leche o de leche de arroz enriquecida.

√    2 cucharadas de aceite de canola, de soya o de nuez puro.

√    1/4 de taza de jugo de toronja amarilla o de naranja concentrado congelado sin endulzar, disuelto.

√    1 taza de moras azules frescas o congeladas (derretidas y coladas).

En un tazón grande, combine los ingredientes secos. En un tazón separado, vierta los ingredientes restantes. Agregue los ingredientes líquidos a los secos. Agite hasta mezclar (la masa puede estar granulosa). Unte aceite en un molde para panecillos y llene las tazas a dos tercios de su capacidad. Hornee 20 minutos a 200° C. Sírvalos calientes.

*Panecillos de arroz*
En esta sencilla receta para panecillos, la harina de arroz sustituye a la harina de trigo, el puré de chabacano sustituye al huevo y el agua o jugo de fruta sustituye a la leche.
Rinde: 12 panecillos.

√    1 y 1/2 tazas de harina de arroz.

√    1/2 cucharadita de sal.

√    2 cucharaditas de polvo para hornear.

√    1/4 de cucharadita de bicarbonato de sodio.

√    4 cucharadas de aceite de canola.

√    3 cucharadas de sustituto de huevo con chabacano.

√    1 taza de agua o de jugo de fruta 100 por ciento natural.

Coloque todos los ingredientes en un recipiente para mezclar y agite hasta que la masa esté suave. Vierta la masa a cucharadas en el molde para panecillos untado con aceite y hornee de 15 a 20 minutos a 175° C.

## Empanadas de salchicha

La salchicha comercial contiene edulcorantes, MSG y nitritos, pero usted puede preparar las suyas fácilmente. Estas empanadas son una forma sabrosa de incluir proteínas en el desayuno.

Rinde: 12 empanadas.

√    1 kilo de carne de puerco, res o pavo molida gruesa.
√    4 cucharaditas de salvia.
√    1/2 cucharadita de tomillo.
√    1/2 cucharadita de mejorana.
√    1/2 cucharadita de albahaca.
√    1 y 1/2 cucharaditas de pimienta negra.
√    2/3 de taza de agua.

Combine todos los ingredientes en un recipiente grande para mezclar . Mezcle muy bien. Dé forma a las doce empanadas. Fría en un sartén antiadherente hasta que estén bien cocidas y ligeramente doradas, o guarde en el congelador y use las empanadas según las necesite.

# Sopas y caldos

## Caldo de res

El caldo de res en lata comercial contiene MSG, colorante, caramelo, azúcar y cubos de consomé concentrado, además de grasas parcialmente hidrogenadas. Esta receta evita todos esos problemas y proporciona una base nutritiva para las sopas.

Rinde: 1 cuarto y 1/2 .

√    2.5 kilos de huesos de res para caldo.

√    2 y 1/2 cuartos de agua fría.

√    1 cebolla mediana en rebanadas o 1/4 de taza de cebolla picada.

√    1/2 taza de apio en trozos.

√    1 hoja seca de laurel.

√    Varias ramitas de perejil fresco o 1 cucharada de hojuelas deshidratadas.

√    Sal y pimienta al gusto.

En una olla grande o una cacerola, tape los huesos de res con agua fría. Hierva, agregue la cebolla, el apio, la hoja de laurel y el perejil. Hierva despacio. Deje a fuego lento de 2 a 3 horas. Cuele, sazone y enfríe. Refrigere. Desnate la capa de grasa de la superficie cuando vaya a usar el caldo.

*Caldo de pollo*

El caldo de pollo comercial contiene MSG, azúcar y proteína de maíz. El consomé de pollo en cubos también contiene azúcar y MSG, además de aceites parcialmente hidrogenados y el conservador BHT. Pero puede preparar el suyo fácilmente, y creo que éste sabe mucho mejor que la variedad que venden en tiendas.

Rinde: 2 cuartos.

√    2 kilos de huesos de pollo o pollo entero, en partes.

√    1 litro de agua fría.

√    1 cebolla mediana, en cuadritos, o 1/4 de taza de cebolla picada.

√    1 zanahoria en cuadritos.

√    Varios tallos de apio en cuadritos.

√    Sal y pimienta al gusto.

Tape los huesos del pollo con agua fría dentro de una cacerola. Agregue la cebolla, la zanahoria y el apio y deje hervir. Deje a fuego lento sin tapar de 2 a 3 horas. Cuele, sazone y enfríe. Refrigere. Desnate la capa de grasa de la superficie cuando vaya a usar el caldo.

*Sopa de pollo con arroz*
La sopa de pollo comercial contiene MSG. Esta receta contiene proteína y arroz integral de grano entero, sin el MSG.
Rinde: 6 porciones.

√    6 tazas de caldo de pollo (vea la receta anterior).
√    1/2 taza de arroz integral sin cocer.
√    1/3 de taza de cebolla en cuadritos.
√    1/3 de taza de apio en cuadritos.
√    1 cucharada de aceite de olivo.
√    1 taza de pollo cocido en cuadritos.
√    2 cucharadas de perejil fresco picado.
√    Sal.

Hierva el caldo de pollo. Agregue el arroz. Tape y hierva a fuego lento 35 minutos. Saltee la cebolla y el perejil en aceite de olivo durante 5 minutos y viértalos a la sopa. Agregue pollo, perejil y sal al gusto.


## Entradas y guarniciones

*Relleno de pan*
Este relleno es nutritivo y sabroso. El pan es de grano entero, el puré de manzana le da un sabor ligeramente dulce y el aceite contiene ácidos grasos omega 3.
Rinde: Relleno para un pavo de 5 kilos o pollo.

251

√    1 cucharadita y 1/2 de sazonador de pollo (use sin MSG).

√    1/4 de cucharadita de nuez moscada.

√    2 cucharaditas de sal.

√    8 tazas de pan de trigo entero en cuadritos.

√    2 cucharadas de cebolla rallada.

√    2 huevos ligeramente batidos o 1/2 taza de puré de manzana sin endulzar.

√    1/2 taza de aceite de canola o de soya puro.

Combine los ingredientes secos con los cuadritos de pan. Agregue la cebolla, el huevo y el aceite. Mezcle bien.

## Chile con carne

Esta receta es sencilla, económica y nutritiva. Los frijoles, el aceite y la semilla de linaza son fuentes ricas en ácidos grasos omega 3. Rinde: 6 a 8 porciones.

√    1/2 kilo de carne molida sin grasa.

√    1 lata de 500 gramos de frijol negro, escurrido, conserve 2/3 de taza del líquido.

√    1 lata de 425 gramos de puré de tomate.

√    1 cucharada de cebolla picada.

√    2 cucharadas de chile en polvo.

√    2 cucharadas de aceite de soya o de canola puro.

√    1/4 de taza de semilla de linaza molida.

Dore ligeramente la carne en una cacerola caliente antiadherente. Escurra la grasa. Vierta los ingredientes restantes. Deje hervir. Tape y cueza a fuego lento 10 minutos.

*Carne mechada*

Esta carne mechada es excelente para una cena o servida fría en el desayuno o la comida.

Rinde: 6 a 8 porciones.

√     1/2 kilo de carne molida sin grasa.

√     1/3 de taza de tapioca al instante.

√     1/4 de taza de sustituto de huevo con chabacano (consulte la receta).

√     1/3 de taza de cebolla finamente picada o 1 cucharada de cebolla picada.

√     1 cucharadita y 1/2 de sal.

√     1/4 de cucharadita de pimienta molida.

√     1 1/2 taza de tomate picado en lata.

Combine todos los ingredientes y mezcle bien. Coloque en un molde para hogaza de 9 x 5 pulgadas. Hornee de 1 a 1 1/4 hora a 175° C. Coloque la carne en un platón de servicio y rebane. Lo puede servir frío o caliente.

*Chuletas de cerdo*

El jugo de manzana da un sabor delicioso y dulce a las carnes y aves. Estas chuletas de cerdo se pueden recalentar fácilmente en la mañana para proporcionar proteínas a fin de iniciar un buen día.

Rinde: 4 porciones.

√     4 chuletas de cerdo de 2.5 cms de grosor.

√     1/4 de taza de agua.

√     1/2 taza de jugo de manzana concentrado congelado, diluido.

253

Dore las chuletas en un sartén antiadherente. Coloque las chuletas en un plato resistente al horno. Agregue agua. Sazone con sal y pimienta. Vierta el jugo de manzana concentrado sobre las chuletas. Tape y hornee 1 hora.

### Espagueti sin trigo

Algunos niños con ADHD son sensibles al trigo, un ingrediente difícil de evitar. Pruebe esta deliciosa alternativa del espagueti. La salsa para espagueti (vea la receta a continuación) también puede servirse sobre arroz o tallarines de arroz de una tienda de alimentos especializados. Rinde: 4 porciones.

√   1 masa blanda para espagueti de 1 1/2 a 2 kilos.
√   2 tazas de salsa para espagueti permitida (vea a continuación).
√   queso parmesano (opcional).

Corte en dos la masa blanda a lo largo y retire las semillas. Coloque las mitades hacia abajo en un plato poco profundo y con 1.5 cm de agua. Hornee de 45 minutos a 1 hora a 175° C o hasta que estén suaves al picar con un tenedor. Retire del horno. Escurra bien. Ahueque la cáscara de la calabaza corriendo los dientes de un tenedor a lo largo de la pulpa de la calabaza de modo que se separe en hileras tipo espagueti. Cubra con salsa y queso parmesano.

### Salsa para espagueti

La salsa de espagueti comercial contiene jarabe de maíz o azúcar. Esta receta es sabrosa y nutritiva. La carne ofrece proteínas y otros nutrientes; los tomates proporcionan un sabor dulce y son nutritivos, y la semilla de linaza ayuda a los ácidos grasos omega 3.

Rinde: 8 tazas.

√    700 gramos de carne de res, cerdo o pavo molida.

√    3 dientes de ajo.

√    1 cebolla grande picada.

√    1 lata de 800 gramos de tomate entero, escurrido y ligeramente picado.

√    2 latas de 170 gramos de pasta de tomate.

√    1 cucharadita y 1/2 de orégano.

√    1 cucharadita de albahaca dulce deshidratada.

√    1/2 cucharadita de tomillo.

√    1 hoja de laurel.

√    1 cucharadita de sal.

√    1/4 de cucharadita de pimienta.

√    1 taza de agua.

√    1/4 de taza de semilla de linaza molida.

Dore la carne molida en un sartén grande antiadherente. Agregue ajo y cebolla y cueza ligeramente. Vacíe los demás ingredientes y hierva. Tape y hierva a fuego lento 1 hora; agregue más agua si es necesario. Vierta la semilla de linaza. Use de inmediato o guarde en el congelador para un uso futuro.

## Salsas, dips, aderezos y cubiertas

*Jarabe de mora azul*
Sirva esta sabrosa cubierta sobre hot cakes, waffles o pan francés hechos en casa. Elija el endulzante que más tolere su hijo.
Rinde: 1 taza y 1/2.

√    1 paquete de 350 gramos de moras azules congeladas, ya descongeladas.

√    1/2 taza de agua.

√    1 cucharada de mantequilla o de margarina permitida.

√    1/4 de cucharadita de nuez moscada.

√    1 cucharada de jugo de limón natural.

√    4 cucharadas de fécula de maíz.

√    1/4 de taza de jugo de manzana o de toronja amarilla concentrado congelado, ya descongelado; 6 sobres de Equal, Sweet One, o Sweet'n Low, o una pizca de estevia.

En una cacerola, mezcle las moras azules con 3/8 de taza de agua, mantequilla o margarina, nuez moscada y jugo de limón. Hierva. Deje a fuego lento hasta que se suavicen las moras. Disuelva la fécula de maíz en el agua restante. Agregue el jarabe de mora azul y siga cociendo, agite constantemente hasta que espese el jarabe. Retire del fuego y deje enfriar. Vierta el jugo descongelado u otro endulzante. Sirva caliente o helado.

### Salsa de fresa

Use esta sabrosa y nutritiva salsa en vez de miel de maple para los hot cakes, waffles o pan francés.
Rinde: 2 tazas.

√    2 tazas de fresas congeladas sin endulzar, ya descongeladas.

√    3 cucharadas de agua.

√    2 cucharaditas de fécula de maíz.

√    1/4 de cucharadita de extracto de almendras.

√    1/4 de taza de jugo de manzana o de toronja amarilla concentrado congelado sin endulzar.

√    6 paquetes de Equal, Sweet One, o Swwet'n Low; o una pizca de estevia.

En una cacerola gruesa, cueza las fresas con 2 cucharadas del agua a fuego medio hasta que suavicen. Disuelva la fécula de maíz en la cucharada de agua restante. Agregue a las fresas y cueza, agite constantemente hasta que espese la salsa. Vierta el extracto de almendras. Retire del fuego. Vacíe el jugo de fruta u otro endulzante. Sirva caliente o helado.

*Cubierta de chantilly*
Esta cubierta es un delicioso glaseado para los pasteles. Pero como es relativamente alto en grasas saturadas, úsela de vez en cuando. Rinde: una taza y 1/2.

√    1 taza de crema batida.
√    1 cucharadita de extracto de vainilla puro.
√    1/4 de taza de jugo de uva blanca, naranja o piña concentrado congelado sin endulzar; 2 paquetes de Equal, Sweet One o Sweet'n Low, o una pizca de estevia.

Con el uso de una batidora eléctrica, bata la crema en un tazón refrigerado. Vierta la vainilla y el jugo de fruta u otro endulzante. Sirva de inmediato. Refrigere la cubierta restante.

*Dip de frutas*
Este delicioso dip de frutas hará que su hijo coma más frutas. Rinde: una taza.

√    1 envase de 225 gramos de yogur natural.

√    2 cucharadas de conservas de frutas.

√    1/4 de cucharadita de canela.

√    1 cucharadita de cáscara de limón rayado (opcional).

Combine los ingredientes, enfríe y sirva con trozos de frutas.

## Dip de verduras

Un dip muy sabroso que ayudará a que su hijo coma sus verduras. Sirva con una atractiva variedad de zanahorias, tomates cherry o floretes de brócoli.

Rinde: una taza.

√    1 taza de queso cottage.

√    2 cucharadas de leche.

√    1 cucharadita de eneldo.

√    1 cucharadita de cebollines deshidratados.

√    1 cucharadita de semilla de apio.

Combine en la licuadora todos los ingredientes. Licúe hasta suavizar. Refrigere durante varias horas. Sirva con verduras crudas.

## Aderezo francés

Este aderezo es una excelente fuente de ácidos grasos esenciales omega 3.

Rinde: 3/4 de taza.

√    1/2 cucharadita de paprika.

√    1/8 de cucharadita de mostaza seca.

√    1/2 taza de aceite de canola, de soya o de nuez puro.

√    1/4 de taza de vinagre.

√    1 cucharada de pasta de tomate.

√    2 cucharadas de jugo de manzana o de toronja amarilla concentrado congelado, sin endulzar, ya descongelado; 3 paquetes de Equal, Sweet One, o Sweet'n Low; o una pizca de estevia.

√    1 cebolla rebanada.

Mezcle todos los ingredientes excepto la cebolla en un recipiente tapado y agite bien. Agregue la cebolla y refrigere. Después de 48 horas, retire la cebolla. Agite bien antes de usar. Utilice en un lapso de una semana.

*Aderezo italiano*

Este aderezo es una excelente fuente de ácidos grasos esenciales omega 3.

Rinde: una taza y 1/3.

√    1 taza de aceite de canola, de soya o de nuez puro.

√    1/3 de taza de vinagre.

√    1/4 de cucharadita de mostaza seca.

√    1/4 de cucharadita de semilla de apio.

√    1/8 de cucharadita de ajo picado al instante.

√    1/2 de cucharadita de sal.

√    2 pizcas de pimienta.

Combine todos los ingredientes en un tarro con tapa y agite bien. Refrigere 24 horas antes de usarse. Agite de nuevo al utilizarlo. Úselo en un lapso de una semana.

*Salsa barbecue*

Encontrar salsas barbecue sin endulzar es casi imposible. ¡Pero todavía no se dé por vencida! Con esta rica salsa, sus hijos nunca extrañarán las salsas barbecue embotelladas.

Rinde: 2 tazas.

√    3/4 de taza de cebolla picada.

√    1/2 taza de aceite de canola, de soya o de nuez puro.

√    3/4 de taza de catsup de tomate sin azúcar ni miel.

√    3/4 de taza de agua.

√    1/4 de taza de jugo de limón natural.

√    1/4 de taza de jugo de toronja amarilla o de manzana concentrado congelado sin endulzar, ya descongelado.

√    2 cucharadas de mostaza preparada.

√    2 cucharaditas de sal.

√    1/2 cucharadita de pimienta.

Cueza la cebolla en el aceite hasta que suavice. Agregue los ingredientes restantes. Hierva a fuego lento 15 minutos. Refrigere la porción sin usar.

## Pasteles, pays, galletas y panes

*Pastel de manzana*

Las manzanas roja y golden, el jugo de manzana concentrado y las pasas ofrecen todo el dulce necesario para este pastel.

Rinde: cerca de 9 porciones.

√    1 1/2 tazas de harina sin blanquear; 1 1/3 tazas de harina de avena, o de 1 1/8 a 1 1/4 de tazas de harina de arroz.

√     2 cucharaditas de bicarbonato de sodio.

√     1/2 cucharadita de sal.

√     1 cucharadita de canela.

√     1 cucharadita de nuez moscada.

√     1/4 de taza de aceite de canola, de soya o de nuez puro.

√     1/4 de taza de mantequilla o de margarina permitida, derretida.

√     2 huevos (o el equivalente de su sustituto).

√     1/4 de taza de agua.

√     1/4 de taza de jugo de manzana concentrado congelado, ya descongelado.

√     1 cucharadita de extracto de vainilla puro.

√     4 tazas de manzanas peladas, sin centro y picadas.

√     1 taza de cereal con nuez.

√     3/4 de taza de pasas.

√     Cubierta de chantilly.

En un recipiente para mezclar grande, combine la harina, el bicarbonato, la sal, la canela y la nuez moscada. En otro tazón bata juntos el aceite, la mantequilla y los huevos. Vacíe la mezcla de harina. Agregue el agua, el jugo de manzana y la vainilla. Incluya las manzanas, el cereal con nuez y las pasas. Vierta en un molde cuadrado de 8 pulgadas engrasado y ligeramente enharinado. Hornee de 30 a 35 minutos a 175° C, o si al insertar un palillo en el centro, éste sale seco. Deje enfriar el pastel. Retire del molde. Cubra con la cubierta de chantilly. Refrigere el restante.

*Pay de manzana o de pera*
Use manzanas dulces o peras dulces maduras y no necesitará de azúcar o endulzante. Esta receta es magnífica para los invitados.
Rinde: 6 porciones.

√    2 cortezas para pay (consulte en la siguiente página).

√    6 tazas de manzanas o peras peladas, sin centro, y rebanadas.

√    1 cucharadita de canela.

√    1/8 de cucharadita de nuez moscada.

√    2 cucharadas de fécula de maíz o harina o tapioca.

√    2 cucharadas de mantequilla o margarina permitida.

Acomode la primera corteza para pay sobre un molde para pay. Combine con las manzanas o peras con especias y fécula de maíz (u otro espesador permitido) en un tazón y revuelva con cuidado hasta mezclar bien. Coloque sobre la corteza. Salpique con mantequilla o margarina. Cubra con la segunda corteza, encierre con firmeza y haga una hendidura para que escape el vapor. Hornee de 35 a 40 minutos a 175° C hasta que dore ligeramente y burbujee el jugo. Enfríe antes de servir.

## Cortezas para pays

Las cortezas para pays comerciales usan manteca, aceites total o parcialmente hidrogenados, conservadores y colorante artificial. Usted puede hacer aceites «benéficos» con mucha facilidad. Incluso hay una receta sin trigo para quienes son sensibles al trigo.

*Corteza básica para pays*
Rinde: una corteza para pay.

√    1 taza y 1/3 de harina pastelera de trigo entero.

√    1/4 de cucharadita de sal.

√    1/3 de taza de aceite de canola, soya o nuez puro.

√    2 cucharadas de leche fría o agua helada.

262

Mezcle la harina y la sal. Mida el aceite y el líquido en una taza y mezcle un poco. Vierta en la mezcla de harina. Agite hasta mezclar bien. Forme una bola suave con la masa. Coloque sobre una hoja de papel encerado y aplane un poco. Cubra con otra hoja de papel encerado y extienda con un rodillo al tamaño y el grosor deseado. Retire el papel de arriba. Voltee sobre el molde para pay de modo que el papel restante quede encima. Retire con cuidado el papel. Ajuste en el molde y presione la masa alrededor de las orillas. Si sólo va a hornear la masa, pique con un tenedor en varios lugares. Hornee de 10 a 12 minutos a 230° C o hasta que esté ligeramente dorada.

## Corteza de nuez
Rinde: una corteza para pay.

√    1 1/3 tazas de nueces finamente picadas.
√    2 cucharadas de mantequilla derretida.

Mezcle las nueces con la mantequilla. Con la parte posterior de una cuchara, presione la mezcla contra los lados y el fondo de un molde para pay. Hornee 12 minutos a 175° C. Enfríe antes de rellenar.

## Galletas de canela
Estas deliciosas galletas de dulce son perfectas en festividades.
Rinde: 24 galletas de 5 cm.

√    1/2 taza de mantequilla normal.
√    1/3 de taza de leche.
√    1/2 cucharada de canela.
√    1 taza de avena de cocción rápida.
√    1 taza de cereal con nuez.
√    6 sobres de Equal, Sweet One o Sweet'n Low.

√    1 taza de dátiles picados.

En una cacerola gruesa, hierva la mantequilla y la leche. Retire del fuego. Vierta y agite los ingredientes restantes. Mezcle bien. Forme bolas de 2.5 cm. Coloque sobre una charola para galletas. Aplane un poco cada una. Enfríe. Manténgalas en refrigeración.

### Galletas de calabaza

Estas galletas son sabrosas y también nutritivas. Se sentirá bien ofreciendo alguna de éstas al día a su hijo.
Rinde: 24 galletas.

√    1/2 taza de mantequilla suavizada.
√    1/2 taza de aceite de canola, de soya o de nuez puro.
√    1 huevo batido.
√    1/2 taza de jugo de manzana concentrado congelado sin endulzar, ya descongelado.
√    1 taza de calabaza cocida.
√    1 cucharadita de extracto de vainilla puro.
√    1 taza y 1/2 de harina pastelera de trigo entero.
√    1/2 cucharadita de bicarbonato de sodio.
√    1/2 cucharadita de polvo para hornear.
√    1 cucharadita de canela.
√    1/4 de cucharadita de nuez moscada.
√    1 cucharadita de jengibre.
√    1/2 taza de dátiles cortados.
√    1/2 taza de nueces.
√    1/4 de taza de semilla de linaza molida.

En un tazón grande, mezcle la mantequilla, el aceite, el huevo, el jugo de naranja, la calabaza y la vainilla. En un tazón grande aparte, combine los ingredientes restantes. Vierta los ingredientes líquidos a los secos. Mezcle bien. Vacíe una cucharada de mezcla en una charola para galletas sin grasa. Hornee 15 minutos a 175° C. Retire de la charola para galletas y deje enfriar sobre una rejilla.

*Galletas de vainilla*
Estas galletas siempre son las preferidas de todos. Nadie notará que no tienen azúcar.
Rinde: 24 galletas.

√ 1 taza y 3/4 de harina pastelera de trigo entero.
√ 1 cucharadita y 1/2 de polvo para hornear.
√ 1/4 de cucharadita de sal.
√ 1/2 taza de dátiles cortados.
√ 1/2 taza de nueces cortadas.
√ 1/2 taza de jugo de toronja o de manzana concentrado congelado sin endulzar, ya descongelado.
√ 1/4 de taza de mantequilla suavizada.
√ 1/4 de taza de aceite de canola, de soya o de nuez puro.
√ 1 huevo batido.
√ 1 cucharadita de extracto de vainilla puro.

En un tazón grande, combine la harina, el polvo para hornear, la sal, los dátiles y las nueces. En un tazón mediano, mezcle los ingredientes restantes. Combine bien todos los ingredientes. Vacíe cucharaditas de masa en una charola para hornear sin engrasar. Hornee de 10 a 12 minutos a 175° C. Enfríe sobre una rejilla.

### Galletas de avena

Las pasas y el jugo de manzana concentrado ofrecen toda la dulzura que necesitan estas galletas. La avena y la harina pastelera de trigo entero son nutritivas.

Rinde: 24 galletas.

√     3/4 de taza de harina pastelera de trigo entero.

√     1 cucharadita de canela.

√     1/2 cucharadita de bicarbonato de sodio.

√     1/2 cucharadita de sal.

√     1 taza y 1/2 de avena.

√     1/2 taza de pasas.

√     1/2 taza de mantequilla suavizada.

√     1/2 taza de jugo de manzana concentrado congelado, ya descongelado.

√     1 huevo batido.

√     1 cucharadita de extracto de vainilla puro.

En un tazón grande, combine la harina, la canela, el bicarbonato de sodio, la sal, la avena y las pasas. En otro tazón, bata la mantequilla, el jugo de manzana, el huevo y la vainilla. Mezcle todos los ingredientes. Vacíe cucharaditas de masa en la charola para hornear sin engrasar y hornee 10 minutos a 175° C. Retire de la charola y deje enfriar en una rejilla.

### Dedos

Sus hijos se divertirán ayudándole a preparar estas galletas fáciles de hacer.

Rinde: 15 galletas.

√     1/2 taza de mantequilla suavizada.

√    1 huevo.

√    1/2 cucharadita de extracto de vainilla puro.

√    1 y 1/4 a 1 y 3/8 tazas de harina sin blanquear o harina pastele-
     ra de trigo entero.

√    1/2 taza de nueces finamente picadas.

√    Jalea o mermelada de frutas.


Bata la mantequilla, el huevo, la vainilla, y suficiente harina de
modo que la masa ya no esté pegajosa. Agregue las nueces. Enfríe
hasta que esté firme para darle forma. Haga bolitas y colóquelas sobre una charola para galletas. Sumerja el dedo pulgar y presione fuerte
en el centro de cada galleta. Hornee unos 15 minutos a 175° C o hasta que la parte inferior esté dorada. Retire del horno. Enfríe. Rellene
los huecos con jalea o mermelada. Manténgalas en refrigeración.


*Sustituto de huevo por chabacano*
Si su hijo es sensible al huevo, puede usar este sustituto en galletas,
panecillos, carne mechada, pasteles y panes de cocción rápida para
unir los ingredientes al mismo tiempo que le da cierto sabor a dulce.
Rinde 1 1/4 taza.

√    170 gramos de chabacanos deshidratados.

√    1 taza y 1/2 de agua.


Hierva en agua los chabacanos hasta que suavicen. Déjelos enfriar.
Hágalos puré en la licuadora. Manténgalos en refrigeración en un recipiente tapado. Use 2 cucharadas del sustituto de huevo con chabacano
para cada huevo que se requiera en una receta. Agregue 1/2 cucharadita
adicional de polvo para hornear por huevo a fin de que esponje la masa
en las recetas apropiadas.

### Pay de calabaza

Su familia disfrutará este pay en cualquier época del año. La calabaza es una excelente fuente de vitamina A (en forma de beta caroteno). Puede usar leche de arroz en vez de leche de vaca, si su hijo es sensible a la leche.

Rinde: un pay de 20 ó 22 cm (6 porciones).

√   1 taza y 3/4 de calabaza cocida (1 lata de 425 gramos).

√   1/4 de taza de jugo de toronja amarilla concentrado congelado sin endulzar, ya descongelado.

√   2 huevos batidos.

√   1/2 cucharadita de sal.

√   1/4 de cucharadita de nuez moscada.

√   1 cucharadita de canela.

√   1/2 cucharadita de jengibre.

√   1 taza y 1/4 de leche o de leche de arroz enriquecida.

√   1 corteza para pay sin hornear (consulte la receta en páginas anteriores).

En un tazón grande, bata todos los ingredientes y vierta en la corteza para pay. Hornee 15 minutos a 220° C. Baje el calor a 175° C. Hornee de 40 a 50 minutos. El pay estará listo cuando inserte un cuchillo al centro y salga limpio. Sirva de inmediato o enfríe. Refrigere lo que quede.

### «Pan de trigo»

La mayoría del pan comercial contiene endulzantes de maíz o azúcar, aceite vegetal parcialmente hidrogenado y conservadores. Si tiene un aparato para hacer pan, podrá prepararlo en un santiamén. De lo contrario, la siguiente receta es rápida y fácil y no necesita amasar. Rinde: 2 hogazas.

√   1/4 de taza de mantequilla o margarina permitida.

√   3 tazas de agua caliente.

√   1 cucharada de sal.

√   3 paquetes de levadura seca.

√   3 tazas de harina de trigo entero.

√   2 1/2 a 2 3/4 tazas de harina sin blanquear.

Combine la mantequilla, las 2 tazas de agua y la sal. Disuelva la levadura en 1 taza de agua caliente. Vacíe en la mezcla de mantequilla. Agregue la harina de trigo entero y la mitad de la harina blanca y agite. Bata 2 minutos con una batidora eléctrica. Agregue la harina blanca restante y agite bien usando una cuchara pesada. Vacíe en dos moldes para hogaza de 9 x 5 pulgadas bien engrasados. Tape y deje esponjar en un lugar caliente unos 45 minutos o hasta que el volumen se duplique. Hornee 1 hora a 175° C. Si el fondo del molde suena eco al golpearlo ligeramente, ya está el pan. Retire de los moldes. Deje enfriar muy bien las hogazas sobre una rejilla.

## Botanas de frutas, gelatinas y dulces congelados

*Ensalada de plátano*
Este dulce no sólo es delicioso, también es nutritivo. Casi podría servirse como una comida: el plátano es la porción de fruta, y la crema de nuez y las nueces son la porción de proteína.
Rinde: un porción.

√   1 plátano.

√   1 cucharada de crema de cacahuate o de almendra natural.

√   1 cucharada de nueces picadas.

√   1 hoja de lechuga.

Rebane el plátano en cuatro y coloque en un tazón. Cubra el plátano con una capa de crema de nuez. Espolvoree las nueces picadas. Sírvalo sobre una hoja de lechuga.

## Piel de frutas

Los rollos de frutas comerciales para botanas están llenos de azúcar, jarabe de maíz, y colorantes artificiales, ¡pero no tienen fruta! Estas son algunas alternativas saludables y sabrosas. Pero recuerde que estos convites tienen un nivel alto de endulzantes naturales, de modo que úselos de vez en cuando.
Rinde: 12 piezas.

√ 5 ó 6 piezas grandes de frutas maduras con sabor dulce (manzanas, peras, duraznos, ciruelas, plátanos, chabacanos, o nectarinas).

Lave muy bien la fruta. Retire la cáscara. Corte en trozos y licúe a alta velocidad hasta que suavice. Unte un poco de aceite en un molde para hornear poco profundo de 11 x 17 pulgadas. Vacíe la fruta en el molde y esparza de manera uniforme. Coloque en el horno a 100° C y deje la puerta entreabierta para que escape la humedad. Deje en el horno hasta que la fruta esté completamente seca y pueda levantarse de la charola... de 1 a 2 horas. Corte en pedazos y envuelva en papel encerado.

## Gelatina de jugo de frutas

Este postre es un sustituto sencillo, delicioso, colorido y nutritivo para gelatinas de sabor... y no contiene colorantes o sabores artificiales.
Rinde: 4 porciones.

270

√ 1 sobre de gelatina sin sabor.

√ 2 tazas de jugo de uva, naranja, piña o cereza-arándano sin endulzar.

√ 2 paquetes de Equal, Sweet One o Sweet'n Low (opcional).

√ 1 taza y 1/2 de piña triturada sin endulzar (en lata), peras, gajos de naranja, de toronja, uvas, etc.

En una cacerola pequeña, suavice la gelatina en 1/4 de taza del jugo de fruta. Agite a fuego lento hasta que se disuelva por completo la gelatina. Enfríe hasta que esté parcialmente fija. Vacíe las frutas sin endulzar. Enfríe hasta cuajar.

*Congeladas de jugo de fruta*
Fáciles, nutritivas y sin azúcar adicional y colorantes o sabores artificiales.
Rinde: 8 congeladas.

√ 2 tazas de jugo de uva, naranja o manzana sin azúcar.

√ 1 ó 2 paquetes de Equal, Sweet One o Sweet'n Low (opcional).

Mezcle el jugo con el endulzante. Vierta en 8 vasos de papel de 85 gramos (o moldes para paletas). Inserte una cuchara de plástico en el centro de cada una. Congele hasta que esté firme. Saque del molde o vaso sumergiendo brevemente cada uno en agua caliente.

*Congeladas de frutas*
Estas congeladas saludables y con endulzante natural no tienen colorante ni sabor artificial como en el caso de la mayoría de las congeladas comerciales.

Rinde: 4 porciones

√    2 tazas de sandía, melón o melón chino cortado en cuadritos (sin semilla).

Licúe los cuadritos de fruta hasta suavizar. Vierta en moldes de paletas o en vasitos de plástico. Inserte una cuchara que funcione como mango. Congele hasta que estén firmes.

*Helado de naranja o piña*
Si su hijo puede tolerar la leche y las naranjas o piñas pero no los edulcorantes, le encantará este helado.
Rinde: una pinta.

√    600 mililitros, mitad y mitad.
√    3/4 de taza de jugo de naranja o piña concentrado congelado sin endulzar, ya descongelado.
√    2 cucharadas de cáscara de naranja rallada.

Mezcle todos los ingredientes. Procese de acuerdo con las instrucciones del fabricante del procesador de helados, o vierta en una charola poco profunda, tape y congele hasta que esté casi firme. Coloque en un tazón para batir grande y frío y bata con una batidora eléctrica hasta que suavice. Regrese a la charola. Tape muy bien y congele hasta que esté firme.

*Nieve de naranja o uva*
Nutritivo postre o botana helada sin leche.
Rinde: 4 porciones.

√      3/4 de taza de jugo de naranja o uva concentrado congelado, ya descongelado.

√      1 taza de agua.

Mezcle los ingredientes. Vierta en una charola de cubos de hielos con separador. Congele hasta que esté firme. Retire los cubos de la charola. Muela en procesador de alimentos hasta rallar finamente. Coloque la nieve en cuatro tazones y sirva de inmediato.

*Postre helado de fresa*

A mis hijos les encanta este postre helado. Si quiere, puede sustituir los duraznos y las moras azules congeladas en lugar de las fresas. Rinde: 4 porciones.

√      1 paquete de 560 gramos de fresas congeladas sin endulzar.

√      1 taza, mitad y mitad, de leche al 2 por ciento, leche de arroz o leche de soya.

√      1/4 de taza de jugo de naranja o toronja amarilla concentrado congelado, sin endulzar, ya descongelado, o 4 paquetes de Equal, Sweet One o Sweet'n Low.

Coloque en una licuadora todos los ingredientes. Licúe hasta suavizar. Sirva de inmediato.

## Bebidas

*Leche de algarrobo*

La leche de chocolate comercial está llena de azúcar y en ocasiones de colores y sabores artificiales. Asimismo, muchos niños con ADHD son sensibles al chocolate. El polvo de algarrobo es un excelente sustituto del chocolate.

Rinde: una porción de 8 onzas.

√ 250 mililitros de leche fría descremada o al 2 por ciento.
√ 1 cucharada de polvo de algarrobo.
√ 1 paquete de Equal, Sweet One o Sweet'n Low, o una pizca de estevia.
√ 1/8 de cucharadita de extracto de vainilla puro.

Mezcle todos los ingredientes.

### Refresco de jugo de fruta
¿Un refresco nutritivo? Pruebe éste.
Rinde: una porción.

√ 120 mililitros de jugo de uva, naranja o piña natural sin endulzar.
√ 120 mililitros de agua mineral.

Mezcle el jugo con el agua mineral. Sirva con cubos de hielo.

### Licuados de frutas
Si tiene problemas para que su hijo desayune, puede probar esta bebida de frutas. Es fácil y nutritiva. Si su hijo es sensible a la leche, puede usar leche de arroz o de soya. Elija marcas enriquecidas con calcio y vitamina D. La semilla de linaza ofrece ácidos grasos omega 3. Si elige leche de arroz para esta receta, sirva con una fuente alimenticia con proteína, ya que la leche de arroz contiene poca proteína.
Rinde: una porción

√ 180 mililitros de leche baja en grasa, leche de arroz, o leche de soya.

√ 1 cucharada de jugo de toronja amarilla concentrado congelado, sin endulzar, ya descongelado.

√ 1 taza de fresas congeladas.

√ 1 cucharada de semilla de linaza molida.

√ 1 cucharadita de extracto de vainilla pura (opcional).

Combine todos los ingredientes en una licuadora. Mezcle hasta suavizar. Sirva de inmediato.

*Agua de manzana*
Versión nutritiva y deliciosa de la antigua bebida favorita sin azúcar o edulcorantes.
Rinde: 2 porciones.

√ 2 tazas de jugo de manzana natural sin endulzar.

√ 4 cucharadas de jugo de limón natural.

Mezcle los jugos. Enfríe. Sirva con hielo.

*Aguanieve de fresa*
Su hijo disfrutará de esta refrescante bebida en un caluroso día de verano.
Rinde: 4 porciones.

√ 1 paquete de 560 gramos de fresas congeladas sin endulzar.

√ 1/4 de taza de jugo de toronja amarilla concentrado congelado sin endulzar, ya descongelada.

√     4 paquetes de Equal, Sweet One o Sweet'n Low, o una pizca de estevia.

√     3 tazas (720 mililitros) de agua mineral fría.

En una licuadora, mezcle las fresas congeladas, el endulzante y la mitad del agua mineral hasta que suavice. Divida el aguanieve en cuatro vasos grandes. Agregue el agua restante y agite bien. Sirva de inmediato.

# Conclusión

En este momento, usted ya identificó las piezas potenciales del rompecabezas de la hiperactividad de su hijo. Para un niño, las piezas pueden ser sensibilidad a los alimentos (leche, chocolate, colorantes artificiales) y deficiencias de ácidos grasos esenciales. Para otro niño, la identificación de sensibilidad a los alimentos (leche y trigo), el tratamiento para la sensibilidad a la soya y evitar el azúcar puede cambiar la vida del niño. Para otro más, la identificación y el tratamiento de una deficiencia de la hormona tiroidea puede producir resultados sorprendentes. Y para cada niño, comer una dieta nutritiva es una pieza importante de su rompecabezas.

Ayudar a un niño con ADD o ADHD debe ser un esfuerzo de equipo. Si su hijo toma medicamentos, debe recibir la supervisión cercana de su pediatra o psiquiatra. Si mejora usando los métodos de este libro, comparta la información con su médico y pídale ayuda para ajustar o suspender el medicamento. No intente hacerlo por su cuenta.

Un psicólogo infantil con habilidades para atender niños con ADHD puede ser otro miembro del equipo. Si se pasa todo el tiempo gritándole al niño, entonces un consejero puede ayudarle a elegir las formas efectivas para tratar a su hijo. Las clases para padres de familia le ofrecerán nuevos enfoques acerca de la educación del niño que realmente le funcionarán. No es que usted sea un «mal» padre de familia, simplemente que el criar a un niño con ADHD ¡requiere de la paciencia de un santo! Tal vez también encuentre clases útiles que apoyan a los padres de familia. Niños y adultos con trastorno por déficit de atención (sus siglas en inglés, CHADD) es un grupo de apoyo con miembros en Estados Unidos. Sin embargo, el enfoque principal para tratar el ADD que ayuda es el medicamento. La Feingold Association es un grupo de apoyo para padres de familia con niños con ADD. También es un grupo a nivel nacional en Estados Unidos con miembros en muchas ciudades. Su principal forma de ayudar a niños con ADHD es el uso de dietas (consulte en el Apéndice C los sitios de Internet de CHADD y de Feingold Association). Un grupo de apoyo para su hijo, como el CHADD, podría ayudarle al niño a adquirir habilidades sociales, ejercitar el control en sí mismo y desarrollar su autoestima.

Otra fuente de ayuda puede ser la escuela de su hijo. Pida a su maestra que ayude a su hijo observando su dieta. Ella le puede decir con anticipación si habrá fiestas o celebraciones para que usted pueda enviar los alimentos adecuados para su hijo, o tal vez podría guardar las galletas apropiadas para su hijo en el congelador de la enfermería para ocasiones especiales. Otros miembros del equipo en la escuela son la dirección, las terapeutas de dicción, las terapeutas ocupacionales, las maestras de educación especial y las psicólogas de la escuela. Ellas le ayudarán a que la maestra de su hijo adopte las mejores estrategias educativas y le ofrezcan servicios especiales.

Quizá algún día un nuevo miembro del equipo incluya de manera rutinaria a un nutriólogo que conozca los factores biológicos en el ADHD. Hace poco asistí a conferencias escolares para dos niños en un intento por establecer planes educativos especiales adaptados a ellos. A todos les interesaron mucho los factores biológicos importantes para estos niños.

Desde luego que en situaciones extremas, si en la escuela de su hijo están prepados para expulsarlo, si su esposo o esposa le amenaza con dejar la casa, o si su hijo está irritable, enojado, deprimido y frustrado, entonces la respuesta podría ser una serie de medicamentos estimulantes, al menos por ahora. En dichos casos, los medicamentos pueden proporcionar una mejoría a corto plazo. Sin embargo, a la larga, ¿acaso no es mejor por lo menos observar las piezas del rompecabezas de su hiperactividad?

Si su hijo ya está bajo medicamento y ha mejorado su falta de atención e hiperactividad, puede continuar con la medicina al mismo tiempo que busca mejores respuestas. Si su hijo nunca ha estado bajo medicamento o sus problemas son controlables, entonces busque las piezas del rompecabezas de su hiperactividad. Para el niño que ha probado varios medicamentos sin que mejore o le provoquen efectos secundarios, querrá poner a prueba los enfoques de este libro.

Tal vez su médico le dijo, «No hay cura para el ADHD. Los medicamentos estimulantes son la única solución». En una carta al editor del *U.S. News & World Report*, Leo Galland, M.D., se señaló que en un estudio sobre la sensibilidades a alimentos de niños con ADHD agudo, la mitad de los niños mejoraron de manera sustancial bajo la dieta de unos cuantos alimentos, y en una tercera parte de los niños desaparecieron los síntomas.[1] El doctor Galland comentó: «Si eso no es una 'cura', ¿entonces qué es?»

El estudio de la relación entre los factores nutrimentales y el comportamiento y aprendizaje radica en la infancia. Existe una gran necesidad de estudios mejor diseñados respecto a las alternativas de tratamientos para el ADHD. Eugene Arnold, M.D., profesor emérito de psiquiatría en la Universidad Estatal de Ohio, estudió la literatura médica para buscar dichas alternativas. «Casi todas las alternativas han sido rechazadas de cierto modo por la mayoría de los investigadores actuales y patrocinadores, a pesar del hecho que algunas de ellas podrían probarse a un costo un tanto económico.»[2] C.K. Conners, reconocido investigador en el área del ADD y el ADHD, escribió:

Aun si un niño lleva una dieta relativamente bien balanceada, existen muchas preguntas que requieren respuesta para cada niño: ¿Qué alimentos específicos agravan los síntomas y deben evitarse? ¿Agregar complementos vitamínicos y minerales mejora la función cerebral de mi hijo? ¿Cuáles son los carbohidratos que provocan una mayor reacción en mi hijo? Si elimino los saborizantes y colorantes artificiales, ¿aliviarán la irritabilidad y los problemas de sueño de mi hijo? Y así sucesivamente. Para estas preguntas, los padres de familia no pueden esperar que el gobierno invierta en más estudios y los científicos continúen discutiendo. Cada padre de familia debe convertirse en un observador científico: objetivo, sistemático y curioso acerca de sus propios infantes y niños en edad escolar.[3]

Pues ahí lo tiene. Doce formas de jugar al detective y de ayudar a su hijo hiperactivo sin medicamentos. Buena suerte y le deseo lo mejor.

# Apéndice A
# Estudios científicos para usted y su médico

Hace poco recibí un correo electrónico de un psiquiatra canadiense cuya conclusión era: «Lamento desilusionarla. No existe alguna otra evidencia que demuestre eficacia para el ADHD que no sean los estimulantes». Evidentemente, no ha tenido tiempo de leer la última investigación. Tal vez le sorprenda saber que se han presentado informes de estudios bien controlados en prestigiadas revistas médicas como *The Lancet, Annals of Allergy, Pediatrics, Journal of Pediatrics* y otras. Existe un número de estudios desde mediados de la década de los 80 que demuestran claramente que hay alternativas a los estimulantes para muchos niños con ADHD. Tal vez si le muestra a su médico estos artículos, provoque que se interese en ayudarle a su hijo y a otros niños aplicando esta última investigación.

## ADHD y la sensibilidad hacia alimentos y aditivos alimenticios

Egger, J. «Controlled Trial of Oligoantigenic Treatment in the Hyperkinetic Syndrome», *Lancet*, número 1, 9 de marzo de 1985, pp. 540-545.

*Resumen*: Se dio tratamiento a 76 niños con una dieta de sólo unos cuantos alimentos, dichos investigadores pensaron que era menos probable que provocaran reacciones. Con base en esta dieta, 62 niños mejoraron. Los colorantes artificiales y los conservadores fueron los principales culpables (79 por ciento), pero ningún niño mostró sensibilidad a éstos. Otros alimentos comunes que provocaron reacciones fueron: soya (72 por ciento), leche (64 por ciento), chocolate (58 por ciento), trigo (49 por ciento) y azúcar (16 por ciento). No todos los niños probaron cada alimento. 28 de estos niños formaron parte de una prueba controlada por placebo, cruzada, a doble ciego, en la cual se incluyeron de nuevo a la dieta los alimentos bajo sospecha, uno a la vez. Los alimentos bajo sospecha provocaron en gran medida más problemas de comportamiento y de quejas físicas que los alimentos controlados.

*Conclusión*: «Es evidente que se requiere mayor trabajo al respecto».

Kaplan, B. «Dietary Replacement in Preschool-Aged Hyperactive Boys», *Pediatrics*, número 83, 1989, pp. 7-17.

*Resumen*: Se estudiaron a 24 niños que comieron alimentos proporcionados por los investigadores. La dieta experimental eliminó los colorantes y saborizantes artificiales, el chocolate, el glutamato monosódico, los conservadores, la cafeína y cualquier alimento del cual sospechara la familia. La dieta era baja en grasas y, si la familia tenía dudas sobre la leche de vaca, sin lácteos. Más de la mitad de los sujetos mejoraron de manera innegable con esta dieta al mismo tiempo que llevaban una dieta de placebo.

*Conclusión*: «Estos resultados sugieren que tal vez los pediatras y demás médicos piensen que las modificaciones dietéticas valen la pena, en particular en niños más pequeños».

Carter, C.M. «Effects of a Few Foods Diet in Attention-Deficit Disorder», *Archives of Diseases of Childhood*, número 69, 1993, págs. 564-568.

*Resumen*: 78 niños hiperactivos llevaron una dieta de la cual se eliminaron varios alimentos. 59 (76 por ciento) mejoraron. En una prueba abierta, los causantes más comunes eran: alimentos con aditivos (70 por ciento), chocolate (64 por ciento), leche de vaca (64 por ciento), naranjas (57 por ciento) y queso (45 por ciento). 19 de estos niños participaron en pruebas controladas por placebo, a doble ciego de alimentos bajo sospecha. Dichos alimentos provocaron en gran medida más cambios de comportamiento que los alimentos que actuaron como placebos.

*Conclusión*: «Los médicos clínicos deben sustentar los resultados a los padres de familia y tomar en consideración este tratamiento en niños seleccionados con una historia clínica sugerida».

Boris, M. «Foods and Additives Are Common Causes of the American Deficit Hyperactive Disorder in Children», *Annals of Allergy*, número 72, 1994, pp. 462-468.

*Resumen*: 26 niños con ADHD terminaron una dieta de eliminación abierta de dos semanas sin productos lácteos, trigo, maíz, levadura, soya, cítricos, huevo, chocolate, cacahuates, colorantes artificiales y conservadores. 19 de los 26 niños (73 por ciento) mejoraron con esta dieta. 79 por ciento de estos niños tenían antecedentes de alergia. En un estudio a doble ciego, controlado, los alimentos bajo sospecha se ocultaron en otros medicamentos y se observaron los comportamientos. Los alimentos en duda provocaron muchos más cambios de comportamiento que el placebo.

*Conclusión*: «Los factores dietéticos pueden representar una función importante en la etiología de casi todos los niños con ADHD».

Rowe, K., y K. Rowe. «Synthetic Food Coloring and Behavior: A Dose Response Effect in a Double-Blind, Placebo-Controlled, Repeated-Measures Study», *Journal of Pediatrics*, núm. 125, 1994, pp. 691-698.

*Resumen*: 200 niños cuyos padres sospechaban que presentaban una reacción ante varios alimentos fueron inscritos en una prueba abierta de seis semanas con una dieta sin colorantes artificiales. 150 niños mostraron una mejoría en la dieta y empeoraron cuando reintegraron los colorantes en su dieta. Los padres de familia observaron que cuando los niños ingerían alimentos con tinturas mostraban irritabilidad, inquietud y problemas de sueño. Después, 34 niños terminaron una prueba controlada con placebo, a doble ciego. Durante 21 días, los niños tomaron placebo (lactosa) o tartracina (amarillo FD&C no. 5) en una cápsula interna colocada dentro de una cápsula con lactosa. Ambos complementos parecían idénticos. Se eligieron seis dosis diferentes del tinte amarillo. En 24 niños la reacción fue evidente. Se observaron reacciones importantes con cada dosis del colorante amarillo, y cuanto mayor era la dosis, más prolongada fue la reacción.

*Conclusión*: «Los cambios de comportamiento por irritabilidad, inquietud y trastornos de sueño se relacionan con la ingestión de tartracina en algunos niños. Se observó un efecto de respuesta a la dosis».

## Sensibilidad a los alimentos e infecciones de oído

Hagerman, R.J., y A.R. Falkenstein. «An Association Between Recurrent Otitis Media in Infancy and Later Hyperactivity» *Clinical Pediatrics*, mayo de 1987, pp. 253-257.

*Resumen*: Se enviaron a evaluación 77 niños debido a problemas escolares. Cada niño tenía problemas de aprendizaje específicos, y 27 eran hiperactivos. Más de 69 por ciento padecieron más de diez infecciones de oído, en tanto 94 por ciento tuvieron tres o más infecciones.

*Conclusión*: «Al investigar una población de niños con y sin hiperactividad que presentaron deficiencias en la escuela, los autores descubrieron una correlación entre un creciente número de otitis y la severidad de la hiperactividad. Se requiere una mayor investigación a fin de evaluar los aspectos etiológicos de esta asociación».

Nsouli, T.M., et al. «Role of Food Allergy in Serous Otitis Media», *Annals of Allergy*, número 73, 1994, pp. 215-219.

*Resumen*: 104 niños con infecciones de oído recurrentes fueron evaluados por alergia a los alimentos. Los pacientes alérgicos a alimentos específicos siguieron una dieta sin estos alimentos durante seis semanas. Se dio una prueba abierta de alimentos para cada alimento bajo sospecha. 78 por ciento de los niños desarrollaron de nuevo síntomas de infección de oído. Los alimentos que más afectaron fueron: leche de vaca, trigo, huevo, cacahuate, soya, maíz y naranja. Casi todos los niños eran sensibles a dos o más alimentos.

*Conclusión*: «En los pacientes de pediatría con otitis media serosa recurrente debe considerarse la posibilidad de alergia a los alimentos y se debe buscar con diligencia los alérgenos de alimentos putativos para el diagnóstico correcto y la intervención terapéutica».

## Sensibilidad a los alimentos, enuresis y dolores de migraña

Robson, W.L., et al. «Enuresis in Children with Attention-Deficit Hyperactivity Disorder», *Southern Medical Journal*, número 90, 1997, pp. 503-505.

*Resumen*: La enuresis (orinación involuntaria) afecta a 10 por ciento de niños de cinco años y a 5 por ciento de los niños de 10 años. Investigadores encontraron, en los registros de una clínica pediátrica de desarrollo, a 200 pacientes con ADHD entre los seis y catorce años. Les pidieron a los padres llenar un cuestionario sobre la enuresis nocturna y diurna en sus hijos. Los padres de familia con niños cuyo comportamiento era normal llenaron los mismos cuestionarios.

*Conclusión*: «En nuestro estudio de casos de control, se encontró una asociación relevante entre el ADHD y la enuresis nocturna y diurna en niños de seis años. Los médicos que tratan a pacientes con ADHD deben estar conscientes de este hallazgo y, como rutina, preguntar acerca de la presencia de enuresis».

Egger, J., et al. «Effect of Diet Treatment on Enuresis in Children with Migrane or Hyperkinetic Behavior», *Clinical Pediatrics*, 1992, pp. 302-730.

*Resumen*: 21 niños que padecían migraña y/o ADHD también presentaron enuresis diurna y/o nocturna. Estos niños recibieron un tratamiento basado en una dieta de pocos alimentos hipoalergénicos. Durante la dieta, 12 niños dejaron de presentar enuresis y otros cuatro mejoraron. Cuando se incluyeron de nuevo en la dieta varios alimentos, los niños volvieron a presentar enuresis. Se eligió a nueve niños a fin de que participaran en un estudio de doble ciego. Seis niños presentaron enuresis con alimentos incriminados y ninguno reaccionó al placebo. Los alimentos más comunes que provocaron enuresis fueron: chocolate, naranjas, tinte amarillo y leche.

*Conclusión*: «La enuresis en el trastorno de comportamiento y/o la migraña inducidos por los alimentos parecen responder, en algunos pacientes, al evitar los alimentos que los provocan».

Egger, J. «Oligoantigenic Diet Treatment of Children with Epilepsy and Migraine», *Journal of Pediatrics*, número 114, 1989, pp. 51-58.

*Resumen*: Médicos estudiaron a 45 niños que padecían epilepsia además de dolores de cabeza y abdominales o ADHD. Bajo la dieta de unos cuantos alimentos hipoalergénicos, 25 niños dejaron de presentar ataques en tanto once tuvieron muchos menos ataques. Cuando se incluían de nuevo varios alimentos en la dieta, volvían los ataques. En los estudios de doble ciego, los síntomas recurrieron en 15 de 16 niños. Los alimentos más comunes que provocaron dichos síntomas fueron: leche, alimentos cítricos, trigo, tinte amarillo y huevo. Lo interesante es que cuando 18 niños con ataques pero sin los demás síntomas estuvieron bajo la dieta de menos alimentos, ninguno mejoró.

*Conclusión*: «Hemos observado una respuesta a la dieta en niños con epilepsia y migraña, por lo que este tratamiento sólo podría aplicarse a una minoría de niños epilépticos. Sin embargo, creemos que vale la pena hacer la prueba en ciertos pacientes con epilepsia y migraña resistentes a los medicamentos».

Egger, J. «Is Migraine Food Allergy?», *Lancet*, número 8355, 1983, pp. 865-868.

*Resumen*: 93 por ciento de 88 niños que padecieron una migraña severa y frecuente mejoraron con la dieta de pocos alimentos hipoalergénicos. 78 niños se recuperaron por completo, cuatro tuvieron una mejoría muy significativa y seis no progresaron. Los alimentos regresaron a la dieta, uno a la semana, y se observaron las reacciones. Enseguida, se llevó a cabo un estudio de doble ciego controlado con placebo en 40 de los niños. Todos excepto ocho recayeron al agregar de nuevo en la dieta los alimentos agresivos ocultos en otros alimentos. Los que comúnmente provocaron dolor de cabeza fueron: leche, chocolate, naranjas, trigo, ácido benzoico, tomate y tinte amarillo (tartracina).

*Conclusión*: «Esta prueba mostró que la mayoría de los niños con migraña severa frecuente se recuperaron con base en una dieta adecuada, y que debido a que tantos alimentos pueden provocar ataques, la causa puede ser cualquier alimento o combinación de los mismos».

# Apéndice B
# La dieta de eliminación
# de alimentos comunes
# y el diario de Jimmy

Jimmy tenía ADHD y su médico recomendó que tomara Ritalin. A la mamá de Jimmy no le agradó la idea de que el niño tomara medicamentos por el resto de su vida, así que buscó opciones con una terapia nutrimental. Se enteró de la dieta de eliminación de alimentos comunes y decidió probarla. La dieta de eliminación de Jimmy no incluía azúcar, chocolate, leche, huevo, maíz, trigo, centeno, frutas cítricas (naranjas, toronjas, limones, mandarinas, limas), azúcar y leguminosas (soya, chícharos, frijoles, cacahuates), así como colorantes y saborizantes artificiales y conservadores, los alimentos que más comía. Durante una semana no pudo comer estos alimentos ni aditivos para alimentos, hasta que se sintió y reaccionó mejor en unos días. Luego, un día a la vez, su madre reintrodujo cada alimento y observó los síntomas conductuales y físicos en Jimmy. Llevó un diario de los menús de Jimmy por día y su comportamiento general. Jimmy se sintió peor los primeros días, como sucede con tanta frecuencia, por lo cual no se sorprenda si le ocurre lo mismo a su hijo. Aguante, ¡persevere!

A continuación encontrará una copia del diario de Jimmy que llevaba su mamá acerca de los menús de Jimmy y el comportamiento durante la dieta a fin de que le sirva a usted como modelo.

## Día 1

*Desayuno:* Hamburguesa asada, papas a la francesa en aceite puro de cártamo, puré de manzana sin endulzar, jugo de piña sin endulzar.

Muy hiperactivo. No cooperaba. No quería vestirse. No quería sentarse a comer.

*Tentempié:* Plátano, almendras sin procesar.

*Comida:* Hamburguesa sencilla con mostaza, papas fritas permitidas (sin conservadores, fritas en aceite puro de cártamo), pera fresca en rebanadas, varitas de zanahoria, jugo de uva sin endulzar.

Hiperactivo. Irritable. Se queja de extrañar la comida que le gusta.

*Tentempié:* Nueces, zanahorias, y varitas de apio.

*Cena:* Pollo al horno, arroz, zanahorias cocidas, ensalada con aderezo permitido, durazno fresco en rebanadas.

Hiperactivo. No quiere sentarse a comer. Llora. Deprimido. Dice que odia esta dieta.

*Tentempié*: Pastelillos de arroz con crema de almendras.

No se calma para dormir. Hiperactivo. No quiere lavarse los dientes. No coopera.

## Día 2

*Desayuno:* Avena con leche de arroz, chuleta de cerdo a la parrilla, durazno fresco en rebanadas, jugo de uva sin endulzar.

No quiere sentarse a comer. Todo fuera de lugar. Llora por todo.

*Tentempié:* Almendras sin procesar, uvas.

*Comida:* Pollo al horno frío que sobró, papas fritas permitidas, varitas de zanahoria, jugo de tomate.
Hiperactivo. Irritable. Constantemente lloriquea.

*Tentempié:* Crema de almendras en apio.

*Cena:* Salsa para espagueti permitida sobre arroz, ensalada con aderezo permitido, brócoli al vapor, sandía, agua helada.
Sumamente hiperactivo. Odia su dieta, ¡y yo también!

*Tentempié:* Nueces, pera fresca en rebanadas.
Se fue a dormir con cierta facilidad.

## Día 3

*Desayuno:* Empanada de salchicha hecha en casa a la parrilla, avena con leche de arroz, melón, jugo de piña.
Parece estar un poco mejor. ¿Hay esperanzas?

*Tentempié:* Apio con crema de nuez de la India.

*Comida:* Ensalada de atún con mayonesa permitida, pastelillo de arroz, varitas de zanahoria, pera fresca en rebanada, agua helada.
Pasó mejor la mañana. No tan hiperactivo.

*Tentempié:* Pollo al horno frío que sobró, manzana sin cáscara.

*Cena:* Pescado a la parrilla, camote al horno, arroz, copa de frutas permitidas, jugo de piña sin endulzar.

Se sentó a cenar ... ¡es un inicio! Más tranquilo.

*Tentempié:* Rebanadas de kiwi, nueces de la India crudas.

Se fue a dormir bien. ¡Fue un buen día!

## Día 4

*Desayuno:* Chuleta de cordero a la parrilla, pastel de arroz con mantequilla limpia, plátano, agua helada.

Durmió bien. Más tranquilo. Cooperó. Es otro niño.

*Tentempié:* Semillas de ajonjolí, jugo de piña sin endulzar.

*Comida:* Ensalada de atún sobre pastel de arroz, zanahorias, varitas de apio, durazno fresco en rebanadas, jugo de uva sin endulzar.

Excelente mañana.

*Tentempié:* Crema de nuez de la India sobre pastel de arroz con conserva de frutas permitidas.

*Cena:* Guisado de res espesado con almidón permitido, arroz, zanahorias cocidas, sandía.

Va excelente. Se ve y se comporta como si se sintiera mejor.

*Tentempié:* Crema de almendra sobre pastel de arroz, uvas.

Se fue a dormir con bastante facilidad.

## Día 5

Repetí los menús del día 1.

Estuvo bien todo el día. Está contento, tranquilo, coopera, está muy cariñoso.

## Día 6

Repetí los menús del día 2.

Fue un buen día.

## Día 7

Repetí los menús del día 3.

Fue un buen día.

## Día 8 - Reintroducción del huevo

*Desayuno:* Huevo hervido, papas a la francesa, jugo de manzana sin endulzar, jugo de piña sin endulzar.

Va bien.

*Tentempié:* Manzana, huevo duro.

*Comida:* Ensalada de huevo sobre pastel de arroz, papas fritas permitidas, varitas de zanahoria, trozos de piña sin endulzar.

Va bien.

*Tentempié:* Crema de nuez de la India en apio, varitas de zanahoria, huevo duro.

*Cena:* Pollo al horno, huevo duro, arroz, brócoli al vapor, plátano.
Sigue bien.

*Tentempié:* Pasteles de arroz con crema de almendra.
¡No es sensible al huevo!

## Día 9 - Reintroducción del azúcar

*Desayuno:* Avena con azúcar, leche de arroz, chuleta de cerdo a la parrilla, plátano, jugo de uva con azúcar adicional.
Bien. Tranquilo.

*Tentempié:* Almendras crudas, jugo de uva con azúcar adicional.
Lloró. Se quejó. Más hiperactivo.

*Comida:* Pollo al horno frío que sobró, uvas frescas, papas fritas permitidas, agua helada.
Definitivamente más sensible e hiperactivo. ¡Alto al azúcar!

*Tentempié:* Crema de almendra sobre apio.
Todavía tenso. No se sienta en paz.

*Cena:* Salsa de espagueti permitida sobre arroz, ensalada con aderezo permitido, zanahorias hervidas, sandía, agua helada.
Lloró, irritable.

*Tentempié:* Nueces, jugo de uva sin endulzar.

Pésimo todo el día. Qué bueno que ya terminó el día.

## Día 10 - Reintroducción del maíz

*Desayuno:* Elote completo, empanada de salchicha hecha en casa, plátano, jugo de piña sin endulzar.
Parece estar bien esta mañana.

*Tentempié:* Rosetas de maíz, kiwi en rebanadas.
Bien.

*Comida:* Elote completo, pollo al horno que sobró, varitas de zanahoria, manzana, jugo de tomate.
Sigue bien.

*Tentempié:* Rosetas de maíz, apio con crema de almendra.

*Cena:* Elote completo, pescado al horno, taza de frutas permitidas, jugo de tomate.
Bien.

*Tentempié:* Rosetas de maíz, jugo de manzana.
Un día excelente. ¡No es sensible al maíz!

## Día 11 - Reintroducción del trigo

*Desayuno:* Hot cakes de trigo entero (sin leche, azúcar, o huevo) con conservas de frutas permitidas, chuleta de cordero a la parrilla, manzana, uvas.

Va bien.

*Tentempié:* Hot cake que sobró con crema de almendra, jugo de manzana.

*Comida:* Crema de trigo con leche de arroz, durazno fresco en rebanadas, chuleta de cordero fría a la parrilla, jugo de uva sin endulzar.
Parece estar bien.

*Tentempié:* Hot cake que sobró con crema de almendra, plátano.

*Cena:* Salsa de espagueti permitida sobre espagueti, taza de frutas permitidas.
Va bien.

*Tentempié:* Crema de almendra en apio.
Fue buen día. Parece que no hay problemas con el trigo.

## Día 12 - Reintroducción del cacahuate

*Desayuno:* Pastel de arroz con crema de cacahuate natural, empanada de salchicha hecha en casa, papas a la francesa en aceite puro de cártamo, puré de manzana sin endulzar, agua helada.
Bien. Pasó buena noche.

*Tentempié:* Cacahuates sin procesar, manzana.

*Comida:* Crema de cacahuate natural en pastel de arroz con conserva de frutas, papas fritas permitidas, varitas de zanahoria, jugo de tomate.
Bien.

*Tentempié:* Crema de cacahuate natural sobre varitas de zanahoria y apio.

*Cena:* Pollo al horno, brócoli al vapor, ensalada con aderezo permitido, perlas de sandía y melón, agua helada.
Va bien.

*Tentempié:* Cacahuates sin procesar, jugo de manzana.
Fue buen día. No es sensible al cacahuate. ¡Viva!

## Día 13 - Reintroducción de naranjas

*Desayuno:* Avena con leche de arroz, chuleta de cerdo a la parrilla, gajos de naranja fresca, jugo de naranja recién exprimido.
Tranquilo, contento. Pasó buena noche.

*Tentempié:* Jugo de naranja recién exprimido, almendras sin procesar.

*Comida:* Pollo frío que sobró, papa al horno con margarina permitida, zanahorias cocidas, jugo de naranja recién exprimido.
Sin cambios.

*Tentempié:* Jugo de naranja recién exprimido, crema de almendra sobre apio.

*Cena:* Salsa de espagueti permitida sobre arroz, ensalada con aderezo permitido, kiwi en rebanadas.
Va bien.

*Tentempié:* Gajos de naranja fresca, almendras sin procesar.

Fue un buen día. No hay problemas con la naranja.

## Día 14 - Reintroducción del chocolate

*Desayuno:* Empanada de salchicha, pastel de arroz con margarina permitida, durazno fresco en rebanadas, jugo de piña sin endulzar, pedazo de chocolate sin endulzar.

Esta mañana estuvo bien.

*Tentempié:* Pastel de arroz con crema de almendra, pedazo de chocolate sin endulzar.

Irritable, lloró.

*Comida:* Pollo que sobró frío, papas fritas permitidas, varitas de zanahoria, manzana, jugo de uva sin endulzar.

Le fluía la nariz. Ojeras debajo de los ojos. Deprimido. Lloró. ¡Alto al chocolate!

*Tentempié:* Trozos de piña sin endulzar, almendras sin procesar.

*Cena:* Pescado al horno, camote al horno, espárragos al vapor, cuadritos de sandía, agua helada.

Todavía deprimido. Muy irritable.

*Tentempié:* Nueces de la India sin procesar, uvas.

Sigue de gruñón. Qué bueno que terminó el día.

## Día 15 - Reintroducción de colorantes en alimentos

*Desayuno:* Hamburguesa a la parrilla, papas a la francesa, puré de manzana sin endulzar, todos los colorantes para alimentos McCormick's (o French's) mezclados y con 1/2 cucharadita de la mezcla en jugo de uva sin endulzar.

Parece estar mejor. Pasó buena noche.

*Tentempié:* Pastel de arroz con crema de almendra, uvas.

Sumamente hiperactivo. Dolor de cabeza. Dolor de piernas. ¡Alto a los colorantes!

*Comida:* Ensalada de atún sobre pastel de arroz, varitas de zanahoria y apio, papas fritas permitidas, uvas, agua helada.

Todavía pésimo. No puedo creer la reacción a los colorantes.

*Tentempié:* Pollo frío que sobró, jugo de uva sin endulzar.

*Cena:* Guisado de res, arroz, taza de frutas permitidas.

Todavía le duelen las piernas y la cabeza. Irritable.

*Tentempié:* Crema de almendra sobre pastel de arroz, uvas.

Presentó enuresis.

## Día 16 - Reintroducción de la leche

*Desayuno:* Empanada de salchicha a la parrilla, papas fritas, puré de manzana sin endulzar, leche.

¡Viva! Es el último día. Hoy, Jimmy parece estar mejor.

*Tentempié:* Nueces de la India sin procesar, leche.
¿Más hiperactivo? ¿Irritable?

*Comida:* Hamburguesa a la parrilla con catsup permitida, papas fritas permitidas, varitas de zanahoria, jugo de uva sin endulzar.
Ojeras debajo de los ojos. Le fluía la nariz. Dolor de piernas. ¡Alto a la leche!

*Tentempié:* Crema de nuez de la India sobre apio, uvas.

*Cena:* Pollo al horno, papa al horno con margarina permitida, zanahorias cocidas, cuadritos de melón y sandía, agua helada.

*Tentempié:* Almendras sin procesar, kiwi en rebanadas.
Todavía le fluye la nariz. Se ve pálido.

*Conclusiones*: Jimmy es sensible al azúcar, el chocolate, los colorantes artificiales y la leche. Mientras no pueda comer productos lácteos, tendrá que tomar un complemento de calcio.

*Plan*: Incluir de nuevo alimentos seguros (huevo, maíz, trigo, naranjas, y cacahuates) en la dieta. Evitar durante unos meses los alimentos y colorantes a los que Jimmy presentaba una reacción. Luego reintroducir cada uno en pequeñas cantidades una o dos veces a la semana, si los tolera. Todavía tengo que reintroducir y probar (uno por día) el centeno, otras frutas cítricas, y leguminosas (soya, frijoles, chícharos).

Lleve un seguimiento de los alimentos que ingiere su hijo en cada comida. Quizá quiera recompensarle de la siguiente manera: cada vez que coma los alimentos permitidos, se gana una estrella. Al final de cada día, si se ganó al menos seis estrellas, se lleva un premio pequeño. Al terminar las dos semanas, si no hizo trampa en su dieta, se lleva un premio grande. Usted también merece uno. Cuando termine la dieta, consiéntase con ropa nueva, una película, una comida con sus amigas: algo que quiera. Desde luego que la mayor recompensa de todas es la marcada mejoría en el comportamiento de su hijo.

# Apéndice c
# Fuentes de consulta
# para padres de familia

## Libros

Amen, A.J., S. Johnson, D.G. Amen. *A Teenager's Guide to* ADD, MindWorks Press, Fairfield, CA, 1996. Este libro es para adolescentes con ADD. Ayudará a que el adolescente entienda el ADD y la forma de obtener ayuda en casa, en la escuela y entre sus compañeros. Las habilidades para sobrevivir en la escuela pueden ser de especial provecho.

Baker, S.M. *Detoxification and Healing*, Keats, New Canaan, CT, 1997. Aun cuando este libro está dirigido a problemas específicos de niños con ADHD, plantea la salud óptima que se aplica para todos. Lo encontrará fascinante e informativo.

Barkley, R.A. *Attention-Deficit Hyperactivity Disorder: A Handbook for Diagnosis and Treatment*, Guilford Press, Nueva York, 1998. Libro interesante para profesionales y padres de familia escrito por un investigador reconocido en Estados Unidos. Explora a fondo las etiologías del ADHD, el diagnóstico y el tratamiento.

Block, M.A. *No More Ritalin*, Kensington Press, Nueva York, 1996. Este libro, escrito por una mamá y un médico, lo encontrará de interés y de provecho. Está dirigido a padres de familia de niños con ADHD en busca de respuestas que no sean medicamentos.

Conners, C.K. *Feeding the Brain: How Foods Affect Children*, Plenum Press, Nueva York, 1989. El doctor Conners es un respetado médico en Estados Unidos por su trabajo con niños hiperactivos. Este interesante libro explora los vínculos entre la dieta y el comportamiento.

Crook, W.G. *Help for the Hyperactive Child*, Professional Books, Jackson, TN, 1997. Desde la década de los 50, el doctor Crook ha ayudado a niños con problemas de comportamiento y salud mediante la identificación de alimentos que causan problemas en su dieta y sustancias químicas en su medio ambiente. Este libro es una guía práctica para padres de familia de hijos con ADHD que buscan alternativas para el Ritalin.

Crook, W.G. *Tracking Down Hidden Food Allergy*, Professional Books, Jackson, TN, 1995. Si cree que su hijo es sensible a los alimentos, este libro le ayudará a detectar los alimentos que le afectan. Su estilo fácil de leer lo llevará a través de las dietas de eliminación con menús y recetas sugeridas.

Crook, W.G. *The Yeast Connection Handbook*, Professional Books, Jackson, TN, 2000. Si su hijo tiene frecuentes infecciones de oído y toma muchos antibióticos, este libro es una guía excelente para entender y superar los problemas de comportamiento y salud relacionados con la levadura.

Crook, W.G., y L.J. Stevens, S*olving the Puzzle of Your Hard-to-Raise Child,* Random House, Nueva York, 1987. El doctor Crook y yo formamos un equipo para escribir este libro y ayudar a que los padres de familia solucionen el rompecabezas de sus hijos con problemas de comportamiento, salud y aprendizaje.

Galland, L. *The Four Pillars of Healing,* Random House, Nueva York, 1997. Aun cuando este libro no está dirigido específicamente a los problemas de niños con ADHD, el planteamiento de Galland a los tratamientos alternativos y tradicionales es emocionante y enriquecedor.

Galland, I., *Superimmunity for Kids*, Copestone Press, Nueva York, 1988. Esta excelente guía le ayudará a alimentar a su hijo con comida saludable de modo que pueda disfrutar de una salud óptima. Asimismo, habla sobre los complementos que debe tomar su hijo.

Hersey, J. *Why Can't My Child Behave?*, Pear Tree Press, Alexandria, VA, 1996. Este libro es una guía excelente para la dieta Feingold, que fue popular en la década de los 70 y en la actualidad sigue ayudando a los niños.

Irlen, H. *Reading by the Colors*, Avery Publishing Group, Garden City Park, NY, 1991. Este es el primer libro que explica el método Irlen referente a la lectura de lentes de color, un método que ha ayudado a que muchos niños mejoren sus habilidades de lectura.

O'Dell, N.E., y P.A. Cook. *Stopping Hyperactivity: A New Solution*, Avery Publishing, Garden City Park, NY, 1997. Estos profesores de educación en la Universidad de Indianápolis desarrollaron una nueva forma de ayudar a niños hiperactivos con un programa de ejercicios únicos.

Rapp, D.J. *The Impossible Child*, Life Sciences Press, Tacoma, WA, 1986. Este libro, de un pediatra pionero, es una guía útil para maestros y padres de familia que intentan descifrar por qué un niño no pone atención, es impulsivo, y es muy activo en la escuela y en casa.

Sears, W., y L. Thompson, *The ADD Book*, Little, Brown, Nueva York, 1998. Excelente libro con mucha información. Tiene la respuesta a muchas de sus preguntas sobre el diagnóstico, la modificación del comportamiento, los problemas de aprendizaje, la biorretroalimentación y la dieta.

Truss, C.O. *The Missing Diagnosis*, Birmingham, AL, 1985 (Disponible en PO Box 26508, Birmingham AL 35226). El doctor Truss es pionero en problemas relacionados con la levadura y los problemas de comportamiento y salud.

## Fuentes de consulta de Internet

The ADD/ADHD Online Newsletter
Dirección de web: http://www.nlci.com

Esta es mi página principal donde podrá leer información para padres de familia, preguntas y comentarios de lectores, recetas, referencias sobre literatura médica para usted y su médico, y los vínculos a otro sitios de web útiles. Cada mes cambia el tema. Conéctese y la mantendré al tanto de lo más reciente en investigación y tratamiento para el ADD y el ADHD.

Asthma and Allergy Foundation of America
Dirección de web: http://pslgroup.com/dg/6d0a.htm

La Asthma and Allergy Foundation of America ofrece sugerencias para que los padres de familia reduzcan la exposición a alérgenos en el aire y demás información útil para padres de familia de niños alérgicos.

Sidney M. Baker, M.D.
Dirección de web: http://www.sbakermd.com

El Doctor Sidney Baker ha ayudado durante muchos años a niños y adultos con problemas de comportamiento y salud crónicos. Ha tenido éxito en el tratamiento de pacientes que no tuvieron resultados satisfactorios con otros médicos. En su sitio web, el doctor Baker comparte sus amplios conocimientos y experiencia respecto a las alergias a los alimentos, el magnesio, la levadura y más.

Candida-Yeast Website
Dirección de web: http://www.candida-yeast.com

Este sitio web es la creación de William G. Crook, M.D., que durante décadas ha estado trabajando para ayudar a niños y adultos sensibles a alimentos y con problemas de levadura. Si sospecha que su hijo tiene un problema con la levadura común *Candida albicans*, consulte en este sitio la variedad de información útil.

Center for Science in the Public Interest (CSPI)
Dirección de web: http://www.cspinet.org/

Esta organización nacional está a la vanguardia en la lucha por parte de consumidores preocupados por la nutrición y la salud. Le gustará la página principal. Tiene muchos temas que puede explorar. Asimismo, publica un boletín mensual, *Nutrition Action*, que lo mantendrá al tanto de los temas más recientes sobre nutrición.

*Diet, ADHD, and Behavior* es un folleto nuevo y emocionante que publicó CSPI. Si su médico o psicólogo es escéptico en relación con la participación de los alimentos y aditivos en el ADHD, este folleto es ideal. Resume y cita todos los estudios que han explorado la relación entre la sensibilidad a los alimentos y el ADD el ADHD. No sólo colabora a que su médico ayude a su hijo, sino a que también ayude a otros niños. Puede pedirlo enviando un cheque o un giro postal de 8 dólares a: CSPI, 1875 Connecticut Avenue, NW, Suite 300, Washington, DC 20009-5728. CSPI también publica un folleto útil para padres de familia por un dólar y medio. Estos folletos harán que muchas personas cambien de opinión... y de vida.

Children and Adults with Attention Deficit Disorder (CHADD)
Dirección de web: http://www.chadd.org/

Este grupo de apoyo en Estados Unidos está dedicado a ofrecerle información precisa y actualizada sobre temas médicos, científicos, educativos y de asesoría. Patrocina conferencias y ofrece un boletín, *Attention*. Defiende el uso de medicamentos y recientemente fue reprendido porque recibió dinero de los fabricantes del Ritalin. CHADD no está de acuerdo con la idea de que la dieta tenga algo que ver con el comportamiento. Aun así, cuenta con muchos grupos de apoyo locales donde los padres de familia pueden discutir sus problemas con otros padres que los entienden.

CNN Allergy Report

Dirección de web: http://cnn.com/WEATHER/allergy/

Si le interesa saber sobre el césped, los árboles, y el polen de la mala hierba y los niveles de moho en su área geográfica, esta página principal es excelente. Quizá le ayude a crear una relación entre el comportamiento de su hijo y los síntomas de salud y estos alérgenos comunes.

Feingold Association of the United States

Dirección de web: http://www.feingold.org/index.html

Esta organización nacional trabaja desde la década de los 70 ayudando a que los niños con ADHD modifiquen su dieta en la que se eliminan colorantes y saborizantes artificiales, conservadores y alimentos naturales que contienen químicos como la aspirina (salicilato). Esta dieta la promovió el alergólogo pediatra Benjamin Feingold, M.D., a principios de la década de los 70. Cuando sea miembro de la Feingold Association, recibirá todo tipo de información útil. La asociación publica un boletín interesante, *The Pure Facts*.

Foundation for Integral Medicine

Dirección de web: http://www.mdheal.org

Este sitio web está patrocinado por Leo Galland, M.D., y la Foundation for Integrated Medicine. La medicina integrada genera los mejores tratamientos disponibles ya sea con cuidados alternativos o con la medicina tradicional. La fundación se interesa especialmente en la salud de los niños. Le gustará este sitio.

Human Ecology Action League (HEAL)
Dirección de web: http://member.aol.com/HEALNatnl/index.html

HEAL es una fundación no lucrativa que durante los últimos 23 años ha ofrecido información y educación respecto de los efectos a exposiciones ambientales y químicas desde la perspectiva de profesionales connotados, así como de quienes han experimentado y controlado numerosas enfermedades relacionadas con la exposición, incluyendo el ADD y el ADHD. La fundación publica un excelente boletín trimestral, *The Human Ecologist*. Puede comunicarse con la HEAL en PO Box 29629, Atlanta GA 30359-0629.

Hyperactive Children's Support Group
Dirección de web: http://www.geocities.com/HotSprongs/2125/

Esta organización del Reino Unido es para pacientes con ADD o ADHD, padres de familia con hijos hiperactivos y profesionales. Este grupo no defiende el uso de medicamentos como tratamiento para la hiperactividad. En cambio, ayuda a que los padres intenten modificar la dieta.

Parents of Allergic Children (PAC)
Dirección de web: http://drone.simplenet.com/pac/

PAC ofrece apoyo e información a padres de familia cuyos hijos padecen alergias a causa de alimentos, sustancias químicas y el medio ambiente. PAC se interesa en particular en niños con problemas de comportamiento y aprendizaje debido a las alergias y la nutrición. PAC publica el *Allergic Times Newsletter.*

## Noticias

Puede inscribirse a estos dos grupos de noticias para que haga preguntas y reciba las respuestas de otros padres de familia y adultos que luchan contra el ADD y el ADHD:

alt.support.attn-deficit
alt.parenting.solutions

## Conferencias

«Atenttion Deficit Hyperactivity Disorder: Causes and Possible Solutions»

Esta conferencia, que se llevó a cabo del 4 al 7 de noviembre de 1999, en Arlington, Virginia, fue patrocinada por el prestigiado Georgetown University Medical Center y la International Health Foundation. Los participantes del programa discutieron una variedad de temas relacionados con enfoques convencionales y no convencionales para el diagnóstico y tratamiento del ADHD y otros trastornos relacionados. El compendio, de más de 200 páginas, está a la venta en: International Health Foundation, 45 Conrad Drive, Jackson, TN 38305. Las cintas de audio están disponibles en: Insta Tapes, PO Box 908, Coeur d'Alene, ID 83316; teléfono 1-208-667-0226.

# Notas

## ¿Qué son el ADD y ADHD?

[1] American Psychiatric Association, *Diagnostic and Statistical Manual of Mental Disorder (DSM-IV)* (Washington, DC: APA, 1994).

[2] R.A. Barkley, *Attention-Deficit Hyperactivity Disorder: A Handbook for Diagnosis and Treatment,* Guilford Press, Nueva York, 1998, pp.97-126.

[3] *Ibid.,* 99.

[4] *Ibid.,* 122.

[5] *Ibid.,* 37-38.

[6] W.G. Crook y L.J. Stevens, *Solving the Puzzle of Your Hard-to-Raise Child,* Random House and Professional Books, Nueva York, 1987, pp.79.

[7] R.B. Kanarek y R. Marks-Kaufman, *Nutrition and Behavior,* Van Nostrand Reinhold, Nueva York, 1991.

[8] P. Hauser *et al.,* "Attention-Deficit-Hyperactivity Disorder in People with Generalized Resistance to Thyroid Hormone", en *New England Journal of Medicine,* número 328, 1993, pp.997-1001. R. Weiss *et al.,* "Attention-Deficit Hyperactivity Disorder and Thyroid Function", en *Journal of Pediatrics,* número 123, 1993, pp. 539-545. Cartas al editor, "ADHD and the Thyroid", *Journal of the Academy of Child and Adolescent Psychiatry,* número 33, 1994, pp.1057-1058.

[9] R. Weiss, "Behavioral Effects of Liothyronine (L-T3) in Children with Attention Deficit Hyperactivity Disorder in the Presence and Absence of Resistance to Thyroid Hormone", en *Thyroid,* número 7, 1997, pp. 389-393.

[10] M.A. Block, *No More Ritalin,* Kensington Books, Nueva York, 1996, pp. 48-49.

[11] Barkley, *Attention-Deficit Hyperactivity Disorder*, pp. 568-569.

[12] C.W. Popper, "Combining Methylphenidate and Clonidine", en *Journal of Child and Adolescent Psychopharmacy,* número 5, 1995, pp. 157-166.

[13] Barkley, *Attention-Deficit Hyperactivity Disorder*, p. 568.

[14] *Physicians' Desk Reference,* Medical Economics, Montvale, NJ, 1998, p. 1897.

[15] J.M. Swanson, "Effect of Stimulant Medication on Children with Attention Deficit Disorder: A Review of Reviews", en *Exceptional Children,* número 60, 1993, pp. 154-162.

## Causas del ADD y el ADHD

[1] Barkley, *Attention-Deficit Hyperactivity Disorder*, pp. 170-173.

## Un gramo de prevención

[1] G.M. Wardlaw y P.M. Insel, *Perspectives in Nutrition,* St. Louis Mosby, 1996, p. 595.

[2] A. Lucas *et al.*, "Breast Milk and Subsequent Intelligence Quotient in Children Born Preterm", en *Lancet,* número 339, 1992, pp. 261-264.

[3] Allergy Information Association Newsletter, "Feeding a Baby with Allergies", marzo de 1972, pp.1-2.

# Primer consejo. Mejore la dieta de su hijo

[1] Crook y Stevens, *Solving the Puzzle of Your Hard-to-Raise Child,* 5, 30; L. Galland, *Superimmunity for Kids,* Copestone Press, Nueva York, 1998, 12, pp. 142-144.

[2] K.A. Muñoz, "Food Intakes of U.S. Children and Adolescents Compared with Recommendation", en *Pediatrics,* número 100, 1997, pp. 323-329.

[3] *Ibid.*

[4] L. Cornelius, "Health Habits of School-Age Children", en *Journal of Health Care for the Poor and Undeserved,* número 2, 1991, pp. 374-395.

[5] J.M. Murphy, "The Relationship of School Breakfast to Psychosocial and Academic Functioning", *Archives of Pediatric and Adolescent Medicine,* número 152, 1998, pp. 899-907.

[6] W. Sears y L. Thompson, *The A.D.D. Book,* Little Brown, Nueva York, 1994, p.271.

[7] Crook, *Help for the Hyperactive Child*, pp. 214-215.

[8] Crook y Stevens, *Solving the Puzzle of Your Hard-to-Raise Child,* p. 182.

# Segundo consejo. Elija con cuidado los endulzantes

[1] H.E. Wender y M.V. Solanto, "Effects of Sugar on Aggressive and Inattentive Behavior in Children with Attention Deficit Disorder with Hyperactivity and Normal Children", en *Pediatrics,* número 88, 1991, pp. 960-966; R.J. Prinz, "Dietary Correlates of Hyperactive Behavior in Children", en *Journal of Consulting Clinical Psychology,* número 48, 1980, pp. 760-769; J.A. Goldman, "Behavioral Effects of Sucrose on Preschool Children", en *Journal of Abnormal Child Psychology,*

número 14, 1986, pp. 565-577; J. Egger *et al.*, "Controlled Trial of Oligoantigenic Treatment in the Hyperkinetic Syndrome", en *Lancet,* número 1, 1985, pp. 540-545; M.L. Wolraich *et al.*, "Effects of Diets High in Sucrose or Aspartame on the Behavior and Cognitive Performance of Children", en *New England Journal of Medicine,* número 330, 1994, pp. 301-307; M.L. Wolraich, "The Effect of Sugar on Behavior or Cognition in Children", en *Journal of the American Medical Association,* número 274, 1995, pp. 1617-22; D. Behar *et al.*, "Sugar Challenge Testing with Children Considered Behaviorally Sugar Reactive", en *Nutrition and Behavior,* número1, 1984, pp. 277-288; R. Milich and W.E. Pelham, "The Effects of Sugar on the Classroom and Playgroup Behavior of Attention Deficit Disordered Boys", en *Journal of Consulting and Clinical Psychology,* número 54, 1986, pp. 1-5.

[2] S.J. Schoenthaler, "Sugar and Children's Behavior", en *New England Journal of Medicine,* número 350, 1994, p. 1901.

[3] C.K. Conners, *Feeding the Brain,* Plenum Press, Nueva York, 1989, pp. 25-47.

[4] Wolraich *et al.*, "Effects of Diets", pp. 301-307.

## Cuarto consejo. Agregue ácidos grasos esenciales en la dieta de su hijo

[1] A. Venuta *et al.*, "Essential Fatty Acids: the Effects of Dietary Supplementation Among Children with Recurrent Respiratory Infections", en *Journal of International Medical Research,* 1996, pp. 325-330.

[2] E.A. Mitchell *et al.*, "Clinical Characteristics and Serum Essential Fatty Acid Levels in Hyperactive Children", en *Clinical Pediatrics,* número 26, 1987, pp. 406-411.

[3] M. Neuringer *et al.*, "The Essentiality of N-3 Fatty Acids for the Development and Function of the Retina and Brain", en *Annual Review of Nutrition,* número 8, 1988, pp. 517-541; S. Reisbick *et al.*, "Polydipsia in Rhesus Monkeys Deficient in Omega-3 Fatty Acids", en *Physiology and Behavior,* número 47, 1990, pp. 315-323; S. Reisbick *et al.*, "Home Cage Behavior of Rhesus Monkeys with Long-Term Deficiency of Omega-3 Fatty Acids", en *Physiology and Behavior,* número 55, 1994, pp. 231-239.

## Quinto consejo. Elija con cuidado las vitaminas, los minerales y los demás complementos

[1] S.J. Shoenthaler, *et al.*, "The Effect of Vitamin-Mineral Supplementation on Juvenile Delinquency Among American Schoolchildren: A Randomized Double-Blind Placebo-Controlled Trial", en *Journal of Alternative and Complementary Medicine: Research on Paradigm, Practice, and Policy,* número 6, 2000, pp. 19-29; S.J. Shoenthaler *et al.*, "Controlled Trial of Vitamin-Mineral Supplementation on Intelligence and Brain Function", en *Personality and Individual Difference,* número 112, 1991, pp. 343-350.

[2] Galland, *Superimmunity for Kids*, p. 180.

[3] A. Brenner, "The Effects of Megadoses of Selected B Complex Vitamins on Children with Hyperkinesis: Controlled Studies with Long-Term Follow-up", en *Journal of Learning Disabilities,* número 15, 1982, pp. 258-264.

[4] J.Z. Miller *et al.*, "Therapeutic Effect of Vitamin C: A Co-Twin Controlled Study", en *Journal of the American Medical Association,* número 237, 1977, pp. 248-251.

[5] T. Kozielec *et al.*, "Deficiency of Certain Trace Elements in Children with Hyperactivity", en *Psychiatria Pa* número 28, 1994, pp. 345-353.

[6] T. Kozielec y B. Starobrat-Hermelin, "Assessment of Magnesium Levels in Children with ADHD", *Magnesium Research,* número 10, 1997, pp. 143-148; B. Starobrat-Hermelin y T. Kozielec, "The Effects of Magnesium Physiological Supplementation on Hyperactivity in Children with ADHD: Positive Response to Magnesium Oral Loading Test", en *Magnesium Research,* número 10, 1997, pp. 149-156.

[7] L. Galland, "Magnesium and the Battle for Light", *Gesell Institute of Human Development Update,* número 4, 1985, pp. 4-5.

[8] Galland, *Superimmunity for Kids*, p. 137.

[9] P. Toren *et al.*, "Zinc Deficiency in Attention Deficit Hyperactitivy Disorder", en *Biological Psychiatry,* número 40, 1996, pp. 1308-1310.

[10] Galland, *Superimmunity for Kids*, p. 161.

[11] S.B. Mossed *et al.*, "Zinc Gluconate Lozenges for Treating the Common Cold: A Randomized, Double-Blind, Placebo-Controlled Study", en *Annals of Internal Medicine,* número 125, 1996, pp. 81-83.

[12] L. Michael *et al.*, "Zinc Gluconate Lozenges for Treating the Common Cold in Children", *Journal of the American Medical Association,* número, 279, 1996: 1962-67.

[13] K.D. Dwykman y R.A. Dwykman, "Effect of Nutritional Supplements on Attention-Deficit Hyperactivity Disorder", en *Integrative Physiological and Behavioral Science,* número 33, 1998, pp.49-60; K.D. Dwykman y R.A. Dwykman, "Effect of Glyconutrients on the Severuty of ADHD", en *Proceedings of the Fisher Institute for Medical Research,* número 1, 1997, pp. 24-25.

[14] H. Zhang y J. Huang, "Preliminary Study of Traditional Chinese Medicine Treatment of Minimal Brain Dysfunction", en *Chung Hsi I Chieh Ho Tsa Chih Chinese Journal of Modern Developments in Traditional Medicine,* número 10, 1990, pp. 278-279.

[15] L.H. Wang *et al.* "Clinical and Experimental Studies on Tiaoshen Liquor for Infantile Hyperkinetic Syndrome", en *Chung-Kuo Chung Hsi I Chieh Ho Tsa Chih,* número 15, 1995, pp. 337-340.

## Sexto consejo. Solucione la conexión con la levadura

[1] C.O. Truss, *The Missing Diagnosis,* Missing Diagnosis, Birmingham, AL, 1985.
[2] *Ibid.* pp. 71, 90.
[3] K. Iwata, "Toxins Reproduced by *Candida albicans*", en *Contributions in Microbiology and Immunology,* número 4, 1977, pp. 77-85.
[4] Galland, *Superimmunity for Kids*, p. 171.
[5] Gesell Institute, *Basic Elements – News,* 1, 1986, pp. 1-4.
[6] Crook y Stevens, *Solving the Puzzle of Your Hard-to-Raise Child,* pp. 145-148.
[7] W.G. Crook, *The Yeast Connection Handbook,* Professional Books, Jackson, TN, 2000, pp. 128-134.

## Séptimo consejo. Identifique las alergias por sustancias inhaladas

[1] F. Simons, "Learning Impairment and Allergic Rhinitis", en *Allergy and Asthma Proceedings,* número 17, 1996, pp. 185-189.

## Noveno consejo. Investigue el envenenamiento por plomo y aluminio

[1] Conversación con Sidney Baker, M.D., 2000.
[2] F.L. Ilg, L.B. Ames, y S.M. Baker, *Child Behavior,* Harper & Row, Nueva York, 1981, p. 303.

## Décimo consejo. Mejore la percepción

[1] H. Irlen, *Reading by the Colors,* Garden City Park, NY: Avery Publishing Group, 1991, p. 43.

[2] *Ibid.,* pp.13-14.

[3] *Ibid.,* p.19.

[4] P.D. O'Connor *et al.*, "Reading Disabilities and the Effects of Colored Filters", en *Journal of Learning Disabilities,* número 23, 1990, pp.597-620.

[5] G.L. Robinson, P.J. Foreman, y K.B. Dear, "The Familial Incidence of Symptoms of Scotopic Sensitivity Syndrome", *Perceptual and Motor Skills,* número 83, 1996, 1043-1055; G.L. Robinson y R.N. Conway, "Irlen Filters and Reading Strategies: Effect Of Coloured Filters on Reading Achievement, Specific Reading Strategies, and Perception of Ability", en *Perceptual and Motor Skills,* número 79, 1994, pp. 467-483; C. Sawyer y S. Taylor, "Transparent Coloured Overlays and Specific Learning Disabilities", *Educational Psychology in Practice, número 9,* 1994, pp. 217-220; O'Connor *et al.*, "Reading Disabilities", pp. 597-620.

[6] Irlen, *Reading by the Colors*, p. 74.

[7] M.S. Kreuttnew e I. Strum, "The Irlen Approach: An Intervention for Students with Low Reading Achievement and Symptoms of Scotopic Sensitivity Syndrome", 1990.

[8] K. Owre y L. Bryant, "Innovations in Reading Programming for LD Students". Informe para las escuelas públicas en Las Cruces, Nuevo México.

[9] Comunicación personal con Irlen, 1999.

[10] *Ibid.*

[11] J.N. Ott, *Light, Radiation and You,* Devon-Adair, Old Greenwich, CT, 1982, pp. 130-133.

[12] Comunicación personal con Irlen, 1999.

## Undécimo consejo. Considere las lecciones de gateo

[1] N.E. O'Dell y P.A. Cook, *Stopping Hyperactivity: A New Solution,* Avery Publishing Group, Garden City Park, NY, 1997, p. 8.

[2] *Ibid.*, p. 69.

[3] *Ibid.*, p. 9.

[4] Comunicación personal con O'Dell y Cook, 1999.

[5] O'Dell y Cook, *Stopping Hyperactivity*, pp. 43-44.

[6] M.L. Bender, "A Study of the Relationship Between Persistent Immaturity of the Symmetric Tonic Neck Reflex and Learning Disabilities in Children", Ph.D., disertación, Universidad de Purdue, 1971.

[7] N.A. O'Dell, "Study of the Relationship of Bender Resisted Exercises to the Symmetric Tonic Neck Reflex and to Achievement Test Scores", Ph.D., disertación, Universidad de Purdue, 1973.

## Duodécimo consejo. Haga la prueba con la biorretroalimentación

[1] J.F. Lubar *et al.*, "Evaluation of the Effectiveness of EEG Neurofeedback Training for ADHD in a Clinical Setting as Measured by Changes in T.O.V.A. Scores, Behavioral Ratings, and WISC-R Performance", en *Biofeedback and Self-Regulation,* número 20, 1995, pp. 83-89.

[2] J.F. Lubar, "Neurofeedback for the Management of Attention-Deficit/Hyperactivity Disorders", en Mark Schwartz, comp., *Biofeedback: A Practitioner's Guide,* Guilford Press, Nueva York, 1995, p. 493.

[3] M.A. Tansey y R.L. Bruner, "EMG and EEG Biofeedback Training in the Treatment of a 10-Year-Old Hyperactive Boy with a Develop-

mental Reading Disorder", en *Biofeedback and Self-Regulation,* número 8, 1983, pp. 25-37.

[4] *Ibid.*

[5] D.B. Kotwal *et al.,* "Computer-Assisted Cognitive Training for ADHD: A Case Study", en *Behavior Modification,* número 20, 1996, pp. 85-97.

[6] *Ibid.*

[7] W. Sears and L. Thompson, *The A.D.D. Book,* Little, Brown, Boston, 1998, p. 217.

[8] Lubar *et al.,* "Evaluation of the Effectiveness of EEG Neurofeedback Training".

[9] *Ibid.,* p. 99.

[10] T.R. Rossiter y T.J. La Vaque, "A Comparison of EEG Biofeedback and Psychostimulants in Treating Attention Deficit/Hyperactivity Disorders", en *Journal of Neurotherapy,* 1995, pp. 48-59.

[11] *Ibid.,* p. 57.

[12] Sears y Thompson, *The A.D.D. Book*, p. 224.

## Conclusión

[1] L. Galland, cartas al editor, *U.S. News & World Report,* 7 de noviembre de 1998.

[2] L.E. Arnold, "Treatment Alternatives for Attention-Deficit Hyperactivity Disorder (ADHD)", en *Journal of Attention Disorder,* número 3, 1999, pp.30-48.

[3] Conners, *Feeding the Brain*, p. 255.

*Cómo ayudar a los niños con déficit de atención* se terminó de imprimir en abril de 2002, en Litográfica Ingramex, S.A. de C.V. Centeno 162, Col. Granjas Esmeralda, C.P. 09810, México, D.F.